Evangelización
de la Juventud Hispana

Profetas de Esperanza
- Volumen 1
    - *La Juventud Hispana y la Respuesta Pastoral de la Iglesia*
- Volumen 2
    - *Evangelización de la Juventud Hispana*

Prophets of Hope
- Volume 1
    - *Hispanic Young People and the Church's Pastoral Response*
- Volume 2
    - *Evangelization of Hispanic Young People*

❦ Profetas de Esperanza ❦

Volumen 2

Evangelización de la Juventud Hispana

Equipo Editorial de Profetas de Esperanza

Saint Mary's Press
Christian Brothers Publications
Winona, Minnesota

TESTIGOS DE ESPERANZA

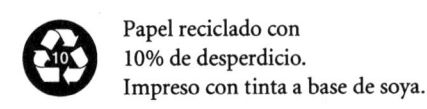

Papel reciclado con
10% de desperdicio.
Impreso con tinta a base de soya.

El equipo de trabajo para la publicación de este volumen, incluye a Eduardo Arnouil y Pedro Castex, edición; María Luisa Curiel, corrección de estilo; Amy Schlumpf Manion, producción y tipografía; María Alicia Sánchez, ilustraciones; Jayne L. Stokke, de Romance Valley Graphics, diseño de portada; Francine Cronshaw, índice temático; preimpresión, impresión y encuadernación por la división gráfica de Saint Mary's Press.

Saint Mary's Press extiende sus agradecimientos a ACTA Foundation, por su ayuda financiera para subsidiar esta publicación.

Los permisos se encuentran en la página 285.

Copyright © 1995 por Saint Mary's Press, 702 Terrace Heights, Winona, MN 55987-1320. Derechos reservados. No se permite la reproducción parcial o total de este volumen por ningún medio, sin el permiso escrito de la casa publicadora.

Impreso en Estados Unidos de América

Impresión: 9 8 7 6 5 4 3 2 1

Año: 2002 01 00 99 98 97 96 95

ISBN 0-88489-328-6

Library of Congress, tarjeta de catálogo número: 94-066206

Equipo Editorial de Profetas de Esperanza

Editora general: Carmen María Cervantes, EdD

Escritores: Alejandro Aguilera-Titus
Eduardo Arnouil
Carlos Carrillo
Pedro Castex
Carmen María Cervantes, EdD
Juan Díaz-Vilar, SJ
Juan Huitrado, MCCJ

Asesores: José Ahumada, CSC
María de la Cruz Aymes, SH, PhD
Rigoberto Caloca-Rivas, OFM, PhD
P. Ricardo Chávez
Juan Cruz, PhD
Gelasia Márquez
William McDonald
Isabel Ordoñez, STJ
Angeles Pla-Farmer
Elisa Rodríguez, SL
William Sousae
Carmencita Villafañe
Isabel Vinent

Secretarias: Aurora M. Dewhirst
María Teresa Macías

❧ Índice ❧

Prólogo 9

Introducción 13
    Jesús: profeta de esperanza, ayer, hoy y siempre 13

Reflexión Inicial:
María: Peregrina en la Fe y Profeta de Esperanza 19
    El "sí" de María 21
    María comparte su experiencia y su fe 22
    María profeta canta a la esperanza 24
    Madre del Salvador 25
    Dios en el regazo de una joven 26

1. Desarrollo Personal y Evangelización 33
    Desarrollo integral de los jóvenes 35
    Los jóvenes descubren y establecen su identidad personal . . 42
    Formación para el desarrollo personal 45
    La libertad del camino a la plenitud 52
    La fuerza integradora de los ideales 57

2. Camino a la Comunión Interpersonal 63
    Soy y existo en el amor 65
    En búsqueda de la comunión interpersonal 69
    Integración de la sexualidad en el amor 74
    Noviazgo y matrimonio cristianos 79

3. Hacia la Madurez Humana 85
    Una perspectiva integral
        para el crecimiento cristiano de los jóvenes 87
    Conscientización, liberación y praxis 99
    Jóvenes hispanos, profetas de esperanza 103

4. Jesús, el Profeta del Reino *109*
   Jesús y los jóvenes hoy en día *111*
   Jesús: una persona que impacta *116*
   Misión y praxis de Jesús *122*
   Al encuentro con Jesús resucitado *133*
   Emaús, un camino de esperanza *135*

5. La Acción Evangelizadora de Dios,
   los Evangelizadores y los Evangelizados *139*
   Algunas verdades fundamentales de la evangelización *141*
   La acción de la gracia de Dios *143*
   La acción de los evangelizadores
      como miembros de la comunidad de fe *146*
   Fases de una acción evangelizadora personal y comunitaria *152*
   El proceso de conversión personal *156*

6. Profetas de Esperanza:
   un Modelo de Evangelización Comunitaria *165*
   Los jóvenes en la iglesia y en el mundo *167*
   El modelo Profetas de Esperanza *175*
   Evangelización integral de los jóvenes
      en pequeñas comunidades *177*
   Formación, capacitación y ministerio
      de los jóvenes animadores *180*
   Capacitación y ministerio de los formadores *183*

7. La Inculturación: un Desafío para la Juventud Hispana . . *187*
   La iglesia relaciona fe y cultura *189*
   Inculturación en los distintos niveles de la cultura *206*
   El proceso de inculturación
      en el modelo Profetas de Esperanza *214*

8. Hacia una Praxis Evangelizadora con María *219*
   La piedad popular mariana *221*
   María, una mujer profeta y evangelizadora *225*
   La evangelización guadalupana:
      un regalo de Dios para los pobres *226*

Notas y Recursos *251*

Glosario *263*

Índice Temático *273*

A los líderes jóvenes, ministros de pastoral juvenil y agentes de pastoral, que están dando su vida por llevar a Cristo a los jóvenes hispanos en Estados Unidos de Norteamérica

❦ Prólogo ❦

1   La Iglesia Católica en Estados Unidos, cada año tiene más personas hispanas o latinas, la mayoría de las cuales es menor de veinticinco años. Estos jóvenes representan un reto y una esperanza para la Iglesia y la sociedad. Desafían a la Iglesia, porque millones de ellos no están recibiendo la atención pastoral necesaria. Son una esperanza, porque, al encarnar el evangelio en sus vidas, pueden renovar la iglesia, transformar los valores culturales y construir el Reino de Dios. Para enfrentar este reto y hacer realidad esta esperanza se necesitan hispanos, jóvenes y adultos, que cumplan con su misión de cristianos en el mundo.

2   Para apoyar estos esfuerzos, en 1987, Saint Mary's Press, en Winona, Minnesota, decidió publicar libros de pastoral juvenil hispana. Para identificar las necesidades más urgentes, representantes de Saint Mary's Press realizaron una consulta con líderes de la pastoral hispana en todo el país. Esta investigación llevó a desarrollar una serie bilingüe de evangelización para la juventud y nombró a la Dra. Carmen María Cervantes como directora del proyecto.

3   La necesidad de tener un marco teológico-pastoral que diera consistencia y dirección a estas publicaciones, originó el primer borrador de este libro. En agosto de 1988 se realizó un encuentro de discernimiento en Saint Mary's Press, con veinticuatro agentes de pastoral representando once grupos hispanos y diversos ministerios. Estos agentes de pastoral trazaron las líneas fundamentales del proyecto, planearon los materiales a desarrollar y revisaron el primer borrador del marco-teológico pastoral. Un mes después se formó el Consejo Editorial con algunas personas que participaron en la reunión de discernimiento y con representantes de Saint Mary's Press. El Consejo ha realizado un papel clave para planificar y revisar las publicaciones, así como para identificar a las personas idóneas para escribir los materiales.

4   El segundo borrador fue revisado por treinta personas de todo el país, a quienes agradecemos su cuidadoso análisis y oportunas sugerencias. El tercer borrador fue traducido al inglés y sometido a una consulta bilingüe que dio origen al borrador final.

5   El proceso de desarrollo que se llevó a cabo al ir escribiendo el marco teológico-pastoral fue complejo y apasionante. La amplia visión teológica-pastoral compartida por el equipo de escritores se enraizó en la realidad de los jóvenes hispanos y se convirtió en un recurso para la dirección de su evangelización, después de muchas horas de reflexión, oración e intercambio de experiencias. Siete personas escribieron importantes partes del manuscrito y varias más contribuyeron con su consejo y habilidad editorial, haciendo un trabajo en conjunto que configuró al Equipo Editorial de la serie Profetas de Esperanza.

6   Consultas con expertos en diferentes especialidades, pastoralistas, agentes de pastoral y jóvenes líderes, en español y en inglés, con hispanos y no hispanos, proporcionaron la extensa perspectiva necesaria en una publicación que está en contacto con la realidad de los jóvenes hispanos en Estados Unidos e intenta proporcionar un marco teológico-pastoral para su evangelización. Se condujeron dos encuestas en áreas claves para la evangelizacion de la juventud hispana. La primera identificó la realidad de la juventud hispana en el país. La segunda clarificó quién es Jesús, cómo es el proceso de evangelización y cuál es el significado de la iglesia para los jóvenes hispanos.

7   Las reflexiones y las observaciones hechas por el traductor y los editores en inglés fueron muy valiosas. La traducción fue bicultural, lo que significa que varios conceptos, teorías, acercamientos filosóficos y teológicos identificados como difíciles de entender o fácilmente malinterpretados por un lector no hispano fueron aclarados gracias a la contribución de Richard Wood, el traductor. Las reacciones respetuosas, sensatas y cuidadosas de Yvette Nelson, Charles Capek y Rebecca Fairbank, quienes hicieron la corrección de estilo de este ejemplar en inglés, sin estar familiarizados con la cultura y la vida religiosa de los hispanos, ayudó al equipo editorial significativamente en dos aspectos: ver y valorar los numerosos puntos de unidad entre la corriente principal y los acercamientos pastorales hispanos y aclarar más las diferencias entre ellos. Este diálogo intercultural dio origen a nuevas secciones en el marco teológico-pastoral que refuerzan la identidad y la visión teológica-pastoral de los hispanos en Estados Unidos, cuando se enfrentan con preguntas honestas y con el deseo de aprender de los agentes de pastoral americanos de ascendencia no hispana.

8   La complejidad de la realidad de los jóvenes hispanos y la necesidad de proporcionar un marco teológico-pastoral para su evangelización hizo que Saint Mary's Press decidiera publicar dos volúmenes de Profetas de Esperanza. El primero, se enfoca en la realidad de la juventud hispana y la respuesta pastoral de la iglesia. El segundo volumen, que ahora tiene en sus manos, se enfoca en la evangelización de la juventud hispana.

9   De manera muy especial, como equipo editorial, queremos expresar nuestra profunda gratitud a Saint Mary's Press por hacer posible la publicación de estos dos libros, al hermano Damian Steger, FSC, presidente de Saint Mary's Press, por su paciencia y motivación y a Stephan Nagel por su constante dirección y apoyo como director editorial. También queremos agradecer a aquellas personas que ayudaron a dar forma al manuscrito con sus valiosos aportes, y a todas las demás que hicieron posible estos libros en la serie de Profetas de Esperanza.

♥ Introducción ♥

Jesús: profeta de esperanza, ayer, hoy y siempre

1. Hace alrededor de dos mil años, después de que Jesús fue bautizado por su primo Juan y de haber estado en oración en el desierto por cuarenta días, volvió a Galilea, su tierra natal, donde empezó a predicar en las sinagogas de los judíos. Todos los que lo escuchaban con el corazón abierto lo alababan, y su fama corrió por toda la región.

2. Jesús llegó a Galilea lleno de la fuerza del Espíritu y empezó a realizar su misión. La experiencia de su bautismo, cuando el Espíritu Santo le reveló que era el Hijo amado de Dios, el Elegido, había impactado para siempre su vida. A todos y cada uno de nosotros, los cristianos, Dios nos ha dicho lo mismo: "tú eres mi hijo amado, mi hija amada; yo te he elegido para que recibas mi mensaje y te doy mi poder para que puedas seguir la misión que inició ese Jesús, mi Hijo, hermano tuyo y profeta del Reino". Igual que como sucediera a Jesús, esta experiencia del amor de Dios, debe impactar para siempre nuestra vida.

3. Un día, habiendo llegado a Nazaret, donde se había criado y, según era su costumbre, Jesús fue el sábado a la sinagoga:

   > Cuando se levantó para hacer la lectura, le pasaron el libro del profeta Isaías; desenrolló el libro y halló el pasaje en que se lee:
   > *El Espíritu del Señor está sobre mí. El me ha ungido para traer la buena nueva a los pobres, para anunciar a los cautivos su libertad y a los ciegos que pronto van a ver, para despedir libres a los oprimidos y para proclamar el año de la gracia del Señor.*
   > Jesús, entonces, enrolla el libro, lo devuelve al ayudante y se sienta. Y todos los presentes tenían los ojos fijos en él. Empezó a decirles: "Hoy se cumplen estas profecías que acaban de escuchar". (Lucas 4, 16–21)

4. Esta primera proclamación, tan sorprendente como grandiosa, sucedió en una sinagoga de la ciudad de Jesús, en una reunión de una *pequeña comunidad de creyentes* que esperaban la llegada del mesías.

Todos lo aprobaban, muy admirados de esta proclamación de la gracia de Dios. Sin embargo, se preguntaban extrañados: "¿No es éste el hijo de José?" Y él les contestó: "Seguramente ustedes me van a recordar el dicho: Médico, sánate a ti mismo. Haz aquí, en tu patria, lo que nos cuentan que hiciste en Cafarnaún".

Jesús añadió: "Ningún profeta es bien recibido en su patria. . .".

Al oír estas palabras, todos en la sinagoga se indignaron. Se levantaron y lo arrastraron fuera de la ciudad, llevándolo hasta un barranco del cerro en el que está construida la ciudad, para arrojarlo desde ahí. Pero él, pasando en medio de ellos, siguió su camino.

Jesús bajó a Cafarnaún, ciudad de Galilea. Ahí estuvo enseñando los días sábados, y todos se admiraban de su modo de enseñar, porque hablaba con autoridad. (Lucas 4, 22–32)

5 También nosotros hemos sido llamados a proclamar la Buena Noticia del Reino de Dios. Pero, nuestra proclamación se centra en compartir nuestra fe en Jesús resucitado, presente en la comunidad eclesial para dar vida nueva a los pobres, los presos, los ciegos y los oprimidos.

6 Nuestra misión es una aventura digna de emprender porque es la voluntad de Dios, la misma misión que Dios dio a Jesús. Hoy Jesús nos está llamando a continuar su misión, nos está invitando a volver a nuestra Nazaret de Galilea, a nuestra gente, nuestro barrio, nuestra comunidad. Hoy se cumplen estas escrituras cuando, como discípulos de Jesús, asumimos nuestra misión de ser *profetas de esperanza*, llevando la Buena Nueva a los jóvenes que sufren pobreza económica o escolar, a los cautivos en las cárceles físicas o prisioneros de enajenaciones psicológicas, a los ciegos que no han encontrado el camino de la vida, a los oprimidos por su pecado personal o el pecado de la sociedad.

7 De la misma manera que Jesús escogió a los discípulos que formaron la primera comunidad cristiana, Jesús escoge e invita a cada joven personalmente a ser su discípulo. En esta elección divina radica la fuerza de nuestra vocación y misión. Ayer, cuando Jesús eligió a sus discípulos y los envió a proclamar el Evangelio, les encomendó dar lo que habían recibido gratuitamente. Hoy, Dios sigue dando su amor y su vida gratuitamente y nos pide que, como

miembros del Cuerpo de Cristo, compartamos con otros ese amor y esa vida.

8   En el pasado, Jesucristo proclamó el Evangelio en las sinagogas judías, en los caminos y las plazas; en el campo y a orillas de los lagos. Hoy, Jesús proclama el Evangelio a través de su iglesia, en las pequeñas comunidades eclesiales, los parques y las escuelas, las fábricas y las fiestas, donde quiera que se reúnen las personas a compartir la vida.

9   En épocas de Jesús, mucha gente le cuestionó y no tuvo fe en él; de igual modo, sus discípulos fueron desafiados y despedidos por muchos. También hoy, los cristianos que deseamos entregar la Buena Nueva, somos rechazados con frecuencia. Pero, igual que Jesús cumplió con su misión y que las primeras comunidades cristianas llevaron la Buena Nueva hasta los confines de la tierra conocida para ellos, hoy no podemos dejar de evangelizar.

10 Hoy es "el año de la gracia del Señor". Jesús está llamando a sus discípulos jóvenes a ser profetas de esperanza, a evangelizar, a proclamar la libertad verdadera. La misión de la juventud hispana, como la misión de toda la juventud, es volver a su Galilea —a su barrio; a la sinagoga de Nazaret —a su pequeña comunidad de fe. En estas comunidades y a partir de ellas, con la fuerza del Espíritu, los jóvenes son profetas de esperanza que proclaman a Jesucristo resucitado, "el mismo hoy como ayer y por la eternidad" (Hebreos 13, 8), la plenitud del Evangelio, la Buena Nueva del Reino de Dios encarnada en la historia de todas y cada una de las personas y pueblos que la reciben y la hacen propia.

Profetas de Esperanza

11 Profetas de Esperanza es una obra en dos volúmenes que propone una visión teológica y pastoral para el ministerio con los jóvenes latinos en Estados Unidos. Esta obra recoge el análisis de la realidad, las prioridades pastorales, la visión y la mística que animan la pastoral juvenil hispana según el espíritu de los tres Encuentros Nacionales Hispanos de Pastoral, el *Plan pastoral nacional para el ministerio hispano* y el llamado a una Nueva Evangelización de las Américas hecho por el papa Juan Pablo II y ratificado en la Cuarta conferencia general de los obispos latinoamericanos en Santo Domingo, 1992.

12 El análisis de la realidad, los elementos de reflexión y las sugerencias concretas que constituyen la visión teológica y pastoral de Profetas de Esperanza, están divididos en los dos volúmenes de la siguiente manera:
- **El volumen 1,** titulado *La juventud hispana y la respuesta pastoral de la iglesia,* está dividido en ocho capítulos que tratan de la realidad personal, social y religiosa y de la respuesta de la Iglesia Católica a las necesidades pastorales de los jóvenes hispanos.
- **El volumen 2,** titulado *Evangelización de la juventud hispana,* está dividido en ocho capítulos que tratan de la evangelización de los jóvenes hispanos, el proceso de evangelización, un modelo de evangelización en pequeñas comunidades y del papel de María en estos esfuerzos evangelizadores.

13 Los dos volúmenes de Profetas de Esperanza intentan ser una guía para el trabajo pastoral y para la formación de animadores jóvenes de las pequeñas comunidades y de los agentes de pastoral. La presentación de la realidad de la juventud hispana descrita en el volumen 1, es sólo un comienzo y continuará afinándose en la medida en que se continúe estudiando y analizando esta realidad. Esta visión teológica y pastoral está evolucionando y siendo cristalizada a través de la praxis cristiana y será renovada conforme los jóvenes hispanos y quienes hacen labor pastoral con ellos, pongan esta visión en la práctica y reflexionen sobre ella. Por lo tanto, para aprovechar al máximo estos libros, los lectores deben adaptarlos a su realidad específica. También deben evitar usar estos libros como si fueran un texto de estudio o un manual de técnicas.

14 Al usar este libro, es importante recordar que los conceptos latinos de *juventud* y *adultos jóvenes* no corresponden a los conceptos de *young people* y *young adults,* aunque está es la traducción literal. En este libro, cuando hablamos de la juventud o de los jóvenes hispanos nos referimos al espectro total de adolescentes y jóvenes adultos si son solteros.

15 Los términos especiales como **animación** y **conscientización** están en negrilla la primera vez que aparecen en el texto, a partir de la reflexión inicial. Las definiciones para los términos en negrilla se encuentran en el glosario, al final del libro. Sugerimos que, antes de empezar a leer cada capítulo, revisen el glosario para familiarizarse con los términos que se usan en él. Los párrafos del libro han sido numerados al margen izquierdo para facilitar a los líderes el uso simultáneo de los volúmenes en inglés y español en una situación bilingüe. También tengan en cuenta que en este libro, los párrafos están numerados en el margen para facilitar que se puedan usar ambas versiones en un solo grupo de personas.

16   Escribimos y dedicamos este libro a los agentes de pastoral juvenil, a los jóvenes líderes y a los asesores adultos de jóvenes. Profetas de Esperanza también pueden ser de gran utilidad para cualquier persona que desea comprender mejor la realidad de los jóvenes hispanos y mejorar su formación humana y cristiana. Esperamos que estos libros también estimulen el diálogo, la reflexión y la pastoral de conjunto no sólo entre los latinos sino en la iglesia entera.

17   Pedimos a María que, de modo especial, bendiga a los jóvenes hispanos y a todas las personas que los acompañan en su jornada de fe. Oramos para que el Espíritu Santo nos llene de entusiasmo y esperanza, para que nuestro trabajo continúe el camino comenzado por Jesús, nuestro hermano y profeta del Reino de Dios. De esta manera realizaremos junto con él, su sueño y su misión: instaurar el Reino de Dios entre nosotros.

❦ Reflexión Inicial ❦

María: Peregrina en la Fe y Profeta de Esperanza

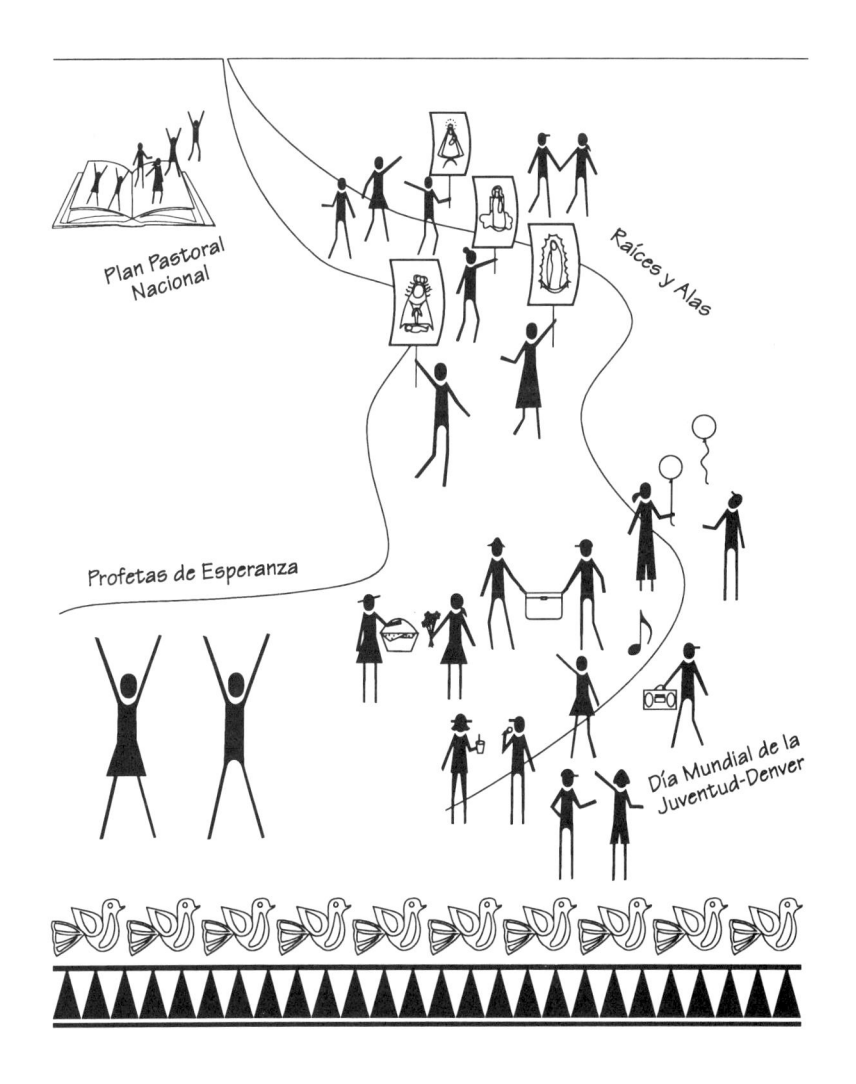

❦ Reflexión Inicial ❦

María: Peregrina en la Fe y Profeta de Esperanza

El "sí" de María *21*

María comparte su experiencia y su fe *22*

María profeta canta a la esperanza *24*

Madre del Salvador *25*

Dios en el regazo de una joven *26*
    Una espada en el corazón *27*
    María acelera el ministerio público de Jesús *28*
    María, modelo de discipulado y madre de los discípulos *31*

1   En el primer volumen de Profetas de Esperanza reflexionamos sobre la **realidad** de los jóvenes **hispanos** en Estados Unidos y sobre la respuesta **pastoral** de la iglesia a esa realidad. Este segundo volumen está dedicado a la **evangelización** de la juventud hispana. Pero, antes de presentar teorías, métodos y modelos de evangelización, queremos considerar a María como modelo de la actitud interior de fe que debe tener todo evangelizador para descubrir en su vida y ayudar a que otros descubran la presencia viva y actuante de Dios.

El "sí" de María

2   María era una muchachita de un pueblo pequeño y pobre de la región de Galilea. Tenía sólo dieciséis o diecisiete años cuando se comprometió con José, un muchacho joven y trabajador. A José frecuentemente lo pintan como un hombre viejo, pero los evangelios nunca han dicho esto y por lo tanto debemos suponer lo que era normal, que era joven como ella. Seguramente que ambos esperaban con ilusión el día de su matrimonio, pero Dios tenía mejores planes para ellos y se los comunicó por medio de su mensajero, el ángel Gabriel. En este ambiente de misterio y alegría, Gabriel alabó a María y le comunicó el proyecto de Dios para ella. Así lo relata el Evangelio de Lucas:

> En el sexto mes, el ángel Gabriel fue enviado por Dios a una joven virgen que vivía en una ciudad de Galilea llamada Nazaret, y que era prometida de José, de la familia de David. Y el nombre de la virgen era María.
>
> Entró el ángel a su presencia y le dijo: "Alégrate, *llena de gracia;* el Señor está contigo". María quedó muy conmovida por lo que veía, y se preguntaba qué querría decir ese saludo.
>
> Pero el ángel le dijo: "No temas, María, porque has encontrado el favor de Dios. Vas a quedar embarazada y darás a luz a un hijo, al que pondrás el nombre de Jesús. . .".

María entonces dijo al ángel: "¿Cómo podré ser madre si no tengo relación con ningún hombre?"

Contestó el ángel: "El Espíritu Santo descenderá sobre ti y el poder del Altísimo te cubrirá con su sombra; por eso tu hijo será Santo y con razón lo llamarán Hijo de Dios. Ahí tienes a tu parienta Isabel: en su vejez ha quedado esperando un hijo, y la que no podía tener familia se encuentra ya en el sexto mes del embarazo. Para Dios, nada será imposible".

Dijo María: "Yo soy la servidora del Señor; hágase en mí lo que has dicho". Después de estas palabras el ángel se retiró. (Lucas 1, 26–38)

3 La joven María, como es lógico, no comprendió cómo podría quedar embarazada sin haber tenido relaciones íntimas con ningún hombre. Pero, aún en medio de tanta extrañeza y desconcierto, expuso sus dudas al ángel. En la respuesta del ángel, María entendió que, aunque no comprendía bien lo que Dios le pedía, era importante darle el sí a la gracia que Dios le estaba dando. Por eso respondió al ángel: "'Yo soy la servidora del Señor; hágase en mí lo que has dicho'" (Lucas 1, 38).

4 En realidad, aún después de escuchar al ángel, María no sabía cuáles eran los proyectos de Dios para ella. Sin embargo, abandonándose con confianza en Dios, le dio un sí total y absoluto. En adelante, la dirección de la vida de María sería la indicada por los planes de Dios, aunque no los comprendiera. El sí de María no fue fácil, sino un sí en la obscuridad y el misterio, que debió haber sido el secreto más importante en su vida.

María comparte su experiencia y su fe

5 El proyecto de Dios para María y su hijo estaba ligado, de manera importante, con el proyecto de Dios para su prima Isabel y su hijo. Isabel era una mujer estéril y de edad avanzada en ese momento que, por una intervención especial de Dios, esperaba un hijo. En la cultura a la que pertenecían María e Isabel, una mujer que no podía tener hijos era despreciada, incluso se creía que la esterilidad de una mujer se debía a un castigo de Dios por sus pecados o los pecados de sus antepasados. Por eso, las mujeres estériles, además de ver-

güenza, llevaban en su corazón la opresión del desprecio de los demás y del sentimiento de culpabilidad.

6   Lucas relata que, en cuanto María supo la noticia de que su prima Isabel iba a tener un hijo, sintió prisa por ir a visitarla. Muchas debieron ser las razones que movieron a María a emprender el camino hacia la casa de Isabel. Seguramente quería compartir su experiencia misteriosa y su perplejidad ante lo que había sucedido; su fe y esperanza; su alegría e incertidumbre. Al mismo tiempo desearía escuchar la experiencia de su prima, dejarse comprender por una persona que había tenido una experiencia similar, constatar el poder de Dios en sus vidas, apoyarse la una en la otra, en fin, compartir su experiencia y su fe.

7   Este relato de Lucas tiene otro mensaje importante: el hijo que Isabel va a dar a luz es Juan el Bautista, el último profeta del Antiguo Testamento, cuya misión era preparar el camino para la llegada de Jesús. La visita de María a Isabel enfatiza la relación entre la época de la espera y de la realización de la promesa. María es la que lleva en su seno al enviado de Dios para cumplir su promesa de **salvación** que había hecho al pueblo de Israel. Por eso, cuando Lucas relata el encuentro de María con Isabel, lo hace así:

> Por esos días, María partió apresuradamente a una ciudad ubicada en los cerros de Judá. Entró a la casa de Zacarías y saludó a Isabel. Al oír Isabel su saludo, el niño dio saltos en su vientre. Isabel se llenó del Espíritu Santo y exclamó en alta voz: "¡Bendita eres entre todas las mujeres y bendito el fruto de tu vientre! ¿Cómo he merecido yo que venga a mí la madre de mi Señor? Apenas llegó tu saludo a mis oídos, el niño saltó de alegría en mis entrañas. ¡Dichosa por haber creído que de cualquier manera se cumplirán las promesas del Señor!". (Lucas 1, 39–45)

8   En esta escena, llena de alegría y de ternura, observamos un cuadro con dos generaciones que se quieren, se abrazan y se comprenden. Ambas reconocen en sí mismas y en la otra, el misterio de la acción de Dios en sus vidas. La percepción de Isabel sobre la grandeza de la obra de Dios en María y la profundidad de la fe de su prima, la llena de gozo y le asegura que, por su fe, se cumplirán las promesas del Señor.

María profeta canta a la esperanza

9   La joven María no pudo contener su alegría y, llena de fuerza y paz, y quizás rociada de lágrimas de alegría y agradecimiento, rompió con un canto a la esperanza, el Magnificat:

*Celebra todo mi ser
la grandeza del Señor
y mi espíritu se alegra
en el Dios que me salva,*

*porque quiso mirar la condición
humilde de su esclava,
en adelante todos los hombres
dirán que soy feliz.*

*En verdad el Todopoderoso
hizo grandes cosas para mí,
reconozcan que Santo es su Nombre*

*que sus favores alcanzan
a todos los que le temen
y prosiguen en sus hijos.*

*Su brazo llevó a cabo
    hechos heroicos,
arruinó a los soberbios
con sus maquinaciones.*

*Sacó a los poderosos
    de sus tronos
y puso en su lugar a los humildes;*

*repletó a los hambrientos
de todo lo que es bueno
y despidió vacíos a los ricos.*

*De la mano tomó a Israel,
    su siervo,
demostrándole así su misericordia.*

*Esta fue la promesa
que ofreció a nuestros padres
y que reservaba a Abraham
y a sus descendientes para siempre.*

(Lucas 1, 46–55)

10   En este canto, aparece una vez más, la personalidad fuerte y creativa de la joven María. En él vuelca su corazón y expresa su fe en un Dios grande que permite que a partir de ella, todas las generaciones futuras sean felices; reconoce y alaba a Dios porque sus favores alcanzan a todos los que le siguen, con predilección especial por los pobres; confiesa su fe en un Dios que se compromete con su pueblo para siempre.

11   María estaba en aquel entonces sólo en los comienzos de su gran aventura en la fe, pero se encontraba ya llena de la fuerza del Espíritu para recorrer el camino que le señalaba Dios. ¡Cuántas veces habrá María orado con este salmo! De seguro que fue en la oración donde, esta joven de Nazaret, adquirió las fuerzas para abandonarse en manos de Dios, confiar en él, seguir creyendo y aceptando el misterio de su acción en ella, afrontando su doble maternidad: la de Jesús y más tarde la nuestra.

Madre del Salvador

12   Pasaron los meses, faltaba ya poco tiempo para que María diera a luz, pero le quedaba aún la prueba de un camino difícil: tenía que dejar la seguridad de su casa para ir a cumplir sus responsabilidades cívicas, pues el César de Roma exigía que todos los habitantes fueran a su ciudad de origen a empadronarse. María y José emprendieron el camino a Belén, con todas las incomodidades que suponía viajar en aquella época y hacerlo en el último mes de embarazo. Fue un camino largo y lento. María sentía el peso de su hijo en su vientre. Caminaba despacio, descansando de cuando en cuando. Era la segunda vez que Jesús recorría los campos y senderos de la tierra en el seno de su madre: la primera, cuando María fue a visitar a su prima Isabel y compartir con ella su fe; y en ese momento en que iba a cumplir con su responsabilidad de ciudadana.

13   María iba contenta: caminaba con Dios. A su lado, le acompañaba y sostenía el joven que había sido su prometido. Dentro de ella, iba Jesús.

14   "¿Encontraremos posada?", se preguntaban. Habiendo tantas personas que iban a empadronarse, todos tenían la dura tarea de buscar dónde quedarse. Al llegar a Belén, María y José tuvieron que comenzar otro camino por las calles del pueblo: un camino más corto, pero más penoso, llamando a una y otra puerta en busca de

alojamiento. Puertas que se abren y se cierran con distintos modos de decir no.

15 Sin duda que antes de cada llamada, María y José oraban a Dios para que les ayudara, pero parecía como si no les escuchara ni comprendiera la gravedad del momento. No sabemos si estuvieron así varias horas o varios días. María comenzó a sentir que se acercaba el momento de dar a luz; las oraciones y las llamadas a las puertas debieron hacerse más angustiosas. Al final, de nuevo sin comprender, tuvieron que marcharse a un establo, no había sitio para ellos ni siquiera en el mesón común.

16 María y José eran pobres y, los pobres de ayer como los de hoy, no encuentran sitio fácilmente. Entre la gente de Belén, unos habrán pensado que no podían sacar nada de provecho a esta pareja pobre; otros, quizás que eran unos pecadores y maleantes a los que, con razón, Dios abandonaba; otros, quizá la mayoría, pensarían sólo en sí mismos, sin capacidad de compasión por una madre que estaba a punto de dar a luz.

17 En este trance, el retrato de María debió presentarle con el rostro cansado y preocupado, pues no veía solución. Pero, al mismo tiempo, su mirada y su porte debió denotar rasgos de paz y esperanza, ya que María siempre confiaba en Dios.

Dios en el regazo de una joven

18 Pasamos ahora a una de las experiencias más profundas de la vida de María: el nacimiento de su hijo. Lucas lo cuenta así:

> Cuando estaban en Belén le llegó el día en que debía tener su hijo. Y dio a luz a su primogénito, lo envolvió en pañales y lo acostó en una pesebrera, porque no había lugar para ellos en la sala común. (Lucas 2, 6–7)

19 Era de noche y María daba a luz en un pesebre, atendida sólo por José. Dios, hecho hombre, salía de su vientre y gemía en esta tierra por primera vez. Ella le tomó en sus brazos, lo envolvió en pañales y seguramente pronto empezó a amamantarlo.

20 Este trozo de la historia de María es símbolo de nuestra propia historia. María caminaba con Jesús dentro de ella, pero fue necesario esperar a verlo vivo para reconocerle en el misterio de una cria-

tura indefensa. También nosotros caminamos con Jesús dentro. Desde nuestro bautismo, por la acción del Espíritu Santo, Jesús se ha encarnado en nuestra vida. Pero muchos cristianos no lo han descubierto ni reconocido en ellos mismos, ni en tantos otros rostros misteriosos que se aparecen en su camino. Al igual que el de María, nuestro caminar con Jesús tiene que ser por el sendero de la fe. Vamos descubriendo la presencia amorosa de Dios y sus designios para cada uno de nosotros conforme decimos sí a su acción en nuestra vida.

Una espada en el corazón

21 Jesús se mostró a su madre y al resto de las personas que le conocieron como otro niño cualquiera. La joven madre tuvo que ir leyendo los planes de Dios a lo largo de su vida, en la oscuridad del misterio. Lucas relata una escena que sin duda tuvo que impresionar fuertemente a esta joven madre, pues al tiempo que le manifestaba los planes de Dios, los envolvía en un misterio más denso y más duro aún.

22 El día en que María y José llevaron al niño a Jerusalén, para presentarlo en el Templo, tal como estaba mandado por la Ley, estaban ahí Simeón y Ana, dos personas piadosas, que representan a tanta gente que esperaba ansiosa la llegada del Mesías. Simeón, reconociendo en Jesús al Mesías prometido, lo tomó en sus brazos y lo bendijo con un canto que expresaba su felicidad por la promesa cumplida. La joven pareja estaba maravillada de ver y escuchar lo que Simeón decía de su niño. El corazón de María debió haberse llenado de más paz y alegría, hasta que las siguientes palabras le crearon una nueva inseguridad y desconcierto. Simeón dijo a María:

> "Mira, este niño debe ser causa tanto de caída como de resurrección para la gente de Israel. Será puesto como una señal que muchos rechazarán y a ti misma una espada te atravesará el alma. Pero en eso los hombres [y las mujeres] mostrarán claramente lo que sienten en sus corazones". (Lucas 2, 34–35)

23 Sin duda que estas últimas palabras quedaron marcadas en el corazón de María: el misterio seguía haciéndose más difícil de comprender y también más desafiante. Seguramente que María regresó a Nazaret, asombrada por la experiencia y llena de preguntas: ¿cuándo llegaría el momento de la espada cruel? ¿en qué consistiría?

¿por qué? ¿para qué? El sí de María a Dios se iba haciendo más difícil, pero ella seguía firme en su decisión: "Hágase en mí, según tu Palabra", aunque no la entienda y me duela, porque estoy segura que tiene una razón buena y poderosa.

24   Poco tiempo después, María, José y Jesús tuvieron que emigrar a Egipto porque el rey Herodes quería matar a Jesús. Debió haber sido otro viaje doloroso: tuvieron que acogerse en un país extranjero y distante, donde años atrás su pueblo había sido sometido a la esclavitud. De nuevo el misterio y la incertidumbre; y también, la necesidad de seguir aumentando su confianza en Dios. Más tarde, cuando Herodes murió, María y José volvieron con Jesús a Nazaret. Ahí, María siguió siendo la servidora del Señor en una vida tranquila de mujer de pueblo y José siguió ejerciendo su trabajo de carpintero.

25   Nada especial pasó hasta que Jesús era un jovencito. Un día, los tres fueron al Templo por las fiestas y, cuando iban de regreso, María y José se dieron cuenta que Jesús no iba con ninguno de ellos. Le buscaron por todas partes. En el corazón de esta mujer, debieron haber resonado con fuerza de tragedia las palabras del viejo Simeón "una espada te atravesará el alma". ¿Sería este el momento?, se preguntaría María ante la confusión y trágicas conjeturas por su hijo perdido. Pero ése no fue el momento de la espada, sino sólo un episodio duro en que María no comprendió la conducta de Jesús. El misterio seguía intensificándose y continuaba adentrándose y haciendo mella en su corazón. María "guardaba fielmente en su corazón todos estos recuerdos" (Lucas 2, 51).

26   A veces pensamos que basta con responder a la primera llamada de Dios y, que después, todo va a quedar claro y quieto. Pero no fue así en el caso de María, ni tampoco lo es en el nuestro. Cuando Dios llama, no abre una puerta en nuestra vida para entrar por ella y quedarse inmóvil. El llamado de Dios siempre es para comenzar un camino nuevo o para seguir caminando, día a día, por el sendero que nos señala.

María acelera el ministerio público de Jesús

27   Mientras Lucas nos da algunas pistas sobre la actitud de María cuando Jesús era pequeño, Juan habla de ella al principio y al final de su **ministerio** público. Ha pasado mucho tiempo, Jesús tiene alrededor de treinta años y María alrededor de cuarenta y siete. Juan

relata que, al final de la semana en que Jesús escogió a sus primeros discípulos, tres días después de que llamó a Felipe y a Natanael, Jesús asistió a una boda acompañado de su madre y sus discípulos. El relato de Juan dice así:

> A los tres días se celebraron unas bodas en Caná de Galilea, y la madre de Jesús estaba en la fiesta. También fue invitado a las bodas Jesús con sus discípulos. Se acabó el vino de las bodas y se quedaron sin vino. Entonces la madre de Jesús le dijo: "No tienen vino". Jesús respondió: "Mujer ¿cómo se te ocurre? Aún no ha llegado mi hora".
>
> Su madre dijo a los sirvientes: "Hagan todo lo que él les mande".
>
> Había ahí seis jarrones de piedra, de los que sirven para los ritos de la purificación de los judíos, de unos cien litros de capacidad cada uno. Jesús indicó a los sirvientes: "Llenen de agua esas tinajas". Y las llenaron hasta el borde. "Saquen ahora, les dijo, y llévenle al mayordomo". Y ellos se lo llevaron.
>
> El mayordomo probó el agua cambiada en vino, sin saber de dónde lo habían sacado; los sirvientes sí que lo sabían, pues habían sacado el agua. Llamó al esposo y le dijo: "Todo el mundo pone al principio el vino mejor, y cuando todos han bebido bastante, se sirve un vino inferior; pero tú has dejado el mejor vino para el final".
>
> Esta señal milagrosa fue la primera, y Jesús la hizo en Caná de Galilea. Así manifestó su gloria y sus discípulos creyeron en él. (Juan 2, 1–11)

28   En este pasaje, Juan narra el primer milagro de Jesús, el cual tiene un simbolismo muy profundo sobre la llegada del **Reino de Dios** y el papel de María en él. El símbolo clave es el banquete de bodas. En lenguaje bíblico, tanto las bodas como el banquete son símbolos del Reino de Dios; la boda simboliza la unión íntima de Dios con su pueblo; el banquete, la celebración de esta unión.

29   Todo el Evangelio de Juan es una invitación a participar en la llegada del Reino de Dios. En el pasaje que está a continuación, María nos muestra *cómo* debemos participar en ella. Juan inicia el relato refiriéndose "a los tres días", significando los tres días después de que Jesús escogió a sus discípulos. Jesús usa esta misma expresión para anunciar su Resurrección:

"Destruyan este templo y yo lo reedificaré en tres días". . . .
En realidad, Jesús hablaba de ese otro templo que es su cuerpo. Solamente cuando resucitó de entre los muertos, sus discípulos recordaron lo que él había dicho y creyeron tanto en la Escritura como en estas palabras de Jesús. (Juan 2, 19–22)

30   Este primer signo maravilloso de Jesús en Caná está encuadrado mirando a los tres días del final, cuando, a través del misterio pascual, se inicia una nueva era en la historia de la humanidad. Y, ahí en Caná, en esos momentos claves del inicio de la llegada del Reino, estaba María; no sólo como una invitada más, sino activa, promoviendo con su intercesión la llegada del Reino.

31   Según la historia, el vino se había acabado. María se da cuenta y se preocupa por el bienestar de los nuevos esposos. Se lo hace notar a Jesús con un gesto de servicio hacia sus anfitriones y una actitud de confianza en que Jesús hará algo por ellos. Después, a pesar de la respuesta de Jesús: "Mujer, ¿cómo se te ocurre? Aún no ha llegado mi hora", María indicó a los sirvientes: "Hagan todo lo que él les mande". El aparente rechazo de Jesús hizo que María pasara de una simple actitud de servicio a una actitud de fe incondicional en Jesús. Aún en la ignorancia de lo que iba a suceder, María sabía que Jesús tenía la respuesta. Como en el día de la Anunciación, también ahora, el acto de fe de María tuvo resultados maravillosos. Aunque Jesús había dicho que su hora aún no había llegado, el agua fue cambiada en vino.

32   En estos pasajes del Evangelio de Juan, el agua y el vino, la "hora" y la "gloria", son cuatro símbolos que ayudan a comprender la misión de Jesús, a la cual está estrechamente unida María como servidora, mujer de fe y discípula fiel. Por la intercesión de María y la acción de Jesús, el agua con que los judíos ritualizaban la purificación de los pecados desapareció, dejando en su lugar vino, que más tarde se convirtió en el símbolo de la sangre derramada por Jesús para el perdón de los pecados. Este milagro atestigua que aunque la "hora" de la salvación no había llegado a su plenitud, la llegada del Reino de Dios había empezado.

33   El mensaje es claro y fuerte: la fe absoluta de María es la que motiva a Jesús a actuar. Esa misma fe en Jesús y en su acción en favor de los demás, logra que los discípulos, recién escogidos la semana anterior, adquieran mayor fe en Jesús y se conviertan en fieles seguidores suyos.

34　　　　María no se configura como protagonista de la historia, su misión como la madre de Cristo es colaborar activamente con Jesús para lograr la llegada del Reino y fortificar la fe de los discípulos. Así debe ser la fe y la acción de todo evangelizador: una persona que confía en Jesús y su palabra; que descubre las necesidades de la gente y toma la iniciativa para llevarla al encuentro de Jesús, de modo que sea el mismo Jesús quien le muestre el camino de salvación.

María, modelo de discipulado y madre de los discípulos

35　　　　Después de este pasaje, Juan no vuelve a mencionar a María sino hasta el capítulo diecinueve, donde aparece acompañando a Jesús cuando va a entregar su vida por la **redención** de la humanidad. El evangelio dice así:

> Junto a la cruz de Jesús estaba su madre, la hermana de su madre, María, esposa de Cleofás, y María de Magdala. Jesús, al ver a la Madre, y junto a ella al discípulo que más quería, dijo a la Madre: "Mujer, ahí tienes a tu hijo". Después dijo al discípulo: "Ahí tienes a tu madre". Desde ese momento, el discípulo se la llevó a su casa. (Juan 19, 25–27)

36　　　　Esta escena muestra a María como a una seguidora de Jesús heroica e incondicional. En aquella tarde de viernes, llena de traiciones, negaciones y ausencias, María, la mujer fuerte, está donde tiene que estar, cerca de Jesús, acompañada de otros discípulos. En esos momentos, en que Jesús terminaba su misión en la tierra y se preparaba para regresar al Padre y cumplir su promesa de dar de beber del agua viva a todos los que creían en él, Jesús asignó a María una nueva tarea: ser la madre de sus seguidores, estar con ellos y acompañarlos en la misión que les había encomendado.

37　　　　María es el modelo ideal de todo evangelizador. Las actitudes que la llevaron a poner su vida entera en manos de Dios, permitieron que, por su medio, Dios se hiciera hombre y se encarnara en la historia humana. Con su seguimiento de Jesús hasta la cruz y su acompañamiento a los discípulos, María colaboró activamente en la misión de Jesús. Por eso, quienes anhelamos seguir a Jesús y asumir nuestra misión en la historia, seguimos a María como modelo y le pedimos que nos acompañe en los esfuerzos que hacemos por llevar a los jóvenes a Jesús. La fe de María permitió que la encarnación de Dios se llevara a cabo. La fe de los jóvenes hispanos comprometidos, es también clave para que Jesús se encarne en la vida de otros jóvenes hoy y en el devenir de la historia.

❖ 1 ❖

Desarrollo Personal y Evangelización

❖ 1 ❖

Desarrollo Personal y Evangelización

Desarrollo integral de los jóvenes 35
    El centro personal de los jóvenes 36
    Formación de la personalidad 37
    Crecimiento hacia la plenitud como personas 39
    Formación humana y evangelización 40

Los jóvenes descubren y establecen su identidad personal . . . 42
    Descubrimiento de la soledad y la originalidad 42
    Cómo facilitar la formación de la identidad en los jóvenes 43
    Conocerse a sí mismo
        en el camino a la realización personal 44
    La evangelización y la búsqueda de la identidad 44

Formación para el desarrollo personal 45
    La juventud como una etapa crucial en la educación . . . 46
    La evangelización y el conocimiento de la verdad 48
    Morir para renacer 50
    Evangelizar para dar energía a la vida de los jóvenes 51

La libertad del camino a la plenitud 52
    Libertad y responsabilidad 53
    Educación de la libertad 53
    Cualidades de una educación sólida de la libertad 55

La fuerza integradora de los ideales 57
    La voluntad permite alcanzar los ideales 58
    Los ideales religiosos 59
    La solidaridad humana como un ideal de los jóvenes . . . 61

> *L*a persona, por su dignidad de imagen de Dios, merece nuestro compromiso en favor de su liberación y total realización en Cristo Jesús. Sólo en Cristo se revela la verdadera grandeza de la persona y sólo en El es plenamente conocida su realidad más íntima.
> —Consejo Episcopal Latinoamericano (CELAM),
> *Puebla*

1 Este capítulo se enfoca en el desarrollo psicológico y espiritual de los jóvenes. Empieza examinando el desarrollo **integral** del joven: su centro personal, la formación de su personalidad y el crecimiento hacia su plenitud. La segunda sección reflexiona sobre el descubrimiento, encuentro y establecimiento de su identidad como el camino para su realización personal. La tercera sección trata de la importancia de la formación del joven; la cuarta, reflexiona sobre la libertad como camino a la plenitud humana, y la quinta presenta la fuerza integradora de los ideales. Además de reflexionar sobre el desarrollo integral de los jóvenes, el capítulo también examina el papel de la evangelización en estos procesos.

2 La evangelización ayuda a los jóvenes a desarrollarse como personas a través de su encuentro con Jesús, quien los abre a la acción de la gracia de Dios en las dimensiones afectivas, intelectuales, **volitivas** y sociopolíticas de su vida. De ahí, que exista la necesidad de una evangelización integral que se centre en Jesús y colabore con él para transformar y orientar a los jóvenes desde las profundidades de su ser.

Desarrollo integral de los jóvenes

3 Antes de calificar a los jóvenes como hispanos, cristianos, católicos, adolescentes o jóvenes adultos, hay que recordar que todos y cada uno de ellos y ellas son *personas*. Las personas somos seres espirituales y corporales, únicos, individuales, libres y dinámicos; capaces

de pensar, desarrollarse y ser auténticos consigo mismos. También somos miembros interdependientes en la creación y en la familia humana, capaces de conocernos y amarnos mutuamente, de ayudarnos en nuestro desarrollo con miras hacia nuestra plenitud como personas y de promover juntos el bien común.

4   Todos los seres humanos estamos llamados a vivir en unión con Dios; a amarnos unos a otros; a ser colaboradores de Dios en el perfeccionamiento de la creación, y a ser coprotagonistas de la historia, junto con él. El escuchar este llamado y responder a él, depende de la gracia de Dios, que presupone y perfecciona la naturaleza humana y de la acción de la comunidad eclesial, que proclama y vive el Evangelio.

El centro personal de los jóvenes

5   La historia humana sucede siempre dentro del marco de las relaciones interpersonales. Los jóvenes, como toda persona, son seres en continua acción interpersonal, que tienen una relación esencial de hijos o hijas con Dios, su creador y meta final; de hermanos y hermanas con las demás personas; de señorío con el resto de la creación, y una relación consigo mismos como personas libres en búsqueda de su plenitud. Estas relaciones originan múltiples y variadas vivencias que, juntas, constituyen la experiencia personal de cada joven.

6   En este libro, el lugar donde radican todas las relaciones de la persona y donde convergen su vida afectiva, intelectual, volitiva y sociopolítica, es definido como el "centro personal" del joven. Ahí, en su interioridad más profunda, el joven toma conciencia de su mundo personal y social; responde a sus preguntas **existenciales;** recibe y genera amor; se reconcilia consigo mismo y sana sus experiencias amargas del pasado; fundamenta los principios básicos en que cimienta su vida, integra su escala de valores, y crea las motivaciones para actuar. También ahí, en el centro personal, es donde el joven tiene la experiencia de Dios y se identifica con Jesús. El lenguaje bíblico utiliza imágenes como "ver", "escuchar" y "sentir" para referirse a este centro personal, cuando ha sido iluminado por la fe y llenado por el amor de Dios. Con éstas y otras imágenes semejantes, las Escrituras se refieren a la necesidad innata del ser humano de buscar y encontrar a Dios.

7   Los jóvenes crecen y se desarrollan conforme van integrando las diferentes relaciones y dimensiones de su vida y pasando por el proceso dinámico de individualización o adquisición de su personalidad. Para participar creativamente en la historia y crecer como personas cristianas, los jóvenes deben tomar plena conciencia de sus experiencias, interpretarlas a la luz de la fe y convertirlas en acciones e ideales que pongan de manifiesto el Reino de Dios. Así como generalmente existe una tensión creadora entre lo afectivo y lo intelectual, lo personal y lo comunitario, entre la iglesia y el mundo, también existe una tensión creadora entre el crecimiento y desarrollo de los jóvenes como personas y su crecimiento como cristianos. Esta tensión es un elemento necesario en toda formación cristiana integral, porque este tipo de tensiones suele originar nuevas expresiones cristianas para un mundo constantemente en cambio.

Formación de la personalidad

8   La personalidad es la manera cómo uno sintetiza y manifiesta su *yo* y cómo se relaciona con otras personas y con el mundo que lo rodea. La personalidad abarca la totalidad de las actitudes, conductas y características de la persona y es fruto de un proceso intencional gobernado desde el centro personal, un proceso que incluye una actividad intelectual, la atención puesta a los sentimientos y reacciones propias y de otras personas, y el ejercicio constante de la voluntad. La personalidad se forja mediante un proceso de autoeducación que va formando actitudes y valores orientados hacia una meta consciente.

9   Los elementos que más influyen en la formación de la personalidad son los siguientes:
- *La constitución natural de la persona* que incluye el género de la persona, sus características físicas hereditarias y su edad.
- *El temperamento de la persona* o sea, su tendencia predominante hacia determinados estados anímicos y reacciones que, aunque en general son conscientes, están muy influenciados por factores genéticos.
- *La historia personal* formada de experiencias concretas de la persona, influenciadas por el medio ambiente social en que vive.

10 Aunque estos factores influyen fuertemente en la formación de la personalidad, *no* la determinan. Los jóvenes tienen en sus manos la posibilidad de reinterpretar sus experiencias, viéndolas desde

distintas perspectivas y, en cierta medida, pueden controlar las influencias físicas, afectivas, intelectuales y espirituales a que están expuestos.

11   La formación de la personalidad se inicia en la niñez, al empezar el proceso integrador de las características existenciales, afectivas y cognitivas de la persona y al poner las bases del comportamiento que caracterizará su conducta posterior. Los padres tienen una influencia muy fuerte sobre la formación de la personalidad cuando uno es niño. Con la adolescencia, los jóvenes desarrollan gradualmente la capacidad para tomar en sus manos la integración de su vida, el desarrollo de su personalidad y la formación de su carácter.

12   El carácter de la persona se desarrolla como una respuesta a la experiencia de su vida, especialmente a la de su educación. Aunque muy unido a la personalidad, el carácter puede definirse como el conjunto de los procesos mentales, la ética y los valores que dan forma a la vida de una persona y que dirigen los diferentes elementos de su personalidad. En la medida que los jóvenes forman su personalidad y su carácter, adquieren una filosofía de la vida que les sirve, como marco de referencia, para decidir cómo desean influir en su medio ambiente y cómo se dejan influir por éste.

13   Hoy en día, la psicología juega un papel muy importante en los enfoques educativos relacionados con la formación humana. La perspectiva psicológica es muy útil para conocer los mecanismos psíquicos que facilitan el aprendizaje y motivan la conducta humana, pero en ocasiones puede generar problemas. Cuando la psicología se enfoca de un modo estrictamente analítico o se enfoca en procesos aislados, puede dejar fuera la formación del carácter y su dimensión ética.

14   Peor aún, por su propia dinámica, el **relativismo moral**, característico de la **cultura moderna**, cambia constantemente casi como la arena, dejando poca o ninguna base sobre la que los jóvenes puedan forjar su identidad y su carácter. Sin una visión ética y una filosofía de la vida enraizada en Dios como valor absoluto, las personas se encuentran en un vacío moral o relativismo, sin un marco de referencia sólido para enfrentar las influencias manipuladoras que las rodean. Al brindar a las personas, especialmente a los jóvenes, la oportunidad de enraizar sus valores y su filosofía en Dios, se les ofrece una base firme para establecer su carácter e identidad y un

marco sólido de referencia para tomar decisiones. Como Jesús proclamó:

> "El que escucha mis palabras y las practica es como un hombre inteligente que edificó su casa sobre la roca. Cayó la lluvia a torrentes, sopló el viento huracanado contra la casa, pero la casa no se derrumbó, porque tenía los cimientos sobre la roca". (Mateo 7, 24–25)

Crecimiento hacia la plenitud como personas

15 Como la mayoría de las personas, los jóvenes se encuentran siempre en un proceso de desarrollo; son seres en cambio constante. *Son personas y al mismo tiempo están desarrollándose como personas.* Los jóvenes son lo que son como resultado de su herencia genética; de las influencias de sus familias, la sociedad y el medio ambiente, y de las decisiones que han tomado y que continuarán tomando. Muchos factores contribuyen a la formación de los jóvenes como personas pero, en último término, cada uno debe escoger su camino en la vida y caminar responsablemente hacia la madurez. La gente joven se desarrolla como persona en la medida en que llega a conocerse a sí misma y concentra su atención y su energía en descubrir medios sanos para vivir, crecer y realizar una acción creadora y transformadora en el mundo.

16 Entre los procesos que llevan a la integración y a la madurez personal, queremos destacar, por su importancia, cinco de ellos:
- el proceso de identidad
- el proceso de comunicación, intimidad y comunión
- el proceso de madurez física y afectiva
- el proceso de integración de la sexualidad
- el proceso de **conscientización** y **liberación**

El ritmo, la dirección y la intensidad de ellos, varían en cada persona y presentan diferentes énfasis y características en la adolescencia y en la juventud.

17 Conforme se van relacionando entre sí, van formando una filosofía o cosmovisión de la vida y generando una **mística** o fuerza interior que dirigen los valores del joven y le permiten actuar libre, madura y responsablemente. La madurez supone el proceso de integración personal y la interacción del joven con otras personas y con su medio ambiente, de modo que estas dinámicas favorezcan su

vida y la de los demás. Un joven que camina hacia su madurez, avanza al mismo tiempo hacia su plenitud como persona. El desarrollo hacia la madurez cristiana, supone los mismos tipos de interacción, pero con Jesús —modelo de perfección y plenitud humana— como el modelo a seguir. Por lo tanto, los jóvenes desarrollan su madurez cristiana en la medida en que avanzan hacia su realización como personas, amando a Dios con todo su corazón, todas sus fuerzas y toda su mente, y amando al prójimo como a ellos mismos.

Formación humana y evangelización

18 El crecimiento de los jóvenes como personas y como cristianos sucede en el contexto de la historia humana y a través de la experiencia humana. Evangelizar significa ayudar a los jóvenes a encontrar y reconocer la presencia de Dios en su propia vida personal y social. Cuando los valores espirituales y religiosos están situados fuera del ámbito de la experiencia de vida de los jóvenes, pueden crear una espiritualidad enajenante que les impide asumir responsabilidad en el ejercicio de su libertad. Por eso, toda formación humana efectiva debe enfocarse directamente en sus vidas, tomar en cuenta sus experiencias y ver su relación con la cultura en que viven.

19 La *efectividad* de una formación humana integradora y de una evangelización integral con los jóvenes depende también de otros factores. Los jóvenes necesitan:
- estar conscientes de que han sido creados *por* Dios y *para* Dios; que poseen un valor y dignidad que nadie les puede quitar, y que —por su naturaleza de seres humanos— están llamados a una vida plena y a desarrollarse como personas integradas;
- tomar conciencia que han sido creados en libertad, que son **dueños de sí mismos** y capaces de un desarrollo personal; que Dios actúa en sus vidas y que, si sus vidas están dirigidas hacia la madurez, estancamiento o autodestrucción, depende de la manera cómo las vivan;
- saber experimentalmente que son el fruto del amor de Dios y que su desarrollo pleno como personas solamente puede ocurrir en el amor;
- relacionarse con Jesús vivo en los otros miembros de su comunidad eclesial, escuchando y respondiendo al llamado de Jesús con compasión y solidaridad, manteniendo una **conversión** continua

como discípulos que tratan de conocer y amar mejor a Jesús sirviendo y amando a otras personas;
- participar activamente en la vida de la comunidad eclesial, encontrando ahí la ayuda adecuada para su jornada en la fe y su vida cristiana.

20 En general, la evangelización integral con los jóvenes se puede realizar de las siguientes maneras:
- a través del testimonio de adultos o de otros jóvenes que han descubierto a Dios en sus vidas;
- a través del diálogo sobre cómo Dios se revela en la historia de cada joven, los modos como ha tocado su vida y las maneras de manifestarse y actuar en la historia de diferentes pueblos y naciones;
- a través de la ayuda para que los jóvenes experimenten intencionalmente la soledad y puedan encontrar a Dios en el silencio de sus corazones;
- mediante experiencias comunitarias donde los jóvenes tengan una vivencia de Jesús vivo y actuante en la comunidad de discípulos.

Los evangelizadores pueden seguir varios pasos y usar diferentes técnicas para facilitar la acción de la gracia de Dios en los jóvenes. Los capítulos del quinto al octavo, describen los procesos de evangelización desde diferentes perspectivas y dan ideas para ayudar a los evangelizadores en su misión.

21 Los obispos de Estados Unidos ofrecen un buen resumen de lo que debe incluir la evangelización:

> El evangelizador debe demostrar su solidaridad con la persona que busca evangelizar. Debe de compartir las necesidades terrenas de los llamados, necesidades que frecuentemente deben de ser atendidas antes de que se oiga el mensaje. La evangelización es una llamada a dejar atrás una vida pecaminosa mostrando que Jesús es el único en quién se encuentra el Poder de Dios. El encuentro con Jesús es también un encuentro con su comunidad. . . . Las necesidades más profundas de la persona humana se satisfacen por el culto privilegiado ("en Espíritu y Verdad") de la comunidad de Jesús.[1]

Los jóvenes descubren y establecen su identidad personal

22 La búsqueda y el encuentro de la propia identidad, constituye una de las tareas más motivadoras y difíciles del ser humano. La identidad consiste en conocerse y encontrarse con uno mismo. La búsqueda de la propia identidad es una tarea de toda la vida, pero es más intensa durante la adolescencia. Esta búsqueda brota de las preguntas existenciales: ¿quién soy yo? ¿cómo soy? ¿cuál es mi situación en la vida? ¿de dónde vengo? ¿a dónde voy? ¿qué tengo que hacer? ¿qué sentido tiene mi vida? ¿qué pasará cuando muera?

23 Al respondernos a estas preguntas, es necesario vernos como seres creados por Dios y llamados a una misión especial. La búsqueda de la identidad propia debe realizarse en el marco de una cosmovisión cristiana y debe estar dirigida al descubrimiento del plan de Dios para cada uno de nosotros, a la manera en que cada uno hemos sido llamados a vivir, proyectarnos en el mundo y contribuir en la construcción del Reino de Dios mediante el amor y el servicio.

24 Dado que la búsqueda de la propia identidad no sucede en un vacío, sino en el medio ambiente sociocultural en que vive cada persona, los jóvenes que viven en una sociedad bicultural o multicultural, necesitan además aclarar su identidad cultural. Por lo tanto, estos jóvenes, requieren un apoyo y orientación especial.

Descubrimiento de la soledad y la originalidad

25 Las personas amplían su identidad personal al tomar conciencia de que al mismo tiempo que forman parte de una comunidad extensa, también son únicas y están solas en el mundo: son únicas, porque cada persona es un individuo, original e irrepetible; están solas, porque cada persona es creada y llamada a ser completa, **autónoma** y libre para ser ella misma y para determinar sus valores y creencias.

26 Para encontrar nuestra identidad personal, debemos dar el sí a nuestra soledad individual. Nacemos solos, vamos a morir solos y, en último término, debemos enfrentar la vida solos; nadie puede vivir la vida por otra persona. La reflexión personal y la soledad, son necesarias para conocerse a sí mismo y relacionarse mejor con las personas y con Dios. Estas realidades son muy enriquecedoras, pues muestran nuestro valor como seres humanos, un valor que no puede ser reemplazado por nadie ni por nada. Pero no debemos con-

fundir nuestra soledad personal con una automarginación de la sociedad. Una soledad fecunda propicia el crecimiento de la libertad y la responsabilidad personal, mientras que el apartarse de la sociedad para evitar conflictos y escapar de la responsabilidad de participar en ella, margina a la persona y dificulta su desarrollo personal.

Cómo facilitar la formación de la identidad en los jóvenes

27 La identidad personal de un individuo no puede ser dada por otra persona o impuesta desde fuera del individuo. Cada joven tiene que encontrar su identidad y vivir su propia vida. Los padres, educadores y **agentes de pastoral** a veces tratan de proyectar su propia identidad en la de los jóvenes, esperando hacer de ellos copia de lo que hubieran deseado haber sido. Esta sustitución de la identidad no es saludable ni para los jóvenes ni para los adultos.

28 Muchos problemas psicológicos que afectan a los jóvenes y que incluso contribuyen a que algunos se suiciden, especialmente entre los hombres, son causados por las expectativas de los padres sobre lo que deberían ser sus hijos. El ejercicio de la responsabilidad de los adultos como formadores y educadores de los jóvenes, no es la oportunidad para "darles forma" o "moldearlos" siguiendo un modelo preestablecido, sino para acompañar a los jóvenes en su proceso de autoformación. Los adultos que desempeñan un papel formativo y educacional con los jóvenes, con frecuencia ayudan más a través de su ejemplo personal tranquilo, que a través de una enseñanza obvia.

29 Para encontrar y definir su identidad, los jóvenes necesitan reflexionar sobre su vida; enfrentar y asumir sus experiencias del pasado, y tomar conciencia de su libertad y responsabilidad. Sólo realizando estas tareas, pueden ser auténticos, crecer como personas y proyectar lo mejor de sí mismos en la sociedad y en la historia. Todos estos procesos requieren una apertura hacia los demás. Si los jóvenes se encierran en sí mismos, fácilmente pueden formar una visión falsa de ellos mismos o sustituir con una máscara lo que realmente son. Los adultos, especialmente los educadores y agentes de pastoral juvenil, pueden ayudar a los jóvenes a abrirse a otros, creando ambientes en los cuales se sientan física, emocional y socialmente bien y se sientan libres para ser ellos mismos en su relación con los demás.

Conocerse a sí mismo en el camino a la realización personal

30 Los jóvenes se realizan como personas a través de sus relaciones interpersonales y logran el conocimiento de sí mismos conforme se comunican con los demás y establecen una relación con ellos. Este encuentro con otra persona o personas debe ser directo, sin intermediarios, y debe ocurrir en un ambiente de espontaneidad y libertad. Los jóvenes se abren a otras personas a través de la comunicación y de su propia entrega. En esta relación de intercambio y donación, se conocen a sí mismos mediante sus propias reflexiones y a través de las opiniones sinceras de las personas que los aman. Conocerse a sí mismo y descubrir la propia identidad sólo puede darse en un ambiente que propicia la buena comunicación y en el que prevalece el amor, el respeto y el entendimiento mutuo.

31 En el proceso de encontrarse consigo mismos, los jóvenes toman conciencia de su dignidad y valor como personas y de los dones y talentos que han recibido de Dios. Esta toma de conciencia incrementa la estimación de sí mismos, aumenta su seguridad, les da un fundamento para su esperanza y les brinda una base para sus proyectos de vida. El reconocimiento de sus propias faltas, limitaciones y debilidades en forma realista, permite a los jóvenes desarrollarse y mejorar como personas. Conforme se conocen mejor, los jóvenes pueden explorar su vocación, decidir lo que quieren realizar en su vida y convertirse en agentes de transformación en la historia. A su vez, estas exploraciones les ayudan a definir mejor su propia identidad.

32 Este proceso de buscar la identidad personal se complementa con el proceso de conscientización que permite a los jóvenes ver más claramente su vida en relación a las personas que los rodean y al mundo en que viven. Esta conscientización incrementa su seguridad en sí mismos y facilita que asuman responsabilidad por su pasado, su presente y su futuro.

La evangelización y la búsqueda de la identidad

33 La evangelización de los jóvenes que están buscando su identidad, requiere que descubran la presencia de Dios en ellos. En este contexto, evangelizar es ayudar a que los jóvenes se den cuenta que Dios los ha escogido en Jesucristo, para llevarlos a su plenitud como personas únicas y originales, creadas a imagen de Dios.

34   Proclamar la Buena Nueva es mostrar que Dios respeta la identidad de los jóvenes y los acepta como son. Dios pide a cada joven que continúe siendo lo que es, pero de manera nueva, fortalecida por la gracia de Dios para crecer hacia una plenitud de vida. Para algunos jóvenes, este crecimiento significa un aumento gradual en su confianza en Dios y en su propia bondad y amor hacia los demás. Para otros, significa una profunda transformación de sus vidas y un cambio radical de dirección para poder abandonarse en Dios. Aún las personas que tienen limitaciones físicas o de otra índole, tienen una vida interior que siempre pueden hacer crecer. La vida interior transciende las cosas materiales, pone a las personas en contacto con Dios y les permite ver su vida terrestre desde una perspectiva de esperanza en la vida eterna.

35   Cuando, a través de la evangelización, los jóvenes se apropian y asumen la realidad de la encarnación y de la redención de Jesús, se comprenden y se valoran mejor a sí mismos. El descubrir que, por su bautismo, son templos vivos del Espíritu Santo, hijos escogidos de Dios, seres humanos revestidos de Cristo, conduce a los jóvenes a respetarse y a ver sus vidas de manera más profunda.

36   En el ministerio pastoral con jóvenes, es difícil competir con los deportes, las tareas, el trabajo y las diversiones que llaman la atención y ocupan el tiempo de los jóvenes. Sin embargo, la iglesia puede ofrecer a los jóvenes, la posibilidad de convertirse en personas verdaderamente integradas y de ser seguidores de un Jesús atrayente y motivador. Evangelizar es mostrar a Jesús como una persona que encarna ideales que vale la pena vivir y como un maestro que motiva constantemente al desarrollo personal, a una vida más profunda y a la transformación del mundo.

Formación para el desarrollo personal

37   Cuando somos niños, experimentamos el tiempo como una serie de momentos desligados y en sí infinitos. Gozamos o lloramos cada momento con toda la intensidad posible, al grado que la conciencia de la historia, del correr de los días y de lo irrecuperable del tiempo pasado, falta casi por completo. Para los niños, el espacio consiste exclusivamente en el lugar en que están en un momento determinado, sin conciencia de espacios más amplios, ni en el sentido territorial ni del ambiente social en que viven. Esta concepción tan

concreta del tiempo y el espacio, hace que la felicidad de los niños dependa de lo que experimentan en cada momento, según los estímulos concretos que están recibiendo del medio ambiente.

La juventud como una etapa crucial en la educación

38 Los adolescentes pueden captar la sucesión del tiempo, recordar y analizar eventos de su pasado, analizar su presente y empezar a pensar en función del futuro. También pueden comparar y contrastar diversos espacios geográficos y ambientes sociales, pensar en abstracto y conceptualizar ideas. Estas capacidades, así como la posibilidad de ver la vida desde una perspectiva personal y no a través de los ojos de sus padres u otros adultos, hacen que el alma florezca para sí misma y para los demás. Por eso, la juventud es una etapa clave para descubrir el significado de la vida, dar dirección a la vida, salir de sí mismos e iniciar relaciones de comunión con otras personas.

39 Además, al empezar a integrar conscientemente su pasado y su presente y analizar su vida y el ambiente que les rodea, los adolescentes se pueden conocer a sí mismos y descubrir su identidad. Sobre esta base, los adolescentes pueden identificar sus deseos e ideales y elegir lo que desean ser y hacer en la vida. Por todo esto, la adolescencia es una etapa vital en el desarrollo de los jóvenes y en el camino hacia el amor y la felicidad.

40 El despertar a la vida es gradual y disparejo. Los adolescentes son medio adultos y medio niños y, a veces, totalmente niños o completamente adultos. Piden y exigen con gran vehemencia que los adultos los respeten y los tomen en serio. Aún no están enteramente seguros de sí mismos. De ahí, su susceptibilidad ante situaciones donde se sienten ignorados o agredidos por los adultos y su vulnerabilidad a las influencias de sus compañeros con quienes se sienten identificados y más seguros.

41 Estas características de la adolescencia hacen que los chicos y las chicas vivan una etapa crucial en su proceso de educación. Educar es trabajar con los jóvenes para que *ellos* mismos encuentren la dirección de su vida; es facilitar en ellos un proceso interno de autoconocimiento que les lleve a descubrirse y a aceptarse como personas únicas e irrepetibles, hechas a imagen y semejanza de Dios, destinadas al amor y la felicidad. Educar a los jóvenes requiere tomarlos en serio, dialogar con ellos para promover su autodescu-

brimiento, amarlos para que se sientan seguros de ser quienes son, orientarlos para que encuentren el sentido de su vida.

42 La educación que facilita la reflexión sobre sí mismos y respeta las susceptibilidades propias de la juventud, ayuda a los jóvenes a desarrollarse como personas, a forjar su personalidad y a prepararse para el amor y la felicidad. El impulso de independencia, tan común en los adolescentes, es signo claro de que, en las profundidades de su alma, el *yo* se está conformando con más intensidad que en la niñez. Los comienzos de emancipación en la adolescencia y sus luchas por gozar de autonomía en la juventud son fenómenos naturales de la vida. Educar al adolescente y facilitar la educación del joven es ofrecerles orientación en su proceso de emancipación, apoyo en su búsqueda de autonomía, acompañamiento en sus experiencias diarias, guía en sus esfuerzos de dar dirección a su vida, ayuda en la elaboración de sus planes y una presencia solidaria en sus éxitos y fracasos.

43 Siempre hay que tomar en cuenta los procesos naturales de la adolescencia y la juventud y no pretender apagar las tendencias de los jóvenes a la independencia y autonomía. Los adolescentes se proponen metas, como experiencias para descubrir hasta dónde son capaces de llegar. Los jóvenes exigen que se les trate como adultos para hacer sentir su capacidad de decisión y responsabilidad. Por ejemplo, emprenden un viaje largo y con mal tiempo para probar el alcance de sus fuerzas y asegurarse de que en algo son tan fuertes o superiores a los demás, desafían las reglas impuestas por los padres para medir el grado de independencia de ellos y constatar lo cerca que están del mundo adulto. Estas acciones exigen comprensión y orientación para que puedan contribuir al proceso de madurez de los jóvenes.

44 Las pasiones de los adolescentes y los jóvenes son tan grandes y potentes como las de los adultos y ejercen en ellos un influjo, a veces decisivo, para toda la vida. Muchos casos en que los jóvenes pierden su fe, odian a sus padres y se rebelan sistemáticamente a la autoridad, tienen como causa una incomprensión de los mayores. Con frecuencia, la falta de conciencia de los padres y la manipulación de líderes sin preparación, se convierten en una injusticia hacia la juventud que destruye su paz y crea violencia en ellos. De ahí la importancia de que los jóvenes cuenten con el apoyo de adultos bien preparados y encuentren ideales nobles y poderosos hacia los cuales dirigir su vida y canalizar su afectividad y energía.

La evangelización y el conocimiento de la verdad

45 La verdad conduce a la libertad, la libertad al amor y el amor a la felicidad y a la plenitud. Todo joven anhela estos valores y los busca con ahínco. Pero no todo joven que camina hacia ellos los encuentra. Evangelizar es compartir con los jóvenes la verdad, la libertad, el amor y la vida de Dios de modo que puedan aspirar a vivir según el Evangelio; es ayudarles a descubrir la verdad sobre sí mismos y sobre Dios, a tomar conciencia de la libertad radical de que fueron dotados por Dios al momento de ser creados, a experimentar el amor de un Dios Trinitario que les dio la vida por medio de sus padres, a desarrollar su capacidad de amar y de ser fuente de vida para los demás. Al aceptar el Evangelio y hacer de Jesús el centro de su vida, los jóvenes despiertan a la verdad, la libertad y el amor, con todo el esplendor e intensidad posible.

46 Durante la juventud, la persona va despertando a la verdad y penetrando cada vez más en ella. También va avanzando en la comprensión y el ejercicio de su libertad. Entre más hace estas dos cosas, más posibilidades tienen los jóvenes de lograr su integración personal y de desarrollar una espiritualidad profunda y bien encarnada en su realidad. Estar despierto es tener conciencia de quién es uno, dónde está, de dónde viene y a dónde va. Esta conciencia es clave para descubrir la verdad que hace libre a la persona y poder liberarse de las ataduras que impiden la libertad.

47 "Todo es según el color del lente a través del que se mira", dice el refrán. La felicidad o el sufrimiento de una persona depende de su visión sobre la vida. Con frecuencia se dice que los jóvenes son un problema o que su vida está llena de problemas. Los problemas nacen de la manera como una persona ve la vida y de las actitudes con las que enfrenta las situaciones que vive. La persona es la que crea o soluciona los problemas, tiene actitudes de esperanza y alegría en medio de las vicisitudes y el dolor de la vida o se deprime, se ofusca, se violenta, se rebela o se destruye ante los grandes o pequeños desafíos que se le presentan.

48 De esta manera, los problemas se convierten en ataduras que no vienen de fuera, sino del interior de uno mismo, que atacan nuestra libertad de persona y que nos impiden amar y vivir con felicidad. Cuando los jóvenes se abstienen de ver la realidad de la vida y se dejan manipular por la presión del "qué dirán" con tal de ser aceptados en el grupo, pierden su libertad para amar y para vivir

fuera de las normas que les dicta el grupo. Cuando se sumergen en la música y en la televisión para escapar de las relaciones familiares, pierden oportunidades de diálogo, comprensión, ayuda mutua y expresiones de cariño muy enriquecedoras con los miembros de su familia. Cuando se intoxican con alcohol u otras drogas para evadirse de su realidad, pierden la capacidad de razonar y de dirigir libre y conscientemente sus sentimientos y su comportamiento. En general, los jóvenes van adquiriendo estas ataduras casi sin darse cuenta, lo que hace que inconscientemente vayan perdiendo su libertad y la posibilidad de amar y ser felices.

49   Estar atados es señal de ignorancia de la verdad y de estar equivocados sobre el valor del ser humano, y en consecuencia, de poseer una comprensión errónea o limitada sobre el valor y las capacidades de sí mismo. Evangelizar es descubrir la verdad, despertando la conciencia sobre las ataduras que evitan ver la realidad y que inhiben la libertad; es ayudar a romper esas ataduras, guiados por Jesús y con la fuerza de su Espíritu. Para descubrir la verdad, es esencial ser humildes, evitar los prejuicios y tener amor hacia los demás, las cuales son virtudes que se adquieren con la gracia de Dios y que, por lo tanto, requieren a su vez de una constante evangelización.

50   El apoyo más grande en este caminar hacia la verdad y la libertad está en la iluminación de la vida con el Evangelio. La luz que nos da Jesús con su vida y su mensaje nos interpela en las profundidades de nuestro ser. A través de Jesús nos conocemos mejor, porque en él se revela plenamente quién es el ser humano y qué tipo de relación debemos tener con Dios y entre nosotros.

51   Sólo a partir de un autoconocimiento sincero y profundo podemos abrirnos a otras personas y relacionarnos con ellas en un contexto de libertad y amor. Por eso, todo esfuerzo evangelizador tiene que facilitar el conocimiento de sí mismo y de Jesús. En esta doble dinámica, llevada a cabo simultáneamente, el joven se encuentra a sí mismo como fruto y fuente del amor de Dios y, a partir de esta conciencia, puede convertirse en evangelizador de otros jóvenes. Lo importante en este doble proceso de descubrimiento es que los jóvenes se dejen interpelar por Jesús de manera que sea él quien cause en ellos el cambio de vida. Ver la vida desde la perspectiva que la ve Jesús, es la base fundamental para lograr un desarrollo humano integral cristiano.

Morir para renacer

52 Jesús dijo claramente: "'En verdad les digo: si el grano de trigo no cae en tierra y muere, queda solo; pero si muere, da mucho fruto'" (Juan 12, 24). Con su muerte y Resurrección, Jesús demostró la verdad de esta frase. Morir para volver a nacer a una vida nueva es el proceso normal que lleva al desarrollo humano y a la felicidad. Despertar a la verdad y a la libertad supone lo siguiente:
- *morir* a una visión limitada o deformada de la vida, para *nacer* a la verdad del misterio de la vida,
- *morir* a las ataduras que imponen las ideologías, manipulaciones emocionales y convencionalismos sociales para *nacer* a la libertad de pensar, sentir y actuar como personas hechas a imagen y semejanza de Dios,
- *morir* a la visión limitada del *yo* para *nacer* a una vida completa del ser-en-comunidad con Dios y con otras personas,
- *morir* a una vida pasiva y aburrida para *nacer* a una vida activa, dirigida por ideales altos, heroicos y nobles,
- *morir* a la autocompasión para *nacer* a una vida donde ponemos los dones que Dios nos ha dado al servicio de quien los necesita,
- *morir* a una distorsión de la realidad humana para *nacer* a una vida de fe en nosotros mismos como hijos e hijas de Dios,
- *morir* a las ataduras de nuestro egoísmo para *nacer* a una vida de amor hacia nuestros hermanos y hermanas.

53 Este morir para nacer es el proceso que ayuda al joven a irse forjando como un ser integrado en sí mismo y en el mundo en que vive. Renacer después de una depresión o un ataque de odio, restablecer una relación de amistad después de un pleito, recuperar la fe en una persona después de haber sido traicionado, restituir el honor a una persona después de habérselo quitado, revalorar la vida después de haber tenido la tentación del suicidio, reconocer la necesidad de pedir perdón después de haber ofendido a alguien, todas éstas son formas de cómo los jóvenes se van integrando como personas. El morir a viejas ideas y adquirir una visión nueva, el morir a sentimientos de enojo, antipatía y venganza, y abrirse al amor, se logra relacionando en las profundidades del ser las dimensiones afectivas, intelectuales, espirituales, psicológicas y sociales de la vida.

54 Para que el proceso de muerte y renacimiento sea una realidad perdurable y no sólo un evento pasajero, los jóvenes necesitan con-

tar con posibilidades reales de adquirir esa vida nueva. Esto quiere decir, que deben existir a su alcance opciones viables y contar con la orientación y el apoyo necesario en su nuevo caminar. La manera de lograr una vida nueva no es, como a veces suele pensarse, en base a prohibiciones y castigos relacionados con la vida vieja.

55   Para combatir amistades peligrosas, el joven necesita un ambiente donde se respire amor a lo grande y a lo bello, se fomente la generosidad de corazón y el heroísmo, y se puedan forjar buenas amistades. Insistir constantemente en el peligro de las malas amistades no basta y a veces, incluso, es contraproducente, debido a la rebeldía propia de la edad. Para despertar a ideales elevados, los jóvenes necesitan metas nobles que les atraigan y que cristalicen las fuerzas afectivas exuberantes de su alma, de modo que nadie ni nada pueda extinguir estos ideales, sin destruir al mismo tiempo su personalidad. Para forjar una personalidad fuerte, sana y bien integrada, los jóvenes necesitan interesarse totalmente en la realización de los grandes ideales y no dejarse llevar sólo por razonamientos fríos o manipulaciones psicológicas.

Evangelizar para dar energía a la vida de los jóvenes

56   En comparación al resto de la vida, en la juventud uno cuenta con una gran apertura de mente y una energía extraordinaria. Por eso, los jóvenes están en una edad muy buena para encontrar el sentido cristiano de su vida y para vivir con intensidad el Evangelio. Quien conoce el alma humana sabe que toda persona necesita una inspiración poderosa y profunda para adquirir una fuerza durable y una alegría constante en su vida. Sin embargo, es común encontrar personas que se consideran evangelizadoras, formadoras o educadoras, que sólo saben hacer entrar en el horizonte del discípulo las exigencias de un morir, sin saber cómo ofrecerles el llegar a ser. Estas personas suelen presentar la vida cristiana como una serie de negaciones, prohibiciones, reglas que guardar y sacrificios que hacer, olvidándose que nada de esto tiene sentido si no está en función de una vida de amor y felicidad.

57   El mandamiento de Jesús es amar y, para fomentar y perseverar en el amor, debemos hacer obras heroicas y sacrificios fuertes. La abnegación y el sacrificio que no llevan al amor y al servicio, a la paz y a la alegría, a la libertad y a la justicia, no tienen sentido desde la perspectiva del Evangelio. El Evangelio de Jesús es una

invitación constante al amor y a la acción. Por eso, el cristianismo tiene un poder educativo irreemplazable, el más poderoso que haya existido.

58   Para los cristianos, la pascua significa morir al pecado perdonado por Dios y renacer a una vida liberada de sus ataduras; morir a los deseos del yo y resucitar al amor del otro; morir al egoísmo y renacer a la misión de Jesús de extender el reinado de Dios entre la gente. Estas son de las experiencias más grandiosas que puede experimentar una persona joven. Dios se hace presente en la vida de los jóvenes cuando lo descubren en sus procesos de muerte y vida; confían en su misericordia; toman conciencia que habita en el fondo de su alma; escuchan su llamado a la conversión y responden a su llamado a vivir cada vez más cerca de él.

59   Evangelizar es inculcar en los jóvenes la confianza y el amor al Dios que les ha dado la vida. Ese Dios, que por amor a ellos, habita en ellos y entre ellos, haciendo latir su corazón, dando vista a sus ojos e inteligencia a su mente. Evangelizar es lograr que Jesús se convierta en el centro de la vida de los jóvenes, de modo que dirija sus pensamientos, sentimientos y acciones. Evangelizar es facilitar que aflore al exterior la fuerza del Espíritu que habita en cada joven, para que se convierta en evangelizador de otros jóvenes. Evangelizar es lograr que el joven prefiera la vida en comunión con nuestro Dios a los momentos pasajeros de placer.

La libertad del camino a la plenitud

60   La libertad consiste en la capacidad de autogobernarse, tanto a nivel personal como social. La libertad, aún cuando se contemple en el plano personal, no es individual, sino que siempre se da en las relaciones interpersonales. Con excepción de la libertad de pensar, todas las demás dimensiones de la libertad son de naturaleza social, pues suponen libertad para *hacer* algo o la libertad *en relación* a una persona o grupo social.

61   Aunque este capítulo se enfoca en la libertad personal de los jóvenes, es importante aclarar que el concepto de libertad y los principios que se presentan en relación a ella, también pueden aplicarse a los grupos humanos y a la sociedad en general. Por ejemplo, se puede hablar de la libertad de los jóvenes hispanos en Estados

Unidos, de la libertad de la juventud estadounidense en general o de la libertad de la sociedad norteamericana.

Libertad y responsabilidad

62 La educación en la libertad y para la libertad tiene su sede principal en la familia y debe ser realizada desde los comienzos de la vida. Conforme los niños crecen van cortando gradualmente los lazos primarios de dependencia con sus padres o tutores y con el mundo de los adultos. Esto sucede conforme se desarrollan física, emocional y mentalmente, y en la medida en que integran sus capacidades en su personalidad. De esta manera, las personas intensifican su proceso de individualización y adquieren un espacio más amplio en la búsqueda de su libertad. Debido a lo significativo de los cambios físicos, emocionales y mentales que ocurren en la preadolescencia y la adolescencia, la educación de la libertad debe intensificarse de manera especial en estas etapas y continuar de manera sutil durante los primeros años de la vida adulta, cuando el joven ha adquirido los derechos de adulto y empieza a adquirir responsabilidades de adulto.

63 La educación de la libertad corresponde primordialmente a los padres o tutores (a partir de ahora, considerados como padres), quienes a su vez necesitan el apoyo de la comunidad para poder realizar esta labor. Además, la educación de la libertad es una de las áreas vitales de toda pastoral juvenil evangelizadora, pues está estrechamente ligada a la formación de la conciencia crítica y de la conciencia moral, las cuales, según nuestra fe, tienen su fundamento en el Evangelio.

64 La libertad es la premisa o base esencial sobre la que se fundamenta todo desarrollo o realización personal. La persona crece y madura al elegir conscientemente desarrollar sus capacidades y ponerlas al servicio de su propio crecimiento como persona y del bien de sus semejantes.

Educación de la libertad

65 Aunque la libertad representa la base de todo desarrollo humano, el pecado lleva con frecuencia a las personas al abuso de esta libertad. Por lo tanto, para que los jóvenes tengan sentido de libertad, necesitan ser educados y formados bajo la influencia del Espíritu Santo.

Esta educación debe impartirse bajo cuatro aspectos claves:
- *la libertad para aceptarse a sí mismos y a los demás*, respetando la autonomía de cada uno a la vez que se trasmite el llamado de Dios a la conversión y se desafía a responder a esta invitación,
- *la libertad de elegir* consciente e intencionalmente el bien para sí mismos y para los demás,
- *la libertad de tomar iniciativas creativas* con las que ir en pos de un ideal, resolver un conflicto o enfrentar un desafío,
- *la libertad para asumir responsabilidad y compromiso* con un ideal concreto, cierto tipo de valores, un estilo de vida determinado, una meta específica o una actividad particular.

66   A través de una sólida educación y el buen uso de su libertad, los jóvenes pueden conquistar una madurez progresiva en su vida intelectual y en el desarrollo de un juicio crítico; en el manejo de su vida afectiva y en el dominio de impulsos emotivos que puedan herir a otras personas; en su vida moral, y en su capacidad de trascendencia y vida espiritual. La libertad es una conquista personal que prepara al joven para juzgar, valorar, decidir y actuar con sabiduría, llegando a transformar su potencial en acciones creativas y dadoras de vida.

67   La persona ejerce su libertad siempre dentro del contexto sociocultural en el que vive. La libertad se mueve en una dinámica que oscila entre la decisión racional que hace uno para actuar de cierta manera y las posibilidades que existen para dicha acción, dentro de las estructuras sociales y las normas culturales del medio ambiente en que vive la persona. Por lo tanto, la libertad tiene dos fundamentos básicos: la libertad interior de la persona y la libertad exterior dada por el sistema sociocultural.

68   En general, los **latinos** en Estados Unidos tienen a su alcance ambos tipos de libertad, pero necesitan una educación de ésta y el apoyo adecuado para usar su libertad para su propio crecimiento y el mejoramiento de la sociedad. Sólo dos cosas pueden negar a los jóvenes su libertad: *(a)* la aniquilación de toda libertad física o *(b)* las enfermedades neuróticas severas que los incapacitan para ver la realidad con objetividad y para tomar decisiones racionales. De ahí que los esfuerzos de la pastoral juvenil y de la evangelización que liberan al joven de sus ataduras del pecado personal y social, sean elementos vitales en su proceso de educación de la libertad.

Cualidades de una educación sólida de la libertad

69 Tener libertad y actuar con libertad, supone ser auténticamente dueño del pensamiento y la voluntad personal y, por lo tanto, ser libre implica que la persona sea capaz de hacer lo siguiente:
- asumir decisiones racionales, dando dirección intencional a la vida donde antes predominaba el tradicionalismo, las costumbres, la búsqueda de prestigio o el poder de una autoridad exterior;
- actuar de modo que realice el estilo de vida que se propuso libre y conscientemente en su proceso de decisión racional;
- ir logrando la realización personal mediante el desarrollo de la personalidad, vinculado a una mutua colaboración con otras personas que también buscan el ejercicio de su libertad y su propia realización;
- mantener siempre como meta la autorrealización personal, dentro de un contexto donde siempre está presente la búsqueda del bien común.

70 Educar en la libertad y para la libertad, sea desde la perspectiva de los padres de familia, de la educación escolar o en el campo de la acción pastoral, supone lo siguiente:
- *utilizar la autoridad moral* para ayudar a que los jóvenes canalicen sus fuerzas y capacidades en beneficio de su realización como personas y por el bien de la sociedad;
- *respetar la independencia y autonomía* de los jóvenes, de manera que sean capaces de desarrollar y usar su capacidad de raciocinio para analizar críticamente la realidad en que viven y tomar decisiones sabias de cómo actuar, según su propia personalidad y el contexto en que viven;
- *animar las iniciativas creativas* para que los jóvenes puedan realizar obras que les permitan expresar libre, consciente y voluntariamente sus capacidades intelectuales, su dinamismo vital y su afectividad;
- *fomentar la disciplina interior* que, respondiendo a las necesidades profundas de la naturaleza humana y a la personalidad de cada joven, le permite mantenerse en un proceso continuo de realización integral y armónica, fortificando su voluntad para caminar, con paso seguro, hacia su madurez personal;
- *orientar y guiar ante situaciones confusas y ante encrucijadas de la vida,* de modo que los jóvenes puedan tomar decisiones, resolver problemas, solucionar conflictos y enfrentar desafíos a través de

un proceso personal de análisis consciente basado siempre en los valores del Evangelio;
- *cultivar la formación de hábitos elegidos libre y conscientemente*, que sirven a los jóvenes como puntos de referencia y apoyo para actuar en pos de un ideal y mantener la vida en la dirección elegida libre e intencionalmente;
- *motivar al dominio de sí mismo*, el cual se logra mediante la coordinación de las diferentes capacidades de la persona, de modo que las dimensiones físicas, intelectuales, afectivas, espirituales, sexuales, sociales y culturales de la persona, sean manejadas por los jóvenes en base a una intencionalidad en la selección de los valores y actitudes con los que quieren guiar su vida;
- *ofrecer ideales por los que vale la pena vivir y ponerlos al alcance*, de modo que los jóvenes puedan descubrir y seguir su vocación en todas sus dimensiones: como seres humanos, a un estado de vida determinado, a una profesión concreta, a un tipo de servicio a la sociedad.

71 La educación de la libertad debe tener presente varios desafíos o amenazas en su contra, con el fin de enfrentarlos intencionalmente de modo que no menoscaben la libertad de los jóvenes. Entre estas amenazas destacan las siguientes:
- *El individualismo*, que fomenta la visión y los intereses personales —sean racionales, irracionales o subconscientes— como medida de toda acción, lo que lleva a centrarse en uno mismo y a desconocer el derecho de otras personas a gozar de su libertad y que no sólo no considera el bien de los demás, sino que pasa por encima de él, destruyéndolo si es necesario para alcanzar únicamente los propios fines.
- *El autoritarismo*, sobre todo el de los padres que, al considerar que sólo ellos tienen razón e imponerla sobre los hijos, impide el desarrollo del pensamiento crítico, la iniciativa creativa, la voluntad firme y la libertad responsable de los hijos.
- *El liberalismo* —tanto de los padres como de la sociedad— que consiste en dejar que la vida transcurra sin intervenir en ella educando la libertad con intencionalidad y esmero. Esto deja al joven sin dirección ante la vida, con motivaciones arbitrarias y pasajeras, sujeto al dominio de sus impulsos naturales, vulnerable ante la manipulación por otras personas y con tendencia a manipular a otra gente con tal de conseguir lo que desea.

- *El formalismo o convencionalismo social,* que se enfoca en mantener ciertas formalidades o conductas sociales, fijándose más en la exactitud de cómo se realizan que en el espíritu o la razón por la que fueron creadas, o sea, que mantiene ciertas normas de conducta sólo por costumbre, sin que necesariamente tengan sentido ni avalen valores humanos importantes.
- *La manipulación,* que consiste en dejarse determinar por otras personas o por la cultura, de manera que el actuar se convierta en una reacción automática a estímulos impuestos desde fuera.
- *El liderazgo dictatorial,* que quita a los seguidores del líder su libertad de pensamiento o acción. Este tipo de liderazgo puede tener su origen o su énfasis en el comportamiento manipulador del líder o bien en la conducta irresponsable de los seguidores, quienes no asumen su propia libertad ni utilizan sus capacidades para dar dirección a su vida y actuar con responsabilidad.

La fuerza integradora de los ideales

72 Algunos jóvenes tienen grandes ideales y metas en la vida; ellos abrazan causas concretas y luchan por ellas con gran intensidad y tesón. La mayoría, son jóvenes con sueños e ideales profundos que afloran en acciones concretas mediante las cuales van dando vida a los ideales que pretenden alcanzar. Otros jóvenes luchan firmemente por ideales personales de índole profesional, artística o de servicio; se reúnen en grupos con ideales semejantes, o se incorporan a agencias de acción social o política que trabajan por la transformación social. La mayoría de los jóvenes tienen como ideal el amor y buscan formar una familia.

73 La formación de los jóvenes como personas y el nivel de **praxis** cristiana que abrazan depende, en gran medida, del tipo de ideales que tienen y del proceso y los medios que usan para alcanzarlos. Tener un ideal es una invitación a la superación personal, es contar con una fuente continua de vida, esperanza y felicidad. Desde la perspectiva de nuestra fe, el ideal más grande, motivador y liberador que puede tener un joven está en el amar al estilo de Jesús.

74 A diferencia de los ideales, que son de naturaleza libre y que originan una actividad elegida libre y conscientemente, los deseos pueden fácilmente transformarse en ataduras que generan dependencias, ya que implican el apego a una persona, objeto, fama o

poder. Desear algo es depender de ese algo y poner la felicidad en su obtención. Por eso, cuando se desea algo y no se alcanza, se crea una desilusión que con el tiempo puede ocasionar inseguridad, frustración y desesperación.

75   En nuestra cultura, movida por la comercialización, existe una creación artificial de necesidades que crean en los jóvenes una serie de deseos que fácilmente les lleva a crear dependencias. Muchos son los jóvenes que viven en función de deseos por tener más y gozar más. Además, la cultura dominante, no se contenta con promover que la gente, especialmente los jóvenes, pongan la felicidad fuera del ser humano. Al contrario, constantemente promueve deseos nuevos e inalcanzables y manipula a la gente para que los satisfaga inmediatamente. La necesidad de la gratificación inmediata hace a los jóvenes aún más dependientes de las ataduras que se han impuesto a sí mismos por medio de sus deseos y apegos.

76   La capacidad de los jóvenes para desarrollar su libertad es uno de los objetivos principales de todo esfuerzo evangelizador. Sólo se alcanza una vida cristiana con heroísmo, renunciamiento y sacrificio, lo cual supone la formación de la voluntad. El primer elemento de la formación de la voluntad es el tener ideales concretos de generosidad y heroísmo.

La voluntad permite alcanzar los ideales

77   Las personas pueden robustecer su voluntad siguiendo los ejemplos de virtud que ofrecen las personas generosas. El mayor poder de arrastre para llevar una praxis cristiana no reside tanto en la justificación intelectual de la vida moral, como en la vida espiritual mostrada en la heroicidad de los cristianos. En este contexto, la fe en el destino espiritual del ser humano se comprende no sólo como un simple sueño, sino como una realidad fortificada y sellada por personas que la han amado y vivido con intensidad y dedicación. Los ejemplos de estas personas motivan en la juventud la formación de la conciencia moral, para que el Evangelio logre tener una raíz profunda.

78   La formación de la voluntad requiere del esfuerzo cotidiano. Como dice el refrán: "Sólo conquista la libertad aquel que está obligado a conquistarla cada día." Los jóvenes son muy susceptibles a este llamado y lo oyen con avidez. El desafío consiste en vivir con ideales nobles. La voluntad se forja en el proceso de morir a la vida

vieja para renacer a una vida nueva en el seguimiento de Jesús. De aquí la importancia de que el joven se dé cuenta de la fuerza conquistadora de su voluntad y esté consciente que las buenas intenciones no son suficientes, si sucumben ante las manipulaciones de la cultura y se dejan guiar por malas amistades, en lugar de vencer las tentaciones que les vienen del ambiente y de sus propias pasiones.

79 Para forjar un ideal e ir haciéndolo realidad día a día, es necesario que todo el ser y el actuar del joven esté dirigido hacia el ideal y, en función de eso, el joven forme su voluntad. Voluntad y voluntarismo no es lo mismo. La voluntad es fuente y fruto de libertad, está relacionada con los ideales y su premio consiste en ser lo que se aspira a ser, en amar como se aspira a amar. En la voluntad, la persona involucra su mente y su corazón para ser capaz de mantener sus ideales y caminar hacia ellos venciendo los obstáculos y tentaciones que se presentan en el camino. El premio que recibe una persona cuando ha formado su voluntad es la felicidad, porque la voluntad engendra actitudes de seguridad en uno mismo, confianza en Dios y esperanza en la vida; dicho de manera sencilla, la voluntad ayuda a realizar el ideal.

80 En cambio, el voluntarismo consiste en dejarse guiar por deseos y ataduras exteriores o fruto de impulsos emocionales o ideologías que dominan a la persona. En la **cultura popular** de Estados Unidos, conocida como cultura "pop" y marcada por el afán de figurar, tener y ganar y no de ser, amar y servir, las personas fácilmente confunden su deseo de sobresalir y alcanzar fama y poder con un auténtico ideal humano. En este contexto, lo importante es correr más aprisa, estar delgado, vestirse a la moda, meter más goles, pelear más fuerte, ganar más dinero o ser popular entre los compañeros. Muchos jóvenes ponen la meta de su vida en la competencia y en el ganar a otros, confundiendo el ideal con el sólo deseo de sobresalir. Esto genera un voluntarismo que implica caminar hacia la meta propuesta, aunque suponga la autodestrucción de una personalidad bien integrada o el ataque destructivo a personas que obstaculizan el camino del triunfo. Por eso, el voluntarismo quita la libertad y causa miedos, tensiones, ansiedades y sufrimientos.

Los ideales religiosos

81 Sólo Dios puede saciar la sed infinita de amor que existe en toda persona. Por eso, la vida espiritual de la persona bien encarnada en

su propia realidad, debe ser el fundamento firme que sostenga y dé sentido a sus otras vivencias. En la vida de comunión con Dios, encontrarán los jóvenes un fundamento intelectual y un apoyo afectivo para el amor ideal que nace en su alma. Dado que muchos jóvenes no conocen a Dios y no han descubierto su amor, se ven sumidos en la tristeza y la desesperación, y se encuentran expuestos a un odio y sufrimiento profundos. A través del proceso de evangelización, los jóvenes pueden expresar gradualmente estos sentimientos y ser capaces de asumirlos como algo propio. Con la ayuda de Dios, pueden morir para renacer a una vida diferente, y los nuevos ideales pueden dirigir su vida y canalizar sus aspiraciones y su voluntad.

82   Dios, por amor a todos los hombres y mujeres, se hizo un ser humano como nosotros. La compenetración de Jesús con su Padre le llevó a abrazar el plan de su Padre para la humanidad, convirtiéndolo en su misión y asumiendo ésta como el ideal que guió su vida hasta el momento de su muerte y su Resurrección. De esta manera, Jesús nos trajo la liberación de nuestros pecados por medio del perdón mientras vivimos y la salvación eterna cuando resucitemos con él para vivir con Dios para siempre.

83   Al evangelizar, es necesario infundir en los jóvenes los ideales energizadores de la vida espiritual, de modo que identifiquen su vida con la de Cristo y aspiren a decir siempre con verdad "Cristo vive en mí y yo vivo en Cristo"; que vivan, hasta las últimas consecuencias como Cuerpo Místico de Cristo, en solidaridad con los demás; que estén conscientes que las buenas acciones aprovechan a toda la humanidad, y que estén convencidos de que el pecado no es sólo un mal individual, sino también un mal social. La certeza de ser todos miembros del mismo cuerpo y de llevar en nosotros la vida de Cristo es la palanca más fuerte para el respeto y el servicio a los demás; para vencerse, mortificarse y renunciar al egoísmo con tal de amar como nos enseñó Jesús; para dedicar la vida a hacer el bien a los demás. Los sacrificios que supone el Evangelio, encontrarán entonces un motivo, un estímulo, su razón de ser. De esta manera, es posible ver las cosas de este mundo y del otro con los ojos de Cristo y convertirse en otro Cristo al irradiar su amor a las personas con quienes convivimos.

La solidaridad humana como un ideal de los jóvenes

84 La acción a favor del prójimo y los estudios sociales deben ser incorporados en todo proceso de evangelización y en todo esfuerzo de formación afectiva e intelectual de los jóvenes, pues los estudios sociales contribuyen poderosamente a formar el espíritu de simpatía y colaboración social que nutre el amor por el hermano y la hermana necesitados. La solidaridad humana es una dimensión poderosa del amor, que lleva a la formación de personalidades profundamente cristianas y evita que los jóvenes se contenten con tener sentimientos vagos de compasión por los que sufren. Esta solidaridad, inspirada por el Evangelio, pone la mente y el corazón de los muchachos en torno a la idea sublime del amor a todas las personas, especialmente a los más necesitados.

85 Compartir la miseria humana en visitas a hospitales, cárceles y hogares pobres, tiene gran eficacia para lograr que los jóvenes comprendan las múltiples situaciones que requieren su colaboración generosa y las variadas posibilidades de acción que se les presentan. La colaboración de los jóvenes puede consistir en visitas de amistad, consejo, apoyo ante trámites legales, contribución económica y otros muchos tipos de acciones específicas, pero sobre todo, en la donación de su amor a las personas pobres.

86 La entrega a los pobres y necesitados mueve a los jóvenes a estudiar y a formarse como personas cristianas para trabajar por la justicia social, elevando el nivel material y moral de la gente. El amor ideal que bulle en el alma de los jóvenes encontrará así un objetivo digno y apropiado a su edad, lo cual constituye el mejor estímulo para cumplir sus deberes de estudiantes, ciudadanos y trabajadores. Por el contrario, es mala táctica el guiar a los jóvenes hacia causas *anti*, donde el enfoque está en levantarse en contra del mal y llevar una política de negaciones que, en lugar de ofrecerles un campo de acción creativa, mata los sentimientos de amor y pone barreras a una acción auténticamente cristiana.

> Descubrir en los rostros sufrientes de los pobres el rostro del Señor . . . es algo que desafía a todos los cristianos a una profunda conversión personal y eclesial. En la fe encontramos los rostros desfigurados por el hambre, consecuencia de la inflación, de la deuda externa y de injusticias sociales; los rostros desilusionados por los políticos, que prometen pero no cumplen; los rostros humillados a causa de su propia cultura, que

no es respetada y es incluso despreciada; los rostros aterrorizados por la violencia diaria e indiscriminada; los rostros angustiados de los menores abandonados que caminan por nuestras calles y duermen bajo nuestros puentes; los rostros sufridos de las mujeres humilladas y postergadas; los rostros cansados de los migrantes, que no encuentran digna acogida; los rostros envejecidos por el tiempo y el trabajo de los que no tienen lo mínimo para sobrevivir dignamente. . . . El amor misericordioso es también volverse a los que se encuentran en carencia espiritual, moral, social y cultural.[2]

2

Camino
a la Comunión Interpersonal

❦ 2 ❦

Camino
a la Comunión Interpersonal

Soy y existo en el amor *65*
   Creados para amar *65*
   Aclaración de algunos conceptos sobre el amor *66*
   Amar como Jesús *68*

En búsqueda de la comunión interpersonal *69*
   Creados para vivir en comunión *70*
   Comunicación e intimidad interpersonal *70*
   Evangelización de los jóvenes
      a través de la comunión interpersonal *72*

Integración de la sexualidad en el amor *74*
   La sexualidad humana según la perspectiva cristiana . . . *74*
   Hacia una espiritualidad cristiana de la sexualidad *75*
   La castidad como un ideal cristiano *77*

Noviazgo y matrimonio cristianos *79*
   El noviazgo cristiano *79*
   Compromiso y sacramento matrimonial *80*
   La familia como iglesia doméstica *82*

> *L*a vida interior de Dios es un concurrir y un comunicar radical entre el Padre, el Hijo y el Espíritu Santo. En este amor misterioso de Dios, a través de él y a partir de él, proviene toda vida y todo amor. Creados a imagen de Dios, encontramos inscrita en nuestros corazones una vocación universal esencial, a amar y a ser amados.
> —United States Catholic Conference, *Human Sexuality*

1 El capítulo uno se enfocó en la dimensión individual de la persona, aunque también se afirmó que las personas se desarrollan al relacionarse unas con otras. Este capítulo se centra en las relaciones interpersonales como el camino a la comunión a la cual nos llama Dios desde el momento de nuestra creación.

2 El capítulo empieza reflexionando sobre el amor como el medio ambiente donde se da la existencia del joven. Después presenta el llamado a vivir en comunión y trata de la integración de la sexualidad en el amor. Finalmente, se enfoca en el noviazgo como una preparación para el matrimonio cristiano.

Soy y existo en el amor

3 A lo largo de la vida, todos los seres humanos buscan con ahinco el amor. Los niños ansían ser amados por sus padres, los adolescentes suspiran por el amor de los amigos, los jóvenes adultos anhelan un amor mutuo que llene su vida. Estas aspiraciones tienen su origen en la búsqueda de las personas de vivir en comunión y en la conciencia personal de su individualidad y de la soledad del ser humano.

Creados para amar

4 Toda persona tiene una necesidad profunda de superar su soledad mediante el amor. Como hijos e hijas de Dios, nacimos de su amor y con la capacidad de vivir en intimidad con él y con otras personas. La auténtica intimidad siempre está caracterizada por el amor, que

consiste en abrirse a otros y aceptarlos tal como son. El amor supone donarse totalmente sin reservas y establecer relaciones mutuas profundas que se fortalecen constantemente.

5   Amar es preocuparse activamente por la vida y el crecimiento de la persona amada. El amor nace de un cúmulo de sentimientos que impactan la vida entera de la persona. Su forma e intensidad varía según se trate de una relación entre padres e hijos, entre amigos, **compañeros** o como pareja.

6   Desde que nacemos, existe en nosotros la capacidad de amar. Al principio, el amor de los padres despierta la alegría de vivir con los demás. En el ambiente familiar, los niños aprenden a salir de sí mismos, a encontrar la manera de hacer felices a otras personas y a negarse algunos placeres para disfrutar la aceptación y la amistad de los demás. Cuando falta amor en el hogar o cuando falla una formación en el contexto del amor, los niños y los jóvenes tienden a centrarse en sí mismos y a no percibir la realidad, necesidades y derechos de otras personas. En otras palabras, no aprenden a darse a los demás.

7   Amar es despertar a la realidad de la otra persona, no simplemente considerarla como una extensión de sí mismo, sino como una persona con sus vivencias propias, su razón, su libertad y su misterio personal. Nadie ama a quien no conoce, pues el amor está fundamentado en el conocimiento. A su vez, el verdadero amor conduce al conocimiento y a la aceptación total de la otra persona, incluyendo sus gustos y lo que les disgusta, sus pensamientos e ideales, sus cualidades y debilidades. Las personas que logran adquirir este conocimiento, lo logran mediante un diálogo profundo, cimentado en la verdad y avalado por la sinceridad y las obras en favor mutuo.

8   El amor auténtico es fácil de reconocer porque siempre busca el bien de la persona amada. Quien verdaderamente ama, trata de enriquecer a la otra persona con sus propios valores, evita hacerle daño, le perdona sus limitaciones y se reconcilia con ella. Entonces, la persona que ama, al darse a sí misma, al entregar su propio tiempo, cualidades y ayuda, dará sentido a su vida.

Aclaración de algunos conceptos sobre el amor

9   Muchos jóvenes creen que el amor consiste en ser amado y no en amar. Piensan que si logran alcanzar el triunfo y el poder, lograrán

que más gente los quiera. Otros jóvenes tratan de convertirse en objeto de amor, a través de su estilo de vestir o siguiendo los modelos que presentan los medios de comunicación. Hay otros jóvenes que buscan el amor desesperadamente porque nunca han recibido un amor auténtico o no han desarrollado su capacidad de amar. Estos jóvenes frecuentemente son seducidos por espejismos de amor.

10 Amar no consiste sólo en sentirse atraído por la otra persona, admirarla, experimentar un afecto sensible por ella, emocionarse hasta las lágrimas ante su sufrimiento o sentir palpitar fuertemente el corazón ante ella; estas emociones pueden ser manifestación del amor, pero también pueden representar sólo sentimentalismo. Amar y desear a una persona no es lo mismo. Quien ama, pone su corazón en el bien de la persona amada. Quien sólo desea a una persona, la quiere para su propio beneficio y la toma como objeto de placer. Esto no es amor, sino una manifestación del egoísmo propio.

11 Mucha gente piensa que amar es fácil, pero que encontrar a la persona adecuada a quien amar, es difícil. Por lo tanto, tratan fuertemente de encontrar dicha persona a quien amar y por quien ser amada, en lugar de aprender a amar a los miembros de su familia y personas en la escuela, el trabajo y el barrio. El amor cristiano no está limitado a una persona "apropiada"; es para *toda* la gente, especialmente para aquellos con quienes convivimos y nos relacionamos en la vida diaria.

12 Algunas personas creen que enamorarse y amar es lo mismo. Amar es una experiencia mucho más profunda que enamorarse. El amor requiere un esfuerzo constante y un proceso de aprendizaje y entrega de sí mismo. El amor madura a través de la continuidad de una relación de intimidad con una persona.

13 El amor supone continuar amando siempre. El amor es un acto consciente que parte de una decisión libre y que abarca a la persona amada en su totalidad y se enfoca en ayudarle a crecer. Por eso, el amor es duradero, capaz de generar paciencia y creatividad para superar las crisis y enfrentar las dificultades que existen en toda relación humana. En contraste, el enamoramiento es más espontáneo, pasajero y ciego, y se fija sólo en *algunas* cualidades de la otra persona, por eso está destinado a morir cuando pasa el deslumbramiento inicial y se conoce mejor a la persona.

14 "Hacer el amor" y "amar" tampoco son lo mismo. Referirse al acto sexual como "hacer el amor", independientemente del amor

comprometido y responsable entre los esposos, causa una devaluación grave del significado del amor y una manipulación de la sexualidad. Cuando dos personas tienen relaciones sexuales sin realmente amarse, ambos son reducidos a nivel de cosas.

15   El dejarse prender en el poder o el encanto de otra persona, el abandonarse a ella y dejar de ser *yo*, tampoco es amor, sino una rendición. El amor es libre, respetuoso de la individualidad y dignidad mutua, genera interdependencia y corresponsabilidad. El amor no busca poseer, dominar o manipular. Tampoco consiste en dejarse caer bajo el poder o el encanto seductor de otra persona, ni en abandonarse en otro hasta perder el sentido del *yo*. El depender de otra persona disminuye la conciencia y la libertad propia, dificulta el desarrollo personal y obstaculiza el crecimiento cristiano, quedando en calidad de objeto y, por lo tanto, desprovisto de la propia capacidad de amar.

Amar como Jesús

16   El reconocimiento de la dinámica entre la ruptura de las relaciones humanas y el amor es un tema central en la historia de salvación. El relato del Génesis habla de la armonía entre los seres humanos y su Creador y de la tragedia que se genera cuando las personas se separan de Dios por el pecado. Las alianzas de Dios con Noé, Abraham y Moisés, son varios intentos para restablecer la unión con Dios y la armonía con el prójimo. Pero estas alianzas no fueron suficientes; necesitábamos la Encarnación del Hijo de Dios en la historia humana y que su Espíritu se quedara entre nosotros, para restaurar definitivamente la posibilidad del amor humano.

17   Evangelizar es ayudar a que el joven descubra el amor de Dios en el hecho maravilloso de haber sido llamado a la vida, en el amor de otras personas, en su relación con Dios y en las bendiciones que ha recibido en su vida. Muchos jóvenes han vivido rodeados de amor pero no están conscientes de ello; otros piensan que son amados porque se lo merecen, no ven la gratuidad del amor que les rodea y por eso no aprenden a amar. Para aprender a amar, estos jóvenes necesitan tomar conciencia del amor que les rodea. Los jóvenes que han vivido sin amor o que están pasando por momentos difíciles, necesitan ser amados de manera especial.

18   Jesús es el maestro por excelencia cuando se quiere aprender a amar. Él nos ama con el amor que nace de la intimidad del Padre,

del Hijo y del Espíritu Santo. Este amor es gratuito, se enfoca en amar sólo por el valor de la persona, sin esperar ser correspondido. Es un amor misericordioso y redentor, que reconoce las debilidades de las personas; estas debilidades despiertan en Jesús un amor aún mayor. Jesús ama de manera especial al pecador y trata de darle una vida nueva, liberándole de sus pecados y restaurándole su libertad de amar.

19   El amor al estilo de Jesús, produce alegría, gozo y paz, aún en medio de las penas y sinsabores de la vida, porque da sentido al dolor, a la enfermedad, al sacrificio y a las cruces que encuentran las personas al vivir. Debido a las limitaciones de la naturaleza humana, es realmente difícil darse a sí mismo, buscar el bien común en lugar del beneficio propio y ofrecer el sufrimiento personal para dar vida a otras personas. Sin embargo, la tendencia humana a la perfección, lleva a la gente a tratar de amar como Dios ama. Este amor libera a la gente de sus problemáticas personales, le saca del egoísmo, le hace abandonar la competencia destructiva y le ayuda a salir de la mediocridad. Jesús amó hasta el extremo de entregar su vida por los seres amados, renunció a sus propias comodidades, a encontrar el éxito personal en el mundo y a buscar pretextos para no amar. Quien ama leal y apasionadamente como lo hizo Jesús, es feliz.

20   En este tipo de amor se basa la acción pastoral. Los jóvenes que participan en grupos, comunidades y movimientos eclesiales, crecen en el amor conforme están al servicio de su prójimo. De esta manera, la iglesia joven es signo eficaz del amor de Dios en el mundo que le rodea, derrotando egoísmos, acabando con la pasividad y moviendo a otros jóvenes para que también sean fuente de amor.

En búsqueda de la comunión interpersonal

21   Cuando los jóvenes se dedican a descubrirse o "encontrarse" a sí mismos y no se ven de manera objetiva, algunas veces se exaltan como regla absoluta y otras se hunden hasta la desesperación. Estas dos posiciones extremas causan dudas y ansiedades que llevan a muchos jóvenes a evadirse de ellas con el alcohol u otras drogas o a reaccionar con violencia ante otras personas o grupos sociales.

Creados para vivir en comunión

22 Como seres humanos, hemos sido creados a imagen y semejanza de Dios, con capacidad para conocer y amar a nuestro Creador y conocernos y amarnos unos a otros. Cada persona está llamada a vivir en comunión de amor con Dios, con su prójimo y con el resto de la creación. Dios no creó a la persona para vivir en soledad. Desde el principio, creó al ser humano como varón y mujer, haciendo de la pareja humana la primera expresión de la comunión interpersonal. Además, dio a la pareja el don de la procreación. Por naturaleza, estamos llamados a vivir en comunión.

23 Dios, desde el principio, también nos dio la libertad para mantener o destruir esta comunión con Dios, las personas y el resto de la creación. En esta libertad radica la grandeza del ser humano. Dios nos hizo autónomos y responsables de nosotros mismos. A nosotros nos toca decidir cómo usar nuestra libertad.

24 El abuso de la libertad debilita o rompe nuestra comunión con Dios, las personas y el resto de la creación. A esta realidad le llamamos *pecado*. Por el pecado, abandonamos nuestra tendencia al bien e intensificamos nuestra debilidad a dejarnos guiar por intereses egoístas. En cambio, cuando vivimos en comunión con Dios, estamos en armonía con nosotros mismos, con otras personas y con el resto de la creación.

25 La evangelización enfatiza el hecho de que nuestra naturaleza humana tiende al bien absoluto que es Dios, pues cuando Dios terminó la creación, *"Vio Dios que todo cuanto había hecho era muy bueno"* (Génesis 1, 31). Además, todo proceso de evangelización facilita el encuentro con el *tú* y restablece la comunión rota por el abuso de la libertad. Evangelizar es ayudar al joven a ser dueño de sí mismo, al grado que consciente y responsablemente, busque con dedicación y valentía el camino de la comunión. Cuando el joven se responsabiliza de la búsqueda de la comunión, se dispone mejor a reconciliarse con Dios y con su prójimo.

Comunicación e intimidad interpersonal

26 La intimidad madura consiste en que el *yo* se encuentre con el *tú*, a partir de la propia identidad de cada uno. El conocerse y definirse a sí mismo, es una condición necesaria para una relación de verdadera intimidad. La comunicación crea la relación entre el *yo* y el *tú*. El

yo no puede surgir sin el *tú;* la relación *yo-tú* supone una llamada y una respuesta, exige la intercomunicación, lleva a la entrega del uno al otro y resulta algo distinto y nuevo, el *nosotros*.

La formación del *nosotros* mediante la intimidad

27 El *nosotros* es siempre una realidad nueva y renovadora que requiere una presencia mutua. Estar presente para la otra persona, significa comunicarse con él o ella, percibir y captar quién es, lo que desea, lo que siente y lo que piensa y también compartir con él o ella lo que uno es, desea, siente y piensa. Esta presencia mutua, liga una persona con la otra haciendo de cada una un ser-en-comunión con el otro.

28 Para lograr la intimidad hay que comunicarse y compartir lo que sucede en la vida y lo que pasa en el centro personal, donde radica aquello que es realmente significativo para cada joven. Quedarse en lo superficial, hablar sólo de eventos, películas, fiestas o lo que le pasa a otra gente, no lleva a la intimidad. La comunicación interpersonal debe abarcar la complejidad de los sentimientos, pensamientos, ideales, temores, confusiones, y demás aspectos del ser humano. Esta comunicación debe estar basada en la empatía mutua, o sea, la capacidad de ponerse en el lugar del otro, sentir lo que el otro siente y ver la vida desde la perspectiva del otro. Pero la intimidad supone más que compartir experiencias personales y proyectar empatía; implica una entrega recíproca y una solidaridad mutua fundamentadas y dirigidas por el amor.

29 La intimidad requiere una intercomunicación profunda. Está marcada por un amor que se expresa mutuamente y genera una dinámica donde ambas personas se ayudan a salir de sí mismas para darse una a otra y madurar como personas. Comunicación, intimidad y mutualidad son tres caras del prisma de la comunión interpersonal.

30 La intimidad es posible entre amigos, entre padres e hijos, entre novio y novia, y entre esposos. Todo joven puede y debe tener relaciones de intimidad en cada uno de estos aspectos al mismo tiempo. La intimidad entre dos personas debe ser abierta, permitiendo que cada persona pueda llevar varias relaciones de comunión interpersonal. Esta dinámica multiplicadora es la que permite la formación de comunidades humanas, donde todos sus miembros mantienen una comunicación e intimidad que alimenta continuamente su unión, solidaridad y amor.

31 Para alcanzar la intimidad, la persona debe haber desarrollado un cierto grado de identidad, estar segura de sí misma y no sentirse amenazada por la otra. La intimidad exige la manifestación sincera de lo que uno es, piensa y siente. Además, requiere que la persona desarrolle el arte de dialogar, escuchar y reflexionar para compartir lo que sucede al interior de sí. Esto supone la habilidad de usar el lenguaje, de modo que comunique lo que uno desea expresar.

La intimidad supera al individualismo

32 La cultura de hoy, con su énfasis en el egoísmo, en expresiones superficiales y en el **consumismo,** dificulta que los jóvenes salgan de sí mismos para entregarse en un amor verdadero a los demás. Por eso, las relaciones humanas están marcadas por un alto nivel de exterioridad y los jóvenes intentan definirse en base a lo que poseen y lo que hacen, y no en base a lo que son. En este contexto, los jóvenes ignoran su valor y libertad como personas, lo que genera en ellos problemas existenciales profundos. Algunos jóvenes evitan la búsqueda de la comunión, aislándose, viendo televisión o escuchando música todo el día; ellos necesitan aprender a disfrutar el tipo de soledad que lleva a la comunión con Dios y con otras personas.

33 Los jóvenes necesitan encontrar la manera de comunicarse unos con otros, de proyectar su *yo* en un *tú,* para que puedan formar un *nosotros* y establecer una auténtica comunidad humana. La falta de amor y de intimidad en la vida de un joven impiden su integración como persona, convirtiéndolo en un ser impersonal, en un individuo alejado de sí mismo y apartado de los demás. Como consecuencia, el tener y el consumir predominan sobre la generosidad humana; la riqueza y el prestigio son más importantes que la justicia; el dinero y el poder vencen a los valores espirituales. En estos casos, el *yo* es más importante que el *tú,* y el *nosotros* no existe. Por eso, las amistades se extinguen, las familias se desintegran y los matrimonios no duran.

Evangelización de los jóvenes a través de la comunión interpersonal

34 Como cristianos, estamos llamados a ser imágenes de la Santísima Trinidad, o sea, de un Dios que es comunidad. La evangelización supone el establecimiento de una relación *yo-tú-nosotros* con Jesús, de manera similar a la relación de Jesús con el Padre y el Espíritu

Santo y a la que tuvo con sus discípulos. Jesús salió al encuentro de otras personas, vio la vida desde la perspectiva de ellas y sintió lo que ellas sentían, con una empatía y amor profundos que generaron su compasión, misericordia y solidaridad con la gente, especialmente con los pecadores, enfermos y necesitados. Jesús se abrió a los demás, para que pudieran penetrar en su interioridad e intimidad con Dios; así les dio a conocer los designios de Dios y los hizo partícipes en su misión redentora.

35 Los jóvenes en búsqueda de intimidad y comunión, son evangelizados conforme aprenden a comunicarse y a establecer una relación *yo-tú-nosotros* con Dios y con otras personas. Dios se ha comunicado con la gente desde el principio de la vida humana; se comunicó de manera especial con el pueblo israelita y continúa haciéndolo con nosotros hoy a través de los acontecimientos históricos, la oración, las Escrituras, la vida sacramental, la naturaleza, las personas, la comunidad y en los esfuerzos por extender su Reino.

36 En la intimidad de Jesús con Dios y con sus discípulos, se fundamenta un *nosotros* radical, una nueva realidad que es la comunidad eclesial. Evangelizar a los jóvenes es ayudarles a formar una comunidad eclesial en la que puedan desarrollar su capacidad de intimidad y de relaciones auténticamente humanas. Evangelizar, es también ayudarlos a salir de sí mismos al encuentro de personas que son signo de Jesús vivo hoy en día y del Jesús que sufre entre nosotros.

37 La intimidad con Dios y con otras personas es fuente continua de mayor comunión interpersonal y el único medio para vencer el egoísmo humano. El Dios Trinitario es el modelo perfecto de intimidad, porque la Trinidad es una comunión de tres, que no se queda en ella misma, sino que se proyecta hacia fuera, dando vida y atrayendo a los seres humanos hacia una comunión con ella. La gran devoción del pueblo hispano a la Divina Providencia que cuida de toda persona, especialmente en tiempos de necesidad, es un signo constante del amor entre Dios y el pueblo hispano.

38 Evangelizar es ofrecer a los jóvenes el regalo maravilloso del amor de Dios, un amor que da una vida nueva, que les mantiene fuertes en medio de las dificultades y que es la fuente de su amor por otros. Evangelizar significa ofrecer a los jóvenes el don de la reconciliación, dándoles la oportunidad de restablecer y reforzar su comunión con Dios, consigo mismos y con otras personas.

39   En Dios toda persona es, se mueve y está. Dios mantiene la vida y hace del género humano una sola familia. Con Jesús existe una relación especial de hermanos y discípulos que abre a las personas a la justicia, al amor y a la paz con su prójimo. La relación con el Espíritu Santo, que vive en nosotros y entre nosotros, nos da la fuerza y la luz necesarias para seguir a Jesús y para vivir en comunión con Dios y con nuestros hermanos y hermanas.

Integración de la sexualidad en el amor

40   La sexualidad ha sido siempre un misterio fascinante, en cuyo dinamismo radica la posibilidad de una unión humana profunda. En el primer volumen, en el capítulo uno, se trató sobre el desarrollo de la fisiología sexual y, en el capítulo dos, de las relaciones entre personas de ambos sexos. Ahora queremos enfatizar la necesidad de integrar la sexualidad en el desarrollo del joven como persona, dando a esta integración un sentido cristiano.

La sexualidad humana según la perspectiva cristiana

41   La sexualidad humana se fundamenta en el aspecto biológico, especialmente en el sistema genital, el cual, al igual que en los animales sexuados, está compuesto por órganos, glándulas y hormonas, directamente orientados a la procreación. Sin embargo, la sexualidad humana trasciende esta función fisiológica de la sexualidad genital. En los seres humanos, la actividad sexual no está ligada exclusivamente a los períodos reproductivos, como sucede en la mayoría de los animales.

42   Además de las funciones biológicas, la sexualidad humana incorpora la dimensión psicológica de la persona. A través de nuestra sexualidad, experimentamos nuestra similitud, diferencia y complementaridad como hombres y mujeres; sentimos la atracción mutua entre los sexos, y nos enriquecemos con nuestras relaciones con personas del otro sexo.

43   La excitación y la actividad sexual humana dependen, sobre todo, de la excitación psicológica que —consciente o inconscientemente— activa el funcionamiento del sistema sexual. Esta dimensión psicológica hace de la sexualidad una vivencia humana, da a la actividad sexual un sentido personal y abre la sexualidad humana a las relaciones interpersonales.

44   A diferencia de los animales, cuya conducta sexual está guiada sólo por los instintos, la sexualidad humana implica conciencia, libertad, voluntad y responsabilidad. En los seres humanos, las realidades fisiológicas, psicológicas, sexuales y espirituales están íntimamente entrelazadas, afectan el proceso de madurez e impactan de manera significativa el comportamiento de la persona. A lo largo de la vida, su género femenino o masculino afecta su relación con Dios, con otras personas y con el universo. Ser varón o mujer colorea nuestros pensamientos, sentimientos, acciones y relaciones.

45   La posibilidad de ser co-creadores con Dios liga nuestra sexualidad con el misterio de Dios y de la vida humana. El principio fundamental de la **antropología** cristiana, o sea de la perspectiva cristiana sobre la persona, afirma que fuimos creados a imagen y semejanza de Dios.

46   Nuestra fe cristiana se basa en la revelación de Dios como una comunión de personas, la Trinidad. La vida interna de Dios implica una comunicación radical de amor entre el Padre, el Hijo y el Espíritu Santo. En este amor misterioso de Dios, a través de él y desde él, es que existe toda clase de vida y donde tiene su fuente el amor humano. La Trinidad es el punto de partida de nuestra creencia en que todas las personas tenemos inscrito en nuestro corazón el misterio de la comunión del amor de Dios. Por eso, todas las personas anhelamos vivir esta comunión y estamos llamadas a generar vida a partir de ella.

47   Podemos visualizar este misterio como un camino de vida, que tiene su origen en la comunión del amor de Dios —la Trinidad— y como meta, el goce completo en el Reino de Dios. Todos los seres humanos tenemos que andar este camino para alcanzar el fin para el que fuimos creados. Al andarlo, a veces nos acercamos al ideal de la comunión de amor, otras nos separamos de él. La evangelización ilumina y da fuerzas a los jóvenes en esta jornada en la fe. El establecer una relación personal con Jesús y, a través de él, llegar al Padre por la acción del Espíritu Santo, es lo que permite avanzar en el camino y acercarse a la realidad del Reino de Dios.

Hacia una espiritualidad cristiana de la sexualidad

48   Para muchos jóvenes, hablar de sexualidad desde la perspectiva religiosa, siempre ha tenido una connotación de prohibición moral y en consecuencia, de pecado y sentimientos de culpabilidad. No cabe

aquí recorrer la historia para encontrar las razones por las que se han creado estas impresiones equivocadas sobre la sexualidad, lo importante es ofrecer fundamentos para facilitar que los jóvenes desarrollen una espiritualidad cristiana sobre la sexualidad.

49 La sexualidad humana es sagrada porque proviene directamente del amor de Dios; está orientada a la comunión total en la pareja en el sacramento del matrimonio, y tiene la capacidad de generar nueva vida. El ser personas sexuadas es una bendición, un don que permite gozar de la belleza del amor conyugal y de la presencia de los hijos e hijas, como fruto de ese amor. Por todo esto, tenemos que estar sumamente agradecidos a Dios y mostrarle esta gratitud honrando el carácter sagrado de nuestra sexualidad.

50 Dios no sólo creó a los seres humanos como seres sexuados, sino que asumió la naturaleza humana. El Evangelio de Juan nos dice que "Y el *Verbo* se hizo carne" (Juan 1, 14). Dios se hizo uno de nosotros, tomando un cuerpo humano, con sus funciones, sensibilidades y sexualidad. Ese cuerpo es el que permitió a Jesús desarrollar su misión en la tierra. Con ese cuerpo, Jesús recorrió los caminos de Palestina, proclamó valientemente su mensaje, se relacionó con la gente, tocó con misericordia a los pecadores y sanó a los enfermos.

51 En nuestra tradición cristiana tenemos imágenes muy bellas del cuerpo como templo del Espíritu Santo. El cuerpo es el instrumento que tenemos para aprender, reflexionar, formar nuestras actitudes y actuar. Es con nuestro cuerpo, de hombres o mujeres, que el amor de Dios nos mueve a llevar su mensaje de salvación a la gente, a tocar y confortar al que sufre, a sanar al enfermo, a alimentar al hambriento. Todos los jóvenes necesitan sentirse confortables con su cuerpo y aprender a manejarlo de modo que les lleve al servicio y la comunión en el amor.

52 La evangelización trata de ayudar a que los jóvenes tomen conciencia de su sexualidad como un don de Dios. La tradición judía no concebía las relaciones de amistad entre varones y mujeres. Jesús dio una nueva perspectiva sobre la sexualidad humana al proclamar y hacer presente el Reino de Dios tanto con los hombres como con las mujeres. Su amistad con Marta y María, su relación con María Magdalena y con la mujer samaritana, el hecho de haber tenido muchas mujeres entre sus discípulos, son signos claros de que su misión abarcó por igual a hombres y mujeres.

53 La evangelización motiva a los jóvenes a valorar su sexualidad como un don que les permite tener relaciones interpersonales con personas del mismo y del otro sexo, lo que da una gran riqueza a su vida. También les ayuda a erradicar prejuicios contra el cuerpo humano; a sanar heridas morales debidas a una mala comprensión de la sexualidad, y a discernir el lugar y la dimensión apropiados de los remordimientos y sentimientos de culpa dentro de la totalidad de la vida cristiana. Sobre todo, la evangelización trata de facilitar que los jóvenes integren su sexualidad en la totalidad de su vida, animados por la virtud de la castidad, de modo que se preparen para vivir con fidelidad el compromiso matrimonial y se dispongan a formar responsablemente una familia.

La castidad como un ideal cristiano

54 Todos los seres humanos tenemos la capacidad de vivir en la comunión del amor de Dios. En esta búsqueda de intimidad con Dios, la persona madura integralmente, descubre su vocación personal, realiza su proyecto de vida, fundamenta sus relaciones interpersonales y encuentra el significado de su vida.

55 Sólo en este contexto de intimidad con Dios es posible entender y valorar el significado de la virtud de la castidad en los diferentes estados de vida: como una persona soltera, casada o consagrada a la vida religiosa.

> La *castidad* consiste en el control de sí mismo, en la capacidad de guiar el instinto sexual teniendo como meta el amor e integrar este instinto en el desarrollo de la persona. Frecuentemente se confunde la castidad con la supresión intencional de los pensamientos, sentimientos y acciones sexuales. Sin embargo, la verdadera castidad consiste en la integración de los pensamientos, sentimientos y acciones sexuales, a lo largo de la vida, de tal forma que valore, estime y respete la dignidad propia y de otras personas. La castidad nos libera de la tendencia a actuar de una manera manipulativa o explotadora en nuestras relaciones interpersonales y nos ayuda a mostrar siempre un amor y amabilidad verdaderos.[1]

56 Al evangelizar a los jóvenes, hay que presentarles este ideal de castidad, fundamentándolo en la visión cristiana sobre la persona

humana, en su vocación a la comunión total con Dios y en el significado del matrimonio cristiano. Como respuesta al ideal de una vida casta y de un matrimonio cristiano, se espera que los jóvenes decidan libremente mantener su virginidad. Esta decisión no es fácil. El hecho de que fisiológicamente, los adolescentes y jóvenes son capaces de tener relaciones sexuales, la curiosidad natural sobre el misterio del sexo y el deseo de intimidad, son fuerzas poderosas que los empujan a tener relaciones sexuales. El liberalismo moral que existe en la sociedad, la presión de los compañeros, el impacto de los medios de comunicación y la influencia de una cultura que hace de lo sexual algo trivial y romántico, incrementan este desafío.

57 Los padres de familia y los agentes de pastoral deben esforzarse por dar testimonio de castidad y por brindar a los jóvenes una formación sexual sólida. Al hacerlo, ayudarán a formar la conciencia moral de los jóvenes y a crear una actitud positiva hacia el cuerpo humano, una actitud de un pudor sano que se cuida de no originar el tipo de vergüenza y culpabilidad que dificulta las relaciones con personas del otro sexo. Además, los padres y los agentes de pastoral deben alimentar una espiritualidad cristiana que ve la sexualidad como un don de Dios y no como un obstáculo o distracción que separa a los jóvenes de Dios.

58 La falta de una formación sexual adecuada hace que muchos jóvenes experimenten fuertes sentimientos falsos de culpabilidad. Estos sentimientos de culpabilidad pueden hacer que estos jóvenes abandonen la práctica de su fe y se separen de la vida de la iglesia. En estos casos, la acción pastoral supone una actitud abierta que comprende las angustias de los jóvenes, les muestra el carácter sagrado de la sexualidad humana y les habla de sus procesos naturales de sexualidad.

59 Los jóvenes que desean cultivar la virtud de la castidad como un camino que lleva a la madurez personal y a un amor auténtico, deben hacer lo siguiente:
- tener conciencia y valorar el aspecto sagrado del cuerpo humano y de las relaciones sexuales de manera que vean su cuerpo y el de otras personas como dones de Dios que exigen cuidado y respeto;
- hablar de la sexualidad con apertura y respeto; favorecer la creación de ambientes que valoren la modestia y la prudencia, y mantener una actitud de delicadeza y pudor en las relaciones interpersonales;

- integrar su sexualidad en el amor, venciendo el egoísmo, dando atención y cariño a los demás, eliminando costumbres familiares de índole sexista, manteniendo fidelidad y exclusividad en el amor como pareja y preparándose para el matrimonio;
- analizar las causas de las dificultades para mantener la castidad y reflexionar sobre las consecuencias de un mal uso de la actividad sexual;
- fomentar los ideales nobles, generosos y heroicos como motivaciones que forman la voluntad y ayudan a mantener el ideal de la castidad, desarrollando una actitud de servicio, sacrificio y abnegación, y una práctica de la caridad y la responsabilidad social;
- llevar una vida de oración que les permita profundizar en el sentido de la castidad y de obtener fortaleza para vivirla;
- cultivar el trabajo físico, el arte y el deporte como áreas donde se puede desarrollar la creatividad e invertir la energía física propia de la juventud.

Noviazgo y matrimonio cristianos

60   El noviazgo, como la etapa que conduce al compromiso matrimonial, tiene una función muy importante para el crecimiento de la comunión interpersonal en la pareja. Durante el noviazgo, la relación de novios les lleva a integrarse como pareja. En este contexto, la intimidad que caracteriza la amistad adquiere una dimensión de exclusividad y está dirigida a alcanzar una intimidad psicológica, espiritual y física.

El noviazgo cristiano

61   El noviazgo cristiano es la mejor preparación para el sacramento del matrimonio. En él se va realizando una remodelación del *yo* en confrontación al *tú* para ir construyendo el *nosotros*. Conforme los novios se relacionan entre sí, se conocen mejor a sí mismos y a su pareja; van logrando una paulatina compenetración de sus vidas, modos de pensar, gustos y actividades, y juntos emprenden un peregrinar hacia Dios, en el que aprenden a compartir sus sentimientos, ideales y amor.

62   Este amor va más allá del caerse bien y poder hacer actividades juntos. Envuelve también una atracción física; una identificación

espiritual; un enriquecimiento humano; un mirar juntos hacia la realidad nueva que están creando entre los dos, y el deseo de convertir su amor en signo e instrumento del amor de Dios, en el sacramento del matrimonio.

63   El noviazgo cristiano debe llevar a un conocimiento más profundo de sí mismos y de la pareja, sin dejar ocultas facetas de su vida que puedan destruir más tarde su amor. De allí la necesidad de dialogar sinceramente sobre su pasado, su manera de ver la vida y sus expectativas e ideales para el futuro.

64   En general, el noviazgo no debe ser ni muy corto ni demasiado largo. Debe dar tiempo suficiente para conocerse, aceptarse y aprender a corregirse, adaptarse y complementarse con cariño y comprensión. Si el noviazgo es muy breve, la pareja corre el riesgo de comprometerse al matrimonio sin haberse conocido bien o puede faltarle la madurez necesaria para vivir como matrimonio cristiano. Si es muy largo, tiene el peligro de llevar a un trato rutinario, sin que la pareja progrese hacia una buena relación de intimidad. También puede llevar a relaciones sexuales antes del matrimonio y de haber establecido un compromiso definitivo del uno hacia el otro.

65   El novio y la novia que se aman buscan como fin inmediato su compañía y ayuda mutua. Su relación y entrega recíproca les enriquece con los valores del otro, añade interés y gusto a la vida, les integra como pareja y genera el anhelo de unirse más plenamente en el matrimonio. El noviazgo cristiano, al igual que el matrimonio, se finca en una relación de igual a igual y no de autoritarismo-sumisión. Sólo reconociendo la dignidad e identidad del otro, es posible encontrar la creación del *nosotros,* esencial para no crear una relación donde uno domine al otro.

Compromiso y sacramento matrimonial

66   La mayoría de los jóvenes sueñan acerca del matrimonio. Muchos de ellos van en busca de romance, afecto o de apoyo económico. Sin embargo, el matrimonio cristiano es más que todo esto. Es el lugar propio para que una pareja realice una donación mutua, completa y perpetua, y que viva junta en comunión con Dios.

67   La donación mutua de los esposos lleva al compromiso libre, total y definitivo de uno al otro. Este compromiso se basa en el amor, supone intimidad sexual, se formaliza en un contrato y aspi-

ra a la unidad e indisolubilidad matrimonial. A través de sus votos solemnes delante de Dios, el esposo y la esposa ofrecen su corazón, alma y cuerpo al ser amado y se prometen exclusividad y fidelidad de por vida. Es un compromiso hecho ante Dios y ante otras personas. El esposo y la esposa son los ministros del sacramento del matrimonio, los medios por los cuales el amor de Dios se comunica a ambos y a sus hijos, fruto de su amor.

68 El rito del matrimonio es hacer pública la promesa de la pareja de compartir su vida, con todas sus esperanzas y desilusiones, sus gozos y sus dolores, sus alegrías y penas, sus éxitos y fracasos. No es sólo un acto externo que simplemente legaliza el matrimonio cristiano en la iglesia y en la sociedad.

69 En este espíritu de comunión en el amor de Dios, los esposos unen sus cuerpos físicamente para expresar su unidad total, hacer la promesa de su vida en común más definitiva y profundizar su compromiso del uno con el otro. La unión en una sola carne adquiere un significado sagrado y se convierte en fuente de vida para la pareja y para sus hijos, si es bendecida con ellos.

70 El amor conyugal incluye la expresión sexual del amor, pero es mucho más que esto. Incorpora todas las dimensiones en las que los esposos se unen mutuamente, reforzando su comunión de ideas y actitudes. Este amor, es una participación y reflejo del amor gratuito de Dios y contiene la energía misma del Espíritu Divino. Respeta la autonomía y libertad de la persona amada, mostrándose ilimitado, abierto y liberador; es sincero y desinteresado. Continuamente alimenta la mutualidad y exclusividad del matrimonio y exige permanencia y totalidad en el compromiso. La castidad matrimonial guía y ordena el placer sexual, haciendo de las relaciones sexuales un signo de su entrega total y exclusiva. El amor conyugal mantiene una armonía que nutre la aceptación, ternura e intimidad en la pareja.

71 En el matrimonio cristiano, la pareja está unida por muchos factores que le ayudan a fortificar su relación y a superar sus debilidades mutuas. Su amor facilita la tolerancia de aquellas cosas que no son del agrado del otro. Este tipo de amor es capaz de sobrevivir y de ser reforzado a pesar de las dificultades de la pareja y su familia, haciendo que pueda enfrentar las desavenencias, crisis y problemas de la vida matrimonial.

72   Los esposos que realmente se aman están unidos por una amistad profunda, que les lleva a comunicarse a diario sus experiencias, pensamientos, sentimientos, ideales y preocupaciones. También les gusta participar en proyectos comunes, compartir actividades del gusto de ambos y acompañarse en actividades que sólo le gustan a uno de los dos. Su fe les ayuda a apoyarse mutuamente en su peregrinar hacia Dios y en el cumplimiento de su vocación personal.

73   Las parejas que no comprenden bien el sacramento del matrimonio, pueden considerar el intercambio de los votos matrimoniales sólo como un contrato que describe obligaciones y responsabilidades mutuas. Esta interpretación del matrimonio dificulta que la pareja vea la sacramentalidad del matrimonio y que mantega vivo su amor como signo eficaz del amor de Dios. Vivir el matrimonio como sacramento requiere un esfuerzo continuo, una búsqueda conjunta de caminos, una disposición permanente a la reconciliación y una unión en la oración. Cuando estas actitudes y prácticas no existen, el rito matrimonial queda reducido a una ceremonia religiosa del pasado y pierde su sentido sacramental.

74   El matrimonio cristiano es una expresión del amor que tiene Jesús a su Iglesia: un amor fiel y constante, sobre todo en los momentos difíciles. Es fácil amar cuando todo va bien, pero el amor se necesita sobre todo cuando un cónyuge falla y requiere el apoyo del otro para volver a afirmarse. Para que el amor conyugal madure y no se extinga, debe tender a su perfección y llenar las cualidades descritas por San Pablo:

> El amor es paciente, servicial y sin envidia. No quiere aparentar ni se hace el importante. No actúa con bajeza, ni busca su propio interés. El amor no se deja llevar por la ira, sino que olvida las ofensas y perdona. Nunca se alegra de algo injusto y siempre le agrada la verdad. El amor disculpa todo; todo lo cree, todo lo espera y todo lo soporta. (1 Corintios 13, 4–7)

La familia como iglesia doméstica

75   A través del amor conyugal, los esposos se abren a la fecundidad y al servicio de la vida. Los esposos colaboran con Dios en el don de la vida, al procrear a los hijos, "reflejo viviente de su amor, signo permanente de la unidad conyugal y síntesis viva e inseparable del padre y de la madre".[2]

76 El matrimonio cristiano es el pilar de la "iglesia doméstica", que es la célula más pequeña de la gran comunidad eclesial. Los padres de familia tienen la misión de facilitar la presencia del Reino de Dios en su hogar, de modo que la familia entera viva relaciones de amor, justicia y paz, y sea signo del reinado de Dios.

77 La unión de varias familias para vivir juntas su fe, educar cristianamente a sus hijos y ser signos eficaces de la presencia de Dios en el mundo, hace posible la formación de pequeñas comunidades eclesiales. La pastoral juvenil debe preocuparse de compartir con los jóvenes la visión de la familia como iglesia doméstica para que deseen de todo corazón formar sus propios hogares como una iglesia comunitaria y constructora del Reino de Dios.

78 La pastoral con jóvenes debe incluir una preparación para formar familias cristianas. En este sentido, los jóvenes no necesitan esperar al matrimonio, pues también tienen una función en su familia de origen, con sus padres, hermanos y hermanas.

> La familia, al igual que la Iglesia, debe ser un espacio donde el Evangelio es transmitido y desde donde éste se irradia.
> Dentro pues de una familia consciente de esta misión, todos los miembros de la misma evangelizan y son evangelizados. Los padres no sólo comunican a los hijos el Evangelio, sino que pueden a su vez recibir de ellos este mismo Evangelio profundamente vivido. . . .
> Una familia así se hace evangelizadora de otras muchas familias y del ambiente en que ella vive.[3]

3

Hacia la Madurez Humana

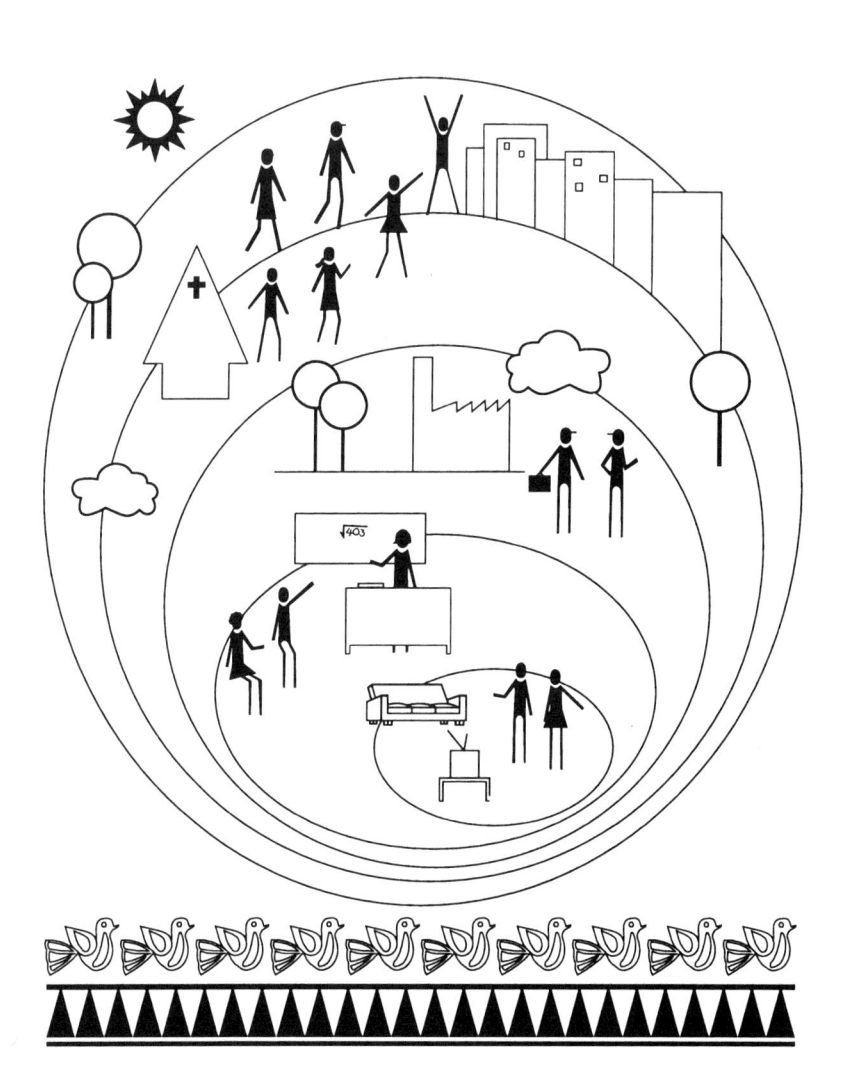

❧ 3 ❧

Hacia la Madurez Humana

Una perspectiva integral
para el crecimiento cristiano de los jóvenes 87
    La vida afectiva 88
    La vida cognitiva 90
    Los valores y las actitudes 92
    La conciencia moral 94
    El seguimiento de Jesús como Maestro 95
    El poder de la espiritualidad cristiana 96

Conscientización, liberación y praxis 99
    Apropiación de la utopía cristiana 101
    Adquisición de una conciencia crítica de la realidad . . . 101
    Conversión de corazón, mente y vida 101
    Praxis histórica 102

Jóvenes hispanos, profetas de esperanza 103
    El proyecto de vida personal 104
    Agentes de cambio en la historia 106
    Ser jóvenes profetas de esperanza:
        un proyecto de vida cristiana 107

❧

*L*a juventud es el tiempo de un *descubrimiento* particularmente intenso del propio "yo" y del propio "proyecto de vida"; es el tiempo de un *crecimiento* que ha de realizarse "en sabiduría, en edad y en gracia ante Dios y ante las personas" (Lucas 2, 52).
—Juan Pablo II, *Christifideles Laici*

1 El primer capítulo de este libro se enfocó en el desarrollo personal y la evangelización; el segundo trató de la comunión interpersonal. Este tercer capítulo, expande esos horizontes y reflexiona sobre una perspectiva más amplia de la vida y de las relaciones sociales involucradas en el proceso de madurez de los jóvenes.

2 El capítulo presenta primero, una perspectiva integral sobre el crecimiento cristiano de los jóvenes basado en su desarrollo afectivo, cognitivo, moral, del comportamiento y espiritual. En seguida enfatiza la necesidad de que los jóvenes se comprometan a vivir un proceso de conscientización y liberación. Por último, explora la importancia de un proyecto personal de vida como un medio para ayudar a que los jóvenes se conviertan en profetas de esperanza.

Una perspectiva integral para el crecimiento cristiano de los jóvenes

3 Toda persona busca relacionarse con los demás; aspira a apoyar, comprender y acompañar a otras personas y a la vez, a sentirse comprendida, aceptada y acompañada por ellas. Cuando esta dinámica caracteriza las relaciones interpersonales, la persona ha alcanzado una madurez personal. La persona madura procura que exista un complemento entre los intereses del *yo* y los intereses del *tú*; respeta la autonomía de las personas con quienes se relaciona, y acepta el consejo y la ayuda de los demás sin perder su libertad personal.

4 La evangelización facilita el camino del joven hacia su madurez, al orientar sus relaciones interpersonales con los sentimientos,

actitudes, motivaciones y valores de Jesús. A continuación se ofrecen algunas reflexiones sobre la vida afectiva, la capacidad de aprender y los mecanismos que dan dirección a la vida humana.

La vida afectiva

5   Toda relación humana está influenciada por la capacidad afectiva de las personas involucradas. La vida afectiva es una experiencia vital que se da en el mundo interior de una persona, a nivel de su centro personal. La afectividad colorea las relaciones con el mundo exterior de tonalidades más o menos intensas.

6   La vida afectiva consiste en una pluralidad de fenómenos que se diferencian entre sí por su intensidad, persistencia y mayor o menor grado de implicaciones somáticas o cognitivas. Cada persona organiza de manera peculiar su afectividad, según su naturaleza fisiológica y las experiencias que ha vivido. En la pluralidad de fenómenos afectivos, se pueden distinguir cuatro niveles principales:

1. *El estado de ánimo,* es la atmósfera interior de la persona, la cual puede ser influenciada por agentes externos que pueden cuasar cambios más o menos duraderos, ligados a factores y ritmos biológicos. Generalmente, toda persona tiene la tendencia a uno de los dos estados de ánimo básicos: la alegría o la tristeza, lo que suele interpretarse a nivel popular como si las personas fueran optimistas o pesimistas.

2. *Las emociones,* son experiencias afectivas intensas, pasajeras, bruscas y agudas, con una fuerte carga fisiológica. Son las maneras como la persona es afectada por el mundo exterior. Están muy relacionadas con las motivaciones, pues ambas son fuente de movimiento y representan una fuerza energética psicológica que impulsa a un determinado comportamiento. Hay emociones relacionadas con las vivencias personales, las relaciones interpersonales y la experiencia de la vida en general.

3. *Los sentimientos,* son estados afectivos más estructurados, profundos, complejos y estables que las emociones; son menos intensos que éstas y tienen menos implicaciones fisiólogicas. Los sentimientos son una manera de expresar al exterior los afectos estables de la persona, tienen un carácter más global que las emociones e integran una serie de vivencias subjetivas. Esta calidad de profundidad y estabilidad de los sentimientos, hace que una persona pueda mostrar afecto a otra como expresión de la

disposición permanente de buscar su bienestar, incluso en momentos en que se siente rabia contra ella, como respuesta emocional a un daño recibido.
4. *Las pasiones,* son fenómenos afectivos con la estabilidad de los sentimientos y la intensidad de las emociones. En general, están marcadas por una fuerte presencia de elementos cognitivos y son capaces de generar una vehemencia especial hacia algo o alguien. Por su intensidad, las pasiones pueden originar grandes ideales, motivar a grandes empresas y llevar a actos heroicos, como también pueden causar frustraciones muy severas.

7 En la lengua inglesa los conceptos de afectividad y emotividad comúnmente se usan como sinónimos. En español, los dos términos tienen un significado diferente: las emociones se refieren sólo a una de las dimensiones de la vida afectiva.

8 La madurez de la vida afectiva del joven depende, en gran medida, de su habilidad para manejar y expresar esta gama de reacciones afectivas de acuerdo a su escala de valores. Para que el joven madure afectivamente, necesita hacer lo siguiente:
- aprender a expresar sus sentimientos y emociones de manera apropiada, teniendo cuidado de no suprimirlos ni de herir a otras personas con la manera como los expresa,
- adquirir conciencia sobre la naturaleza, dirección e intensidad de sus emociones y sentimientos,
- aprender a valorar su vida afectiva,
- evitar la manipulación de su vida afectiva por otras personas,
- tomar conciencia de cómo las experiencias fuertes de su vida han influenciado su personalidad,
- aceptarse y reconciliarse consigo mismo y aceptar y reconciliarse con otras personas, cuando ha herido a otras personas o ha sido herido por ellas,
- canalizar su vida afectiva de modo que favorezca su desarrollo integral como personas y facilite una relación armoniosa con otras personas.

9 La evangelización se preocupa de la vida afectiva de los jóvenes. La evangelización debe despertar en los jóvenes, el mismo tipo de sentimientos de Jesús hacia sus amigos, conocidos y enemigos y encender en ellos una pasión por cumplir con su misión como lo hizo Jesús. De esta manera, estarán profundamente convencidos y comprometidos en un proceso de conversión que los llevará a ser

sembradores constantes de la semilla del Evangelio y promotores incansables del Reino de Dios.

La vida cognitiva

10 Las personas adquirimos nuestros conocimientos y cualidades a través del aprendizaje, el cual es un proceso complejo. Todas las personas tenemos las siguientes capacidades para aprender, las cuales requieren ser desarrolladas y utilizadas para que el joven camine hacia su madurez:

11 **1. La capacidad de conocer y de pensar.** Esta capacidad nos permite asimilar, guardar y recordar información, lo que es el fundamento para adquirir nuevos conocimientos, formar conceptos y organizar ideas abstractas, así como para expresar las propias ideas y sentimientos. Además, nos permite percibir, identificar, clasificar, relacionar, interpretar, analizar y expresar los mensajes recibidos del medio ambiente a través de símbolos verbales, como la palabra y el canto; símbolos visuales, como la escritura y el dibujo, o símbolos físicos, como los gestos.

12 Sólo usando nuestra capacidad de conocer y pensar, podemos captar la verdad sobre nosotros mismos, Dios y el mundo que nos rodea. Esta capacidad nos permite visualizar los problemas y desafíos en nuestra vida, y crear los razonamientos necesarios para solucionarlos creativamente.

13 Al evangelizar, tanto los evangelizadores como las personas evangelizadas, utilizan su capacidad de conocer y pensar para hacer lo siguiente:
- adquirir conceptos básicos que ayudan a comprender la naturaleza y el comportamiento humano,
- profundizar en el conocimiento de Dios revelado en Jesucristo y darlo a conocer,
- conocer el contenido doctrinal que fundamenta la fe y adquirir el vocabulario para expresar los conocimientos y experiencias religiosas,
- ver la vida desde la perspectiva de Jesús, permitiéndoles captar sus enseñanzas,
- analizar la realidad desde la perspectiva de la fe, antes de tomar decisiones importantes en la vida.

En otras palabras, existe una relación estrecha entre el don del conocimiento y el don de la fe. Los jóvenes necesitan aprender y comprender el contenido de su fe lo mejor que puedan.

14   **2. La capacidad de discernir y de elegir.** Esta capacidad nos permite seleccionar una posición o conducta determinada para responder a los desafíos que presenta la vida. El uso de esta capacidad supone lo siguiente:
- hacer un análisis adecuado de la realidad en la que se realiza la elección, de modo que se conozcan los diferentes elementos que entran en juego,
- identificar posibles alternativas de acción, tomando en cuenta las consecuencias que puede tener cada una de ellas,
- desarrollar un proceso para discernir la mejor alternativa, en base a las intenciones y valores de la persona,
- tener la libertad interior para escoger la mejor alternativa, de manera que la selección no sea determinada por presiones exteriores a la persona,
- usar la libertad para actuar según la alternativa seleccionada.

15   Usamos nuestra capacidad de discernir y de elegir tanto para asuntos sencillos de la vida diaria como también en situaciones de importancia vital, como son las encrucijadas de la vida, la toma de decisiones de tipo moral, la elección de una opción vocacional en cuanto al estado de vida y al tipo de profesión, la elaboración de procesos de planificación y la resolución de conflictos. Es importante empezar a desarrollar esta capacidad desde temprana edad en los aspectos sencillos de la vida, de modo que al llegar a la adolescencia, los jóvenes puedan enfrentar los desafíos con procesos críticos y maduros de **discernimiento** y elección, que incluyan las características mencionadas anteriormente.

16   Usamos esta capacidad para organizar nuestra vida de acuerdo a los valores del Reino. De esta manera, podemos responder a las necesidades de la gente con los sentimientos y actitudes de Jesús; buscar la perfección viviendo según las bienaventuranzas, y vivir con la felicidad del discípulo que sigue las huellas del Maestro.

17   **3. La capacidad de conocer a través de la experiencia personal y del ejemplo de otros.** Podemos aprender, experimentando ideas creativas que nacen en nuestro interior y viendo a otras personas actuar e imitando la conducta observada. Tanto en un caso como

en el otro, es importante que haya un proceso de análisis, discernimiento y reflexión sobre las vivencias, para que éstas no sean una mera imitación o un constante experimentar que no llevan al desarrollo personal.

18 Usamos esta capacidad para aprender de otras personas y para dar testimonio de cómo encarnar los valores de Jesús; motivar a un discipulado de Jesús orientado a la práctica cristiana, e impulsar una acción pastoral evangelizadora y misionera. El evangelizar a través del ejemplo y la experiencia, frecuentemente es más poderoso que el tratar de evangelizar en base a contenidos cognitivos.

Los valores y las actitudes

19 *Los valores* pueden ayudar a dar dirección a la vida de las personas, grupos sociales y pueblos. Los valores son realidades objetivas, que existen en sí mismos y se refieren a los aspectos sociales, culturales, éticos, estéticos y religiosos de la vida. Son trasmitidos a las siguientes generaciones como bienes absolutos y permanentes; por ejemplo, el Evangelio enseña a ser honesto siempre y totalmente y no a ser un poco honesto o a ser honesto sólo ocasionalmente.

20 Los valores son complejos, tienen permanencia en el tiempo y están avalados por la convicción de que constituyen un bien personal o social. Los valores tienen tres dimensiones:
- *La dimensión cognitiva,* que se refiere al conocimiento del valor.
- *La dimensión afectiva,* que se expresa en un sentimiento a favor del valor, en una tendencia a buscarlo con entusiasmo y en el deseo de defenderlo con pasión.
- *La dimensión del comportamiento,* que indica que el valor es una realidad apropiada por la persona o el grupo y se refleja en su manera de actuar.

21 La adquisición de los valores y la ordenación de ellos en una escala o jerarquía, se realiza a través del proceso de valoración. Este proceso tiene dos fases:
1. *La internalización,* que es un proceso que implica conocer el valor, escogerlo consciente y libremente, considerarlo bueno, experimentarlo en forma positiva y comprometerse a hacerlo realidad en la vida personal y social. Los valores son apropiados de manera distinta por cada persona, según su personalidad y, por cada cultura, según su idiosincrasia.

2. *La ordenación,* que es un proceso que implica el discernimiento de la cercanía o lejanía del valor respecto a los valores considerados como absolutos, y que permite graduar, jerarquizar y polarizar los valores desde un punto de vista personal o social.

Una persona, acontecimiento u objeto es valioso cuando favorece la dignidad del ser humano y le ayuda a desarrollarse. Cuando se desconoce o se niega la dignidad de la persona o cuando se obstaculiza el desarrollo humano, se está en la presencia de **antivalores** o **desvalores.** Cuando los valores se enfocan subjetivamente, afirmando que lo valioso depende del gusto o preferencia de cada individuo, se puede caer en un subjetivismo o en un relativismo. En estas situaciones, los jóvenes quedan sin un marco de referencia para encontrar el sentido de la vida, dar dirección a su vida y evaluar los acontecimientos de su vida personal y social.

Los valores tienen varias funciones importantes en la vida de toda persona, grupo social y pueblo:
- dan dirección a su vida ayudando a la gente a discernir entre diferentes alternativas de acción y motivando a comportarse de determinada manera,
- guían el modo en que la gente se relaciona socialmente y constituyen un criterio para evaluar y juzgar las conductas propias y de los demás,
- sirven de base para emitir un juicio crítico en un análisis de la realidad y para la solución de conflictos,
- ayudan a fundamentar los razonamientos ante una toma de decisiones,
- predisponen a favor de determinadas creencias religiosas,
- permiten tomar una determinada posición frente a asuntos sociales y preferir una ideología política sobre otra.

Las actitudes son patrones de comportamiento personal, basadas en la escala de valores en el ámbito social, moral y religioso. Generan disposiciones consistentes y habituales en la conducta de la persona, que caracterizan la manera como se relaciona con los demás, enfrenta los acontecimientos de la vida y maneja los objetos a su alrededor.

El ejemplo de otras personas juega un papel importante en el aprendizaje de una actitud. Los valores, principios morales y argumentos racionales son capaces de motivar ciertas conductas e influir sobre las actitudes en otra persona, cuando están avalados por el testimonio de la persona que los proclama. Para que una actitud se convierta en parte integral de la personalidad del joven, necesita ser aplicada por ella o él de manera consistente en las diversas circunstancias que la exijan.

26 Todo sistema sociocultural se fundamenta en una cosmovisión, que da las pautas para ver el mundo y para relacionarse con Dios, consigo mismos, las personas y el mundo de una determinada manera. Nuestro amar, pensar y vivir está dirigido por esta cosmovisión y por el sistema de valores que contiene.

27 Los valores religiosos revelados por Jesús y que forman parte de la tradición cristiana, constituyen el marco de referencia para seleccionar y ordenar los valores que dan sentido y dirección a la vida de los creyentes. Estos valores cobran vida a través de actitudes aprendidas de la manera como Jesús se relacionó con su Padre, las personas y el mundo.

28 Los valores y actitudes revelados por Jesús deben ser incorporados por todos sus discípulos. Los valores constituyen el criterio para hacer realidad el reinado de Dios aquí y ahora; las actitudes encarnan los valores en la vida diaria. Los jóvenes dan una orientación cristiana a su vida haciendo suyos los valores y las actitudes de Jesús. La evangelización ayuda a que los jóvenes hagan propios estos valores y los conviertan en el criterio fundamental para decidirse y comprometerse a un discipulado que les lleva a realizarse como personas y a procurar el bien de la gente.

La conciencia moral

29 Ser discípulo de Jesús, es hacer propias sus normas de vida: el mandamiento del amor, que llega a su perfección en las bienaventuranzas. Esto requiere la formación de la conciencia moral cristiana, una motivación constante y un compromiso serio para vivir de acuerdo al Evangelio.

30 Para que los jóvenes sean cristianos responsables, es indispensable que hagan la **opción fundamental** de seguir estas enseñanzas de Jesús y fortificar su vida de fe. Esta opción fundamental es una decisión hecha desde el centro personal, donde se deciden libre y conscientemente los ideales, valores y actitudes que dirigen la vida. Al estar enraizada en el nivel más íntimo de la vida de los jóvenes, esta opción:

- *los guía y anima* a seguir los ideales propuestos por Jesús,
- *los orienta y da sentido* a sus vidas,
- *adquiere un carácter normativo* que condiciona todas sus acciones.

31   Conforme el joven madura y conoce mejor a Jesús, va afirmando sus actitudes, purificando sus intenciones y ordenando sus valores en base a su decisión de seguir a Jesús. El proceso de formación de la conciencia moral promueve una presentación clara de los ideales cristianos, según la etapa de desarrollo humano y el nivel de desarrollo en la fe en que están los jóvenes. Presenta, de manera positiva y entusiasta, lo que significa ser una persona joven en el mundo actual, sin caer en una enumeración de reglas, mandatos y prohibiciones. Respeta la libertad de los jóvenes, sin imponerles normas, manipularlos en base a una falsa piedad o coaccionarlos con miedos y sentimientos de culpabilidad. Conduce a un compromiso de amar como nos ama Jesús, sin convertir la vida cristiana en actos rutinarios.

32   Para vivir según la opción fundamental de seguir a Jesús, hay que ser responsables y contar con la ayuda de Dios. Por eso, los jóvenes necesitan desarrollar una espiritualidad profunda.

El seguimiento de Jesús como Maestro

33   Jesús fue un excelente maestro a quien todo cristiano y, especialmente, todo evangelizador debe seguir. Sus enseñanzas responden a las inquietudes humanas porque Jesús, al asumir nuestra realidad completa, sale a nuestro encuentro en las circunstancias en que nos hallamos, nos acoge como somos, se preocupa de nuestros anhelos y frustraciones y establece con nosotros una relación personal de amor y perdón. Además, Jesús comparte su vida con aquellos discípulos que, aceptando la invitación del Espíritu Santo, lo aceptan a él como maestro.

34   Jesús usó metodologías de enseñanza muy variadas para comunicarnos su mensaje y motivarnos a seguirlo. En primer lugar, con sus actitudes y conductas dio ejemplo claro de cómo vivir si se quiere extender el reinado de Dios entre la gente con quien convivimos. Hizo invitaciones radicales y advertencias duras para mover a las personas a la conversión. También usó una variedad de técnicas para enseñar: manejó el silencio para facilitar la oración y el discernimiento; argumentó con la gente para desafiarla, cuestionó a las personas para motivarlas a pensar y reflexionar y habló directa y provocativamente para clarificar sus ideas.

35   Jesús relató parábolas para enseñar mensajes difíciles y para ejemplificar sus propuestas morales; aprovechó objetos de la vida diaria para enseñar la verdad. Enseñó con dichos y proverbios para estimular la sabiduría popular y recordó citas bíblicas para fundamentar sus enseñanzas. Señaló contradicciones e hizo comparaciones para que se entendiera su doctrina, y usó exageraciones para enfatizar conceptos importantes. Pidió a los discípulos que hicieran acciones concretas para que aprendieran a cumplir su misión y les dejó que le hicieran preguntas para clarificar sus dudas. De todas estas maneras, Jesús facilitó el diálogo con sus discípulos para darles luz cuando no habían visto claro y corregirlos cuando estaban equivocados.

36   Jesús evangelizó tomando a los discípulos y su realidad concreta como punto de partida y se enfocó en lo que necesitaba la gente para recibir la Buena Nueva y restablecer su alianza con Dios. Habló clara y radicalmente para que su verdad pudiera guiar efectivamente la vida personal, social y religiosa de las personas. Responsabilizó a sus discípulos de sus actos, llamándolos así a ir más allá de sus necesidades personales, sacándolos de su egoísmo para que pudieran convertirse en promotores del amor, la justicia y la paz que nacen de la comunión con Dios.

El poder de la espiritualidad cristiana

37   *La espiritualidad* es la manera como la vida de una persona refleja el modo como se relaciona con Dios, las personas y el mundo. Jóvenes y adultos adquieren y expresan su espiritualidad de una manera consistente con su género masculino o femenino, su personalidad, sus capacidades y sus limitaciones. La espiritualidad refleja los valores y actitudes de las personas, así como su contexto histórico y sociocultural.

38   La espiritualidad cristiana tiene su fuente en el discipulado de Jesús y en nuestros intentos de llevar una praxis cristiana. Se caracteriza por ser:

- *comunitaria, cristocéntrica y trinitaria,* está centrada en ser miembro de la iglesia de Jesús y en una vida de comunión con Dios,
- *dadora de vida,* está orientada al amor y servicio al prójimo y enfocada en vivir los valores del Reino de Dios en la sociedad,
- *integral y humana,* incluye nuestros ideales, valores, actitudes y comportamientos; abarca a la persona completa y todo lo que Dios ha creado y redimido,

- *pluralista en sus expresiones*, que corresponden a las diferentes **idiosincrasias** y estilos de vida de las personas y los pueblos.

39   Todas las personas deben encontrar el estilo de vida adecuado a su espiritualidad. Existen distintas escuelas o modelos de espiritualidad y vida cristiana, creadas por personas diferentes que han vivido su relación con Dios de muy diversas maneras.

40   Francisco de Asís fue un joven emotivo, sencillo y artístico. Nació en una familia rica de comerciantes en la época del feudalismo, cuando la sociedad estaba dividida entre señores y siervos. Francisco vio que para seguir a Jesús, tenía que abandonar su estilo de vida de una persona con buena situación económica. Respondiendo a su llamado, empezó a desarrollar una espiritualidad marcada por una relación con Dios en contacto con la naturaleza y expresada en la sencillez de vida. La vida de Francisco estuvo llena de amor, compasión, poesía y canto. Su relación con Dios lo llevó a una vida con una caridad exquisita con los más necesitados y a depender de su vida mendicante y de la caridad de la gente para sobrevivir. Su radicalidad de vida inspiró a muchas personas que siguieron su estilo de vida como predicador itinerante y medicante.

41   Ignacio de Loyola inició su jornada de fe, siendo ya un hombre recio y un militar experimentado. Al caer herido en el campo de batalla tuvo que pasar largo tiempo en un hospital. Ahí tuvo la oportunidad de reflexionar sobre su vida y sobre la reforma protestante que estaba dividiendo la iglesia. Ignacio vio que el seguimiento de Jesús exigía en esos momentos una lealtad especial al Papa, un espíritu de lucha para que la Iglesia Católica Romana se purificara, reformara, fortaleciera y renovara interiormente, de modo que pudiera vivir un cristianismo más auténtico.

42   Ignacio desarrolló una espiritualidad basada en ejercicios de reflexión y acción; en un discernimiento de los **signos de los tiempos** y de las intenciones de cada persona; en un esfuerzo por formar hombres independientes, leales y de voluntad firme para el cumplimiento de la misión. La relación con Dios, llevó a Ignacio y a sus seguidores, a luchar por su fe y por su iglesia en universidades, centros de poder y ambientes sociales con fuerte influencia en el campo de las ideas.

43   Teresa de Ávila fue una mujer fuerte, que sufría muchas dolencias. Tenía un entendimiento agudo de la vida y una gran conciencia de sí misma. Era de un espíritu indomable, incapaz de mediocridades, propio de una familia como la suya, de rancio abolengo en la

aristocracia castellana. Teresa escuchó el llamado de Dios en una época en que las personas que se habían consagrado a Dios en la vida conventual, habían caído en una fuerte relajación de costumbres y se resistían a regresar a una vida ascética, basada en los valores y las virtudes cristianas.

44   El contraste entre su fortaleza interior y su debilidad física, llevó a Teresa a crear una espiritualidad de profunda humildad y abandono en la oración contemplativa, en la que el Jesús histórico —con su predicación, su vida y su muerte en la cruz— tenía un lugar predominante. De su experiencia de oración, nació el enfoque central de su espiritualidad: el amor apasionado y profundo a Dios. Este amor no estaba basado en sentimentalismos y emociones, pues Teresa pasó muchos años de sequedad afectiva en su relación con Dios. Teresa vio en el amor, la única fuente de energía capaz de reformar la vida conventual y de mantener a las personas firmes en el cumplimiento de la voluntad de Dios. De esta visión, se desprendió una vida apostólica y caritativa intensa, que hizo que Teresa recorriera incansable los caminos y las ciudades dando testimonio y promoviendo un discipulado auténtico, sobre todo en los conventos de las Carmelitas, congregación a la que pertenecía.

45   ¿Podría Teresa haber vivido una espiritualidad al estilo de la de Francisco, o Francisco al estilo de la de Ignacio, e Ignacio al estilo de la de Teresa o Francisco? Ninguna espiritualidad fue mejor que la otra. La espiritualidad sintetiza la forma de ser de la persona, su relación de intimidad con Dios y su manera particular de vivir su fe en el contexto histórico en que vive.

46   Para que la evangelización sea efectiva entre los jóvenes hispanos, debe suscitar distintos tipos de espiritualidades que sirvan de modelos o caminos para ellos en sus intentos de llevar una vida de fe profunda. La pastoral juvenil hispana no puede contentarse con brindar a los jóvenes un nivel superficial de la espiritualidad cristiana o sólo elementos aislados de la espiritualidad, sino que debe hacer serios esfuerzos para facilitar el desarrollo de espiritualidades profundas. Sólo de esta manera, puede el evangelio penetrar profundamente en la vida de los jóvenes, ofreciéndoles los elementos necesarios para discernir con sabiduría y para forjar una espiritualidad auténticamente cristiana, que corresponda a su vocación, historia y estilo de vida personal.

Conscientización, liberación y praxis

47 Los jóvenes, como todo ser humano, no sólo están en el mundo, sino que se relacionan con él y deben ser responsables de él. Para tomar conciencia de esta realidad, el joven necesita ver objetivamente la dinámica que existe entre la naturaleza, las personas y las cosas. Esta toma de conciencia es gradual, debe empezar en la niñez y debe tener una importancia mayor a partir de la adolescencia, etapa en la que el joven es capaz de analizar con espíritu crítico una situación y realizar una acción transformadora para lograr un mundo más humano.

48 El proceso que lleva a este tipo de conciencia y responsabilidad, recibe el nombre de conscientización y se inicia con preguntas tales como: ¿dónde estoy? ¿por qué estoy aquí? ¿cómo vivo? ¿por qué vivo así? ¿quiénes más viven de la misma manera que yo? ¿quiénes tienen un tipo de vida muy diferente? ¿por qué pasa esto? ¿es ésta la manera cómo Dios quiere que viva la gente? La respuesta a estas preguntas lleva a las personas y a las comunidades a desarrollar una perspectiva sobre sí mismas como sujetos de la historia, como personas insertadas en el mundo, coprotagonistas con Dios y con otras personas en la historia de la salvación. Sin conscientización, los jóvenes quedan fuera de la comunión vital para la que fueron creados.

49 Un proceso de conscientización bien llevado, ayuda a que los jóvenes identifiquen la relación que tienen consigo mismos y con otras personas, las circunstancias en que viven y lo que causa que vivan como lo hacen. Además, la conscientización facilita que los jóvenes se vean a sí mismos como agentes de acción en el mundo, tanto a nivel personal como comunitario. Esta manera de enfrentar la vida implica cuatro dinámicas de parte de los jóvenes:

50 **1. Asumir la historia personal.** Al asumir su historia, los jóvenes se ven a sí mismos como sujetos y protagonistas de su vida, descubren sus raíces familiares y socioculturales, se enriquecen con sus experiencias positivas y se reconcilian con sus vivencias negativas. También toman en sus manos su presente para hacer decisiones y actuar de acuerdo a ellas, y su futuro, para forjarlo con cuidado y esperanza.

51 **2. Asumir la historia colectiva.** Implica, en primer lugar, reconocer las raíces históricas y culturales del nuevo pueblo latino estadounidense del que forman parte, así como sus raíces religiosas católicas. En segundo lugar, implica considerar a la juventud hispana como una unidad colectiva, con una misión y responsabilidad concreta en la iglesia y en la sociedad de Estados Unidos, hoy y en el futuro. En tercer lugar, implica tomar conciencia de su misión en el país, en unión con el resto de las personas que conforman la sociedad de Estados Unidos.

52 **3. Asumir responsabilidad por el presente y el futuro.** Los jóvenes necesitan convertirse en agentes activos de su historia personal y de la historia de la sociedad en que viven. Para lograr esto, tienen que adquirir una visión crítica de su situación y una visión realista de las posibilidades de guiar su vida de un modo que favorezca su desarrollo personal y la promoción del bien común.

53 **4. Asumir la historia de salvación.** Los jóvenes necesitan tomar conciencia de su propia historia de salvación y convertirse en agentes de salvación para otros. Esto significa reconocer la presencia de Dios en sus vidas y en la vida de los demás, comprometerse con la misión de Jesús, poner en las manos de Cristo sus heridas que necesitan ser sanadas, confiar en su misericordia para obtener su perdón y trabajar en unión con otras personas para construir un mundo mejor.

54 Todo joven necesita estar consciente que estas cuatro dinámicas deben ser evaluadas según su fidelidad a Dios y según la autenticidad de su praxis cristiana, sin dejarse hundir por los problemas que se generan en el acontecer normal de todo proceso histórico. Los cristianos no pueden asegurar una vida sin problemas, frustraciones o fracasos, pero su confianza en Dios les permite encontrar el sentido de las limitaciones humanas y luchar con fe y esperanza para superarlas.

55 El proceso de conscientización se realiza mediante la interacción continua de cuatro fases o momentos: la apropiación de la **utopía cristiana;** la adquisición de una conciencia crítica de la realidad; la conversión de corazón, mente y vida, y el compromiso en la praxis histórica.

Apropiación de la utopía cristiana

56 La utopía es un ideal hacia el que uno aspira. La utopía cristiana es la realización plena del Reino de Dios. Jesús, al tomar nuestra naturaleza humana y cumplir con la misión que le encomendó Dios, reveló claramente la utopía cristiana: el reinado de Dios ya está parcialmente presente; se realiza por la acción del Espíritu y la colaboración del Pueblo de Dios; da frutos de amor, justicia y paz en la humanidad; es semilla y primicia de la plenitud del Reino de Dios.

57 La búsqueda del ideal del Reino de Dios genera una tensión creadora entre la denuncia de situaciones inhumanas y, por lo tanto, contrarias al Reino, y el anuncio y la creación de una nueva realidad donde reina el amor, la justicia y la paz. En este contexto, la utopía cristiana no es un idealismo abstracto, una ilusión o una ideología, sino un compromiso histórico que pueden hacer los jóvenes.

Adquisición de una conciencia crítica de la realidad

58 Los jóvenes adquieren una conciencia crítica cuando ven su realidad personal y colectiva en forma realista, comprenden las causas que la generaron y la juzgan con los criterios del Evangelio. Al analizar su realidad de esta manera, los jóvenes pueden identificar los aspectos de su vida que les impiden amar y actuar libremente, encontrando ahí desafíos a su conversión personal y comunitaria, y para transformar las situaciones y estructuras que los mantienen oprimidos, manipulados o esclavizados.

59 Es común que las personas tengan una conciencia ingenua o una conciencia mágica, en lugar de una conciencia crítica. Las personas con conciencia ingenua se niegan a analizar los hechos objetivamente y se sienten libres para entenderlos según les agrada o les conviene. Las personas con conciencia mágica, captan bien los hechos, pero los consideran causados por fuerzas superiores a las que se someten con docilidad. Tanto la conciencia ingenua como la mágica impiden que el joven se reponzabilise de su vida y de la vida de la sociedad.

Conversión de corazón, mente y vida

60 La conversión puede producirse como resultado de la relación de una persona con Jesús; por el impacto de algún aspecto particular

de la vida o el mensaje de Jesús, y como consecuencia de su relación con otras personas. La conversión puede darse en una persona o en una comunidad. "Jesús dijo entonces a los judíos que creían en él: 'Ustedes serán mis verdaderos discípulos si guardan siempre mi palabra; entonces conocerán *la verdad,* y *la verdad* los hará libres'" (Juan 8, 31–32). Convertirse es dejar que la verdad de Jesús sobre Dios y los seres humanos, los convenza a nivel personal o de grupo, influya en su corazón y genere nuevas actitudes y comportamiento hacia Dios, uno mismo y los demás. La conversión siempre produce un impacto en las personas, cambiando su centro personal en lo más profundo.

61   Las dos primeras fases de la conscientización —la apropiación de la utopía cristiana y la adquisición de una conciencia crítica de la realidad— conducen a los jóvenes a confrontar la verdad sobre sí mismos, su situación en el mundo y su meta como seres humanos. La conversión es una invitación de Dios a los jóvenes a ponerse en sus manos; a entregarle sus debilidades personales y colectivas para que las fortalezca; a pedir perdón a Dios por sus pecados, y a presentarle sus anhelos para que les muestre el camino que deben seguir.

62   En esta fase del proceso, los jóvenes llegan al momento de la oración, del encuentro personal y comunitario con Dios. Aquí le piden su gracia, luz y apoyo, para que la verdad que han visto, los haga libres. Este es precisamente, el tiempo en que los jóvenes se entregan en manos de Dios para decirle: "aquí estoy", "venga a nosotros tu Reino, hágase en mí según tu voluntad, aquí en la tierra como en el cielo". Este es el encuentro con el Señor que, al liberar a los jóvenes de su pecado personal y social, restaura su capacidad de amar y les da la libertad para desarrollarse y actuar dirigidos por el amor. Estos momentos de reflexión profunda llevan a una comunión más fuerte e íntima con Dios.

Praxis histórica

63   La praxis de Jesús sucedió en la historia. A través de esa praxis, trajo esperanza a todas las personas que creen en él. Hoy, a través de acciones concretas, los jóvenes deben continuar luchando por extender el reinado de Dios. Este trabajo de los jóvenes, mantiene viva la esperanza cristiana y da esperanza a otros jóvenes. El concepto de praxis, describe la realización continua del proyecto de Jesús, la ac-

ción de las personas como coprotagonistas de la historia con Dios y la conversión de la historia personal y comunitaria en una historia de salvación.

64   La praxis es una secuencia dinámica de acción-reflexión-acción-reflexión. La preparación para la praxis empieza cuando las personas identifican y denuncian lo que hay que cambiar y anuncian un anteproyecto o plan para transformar esas realidades. Pero la praxis realmente consiste en llevar el anteproyecto a la práctica, convirtiéndolo en un proyecto de vida. La praxis significa actuar para transformar la historia intencionalmente, guiados por el Evangelio. Analizar y planificar sin llegar a la acción, es caer en un nuevo tipo de conciencia mágica, donde se ve la complejidad de la realidad y lo difícil que es cambiarla, sin que los jóvenes se conviertan en sujetos de la historia, haciendo que la realidad continúe ejerciendo su poder superior y opresor sobre los jóvenes, ahora incluso más deprimidos y frustrados pues están más conscientes de los problemas.

65   Es la historia y no sólo planes, la que debemos hacer con los dones recibidos de Dios. La realización del anteproyecto es lo que convierte a los jóvenes en luz que ilumina los ambientes donde viven, levadura que transforma sus relaciones interpersonales y sal que da nuevo sabor a su vida.

66   Al tomar responsabilidad frente a la realidad, lanzándose a la acción, los jóvenes se dan cuenta que hay realidades que ellos mismos pueden cambiar, pero que para realizar cambios significativos deben trabajar con otras personas que compartan sus ideales. También toman conciencia que todo proceso de transformación es lento y exige preparación, conocimientos, cambio de actitudes personales y búsqueda de recursos, o sea, todo proceso de transformación requiere una planificación y acción constante. El compromiso en este tipo de transformación, lleva a los jóvenes a un nuevo análisis crítico, hecho en unión con otras personas comprometidas en la misma acción.

Jóvenes hispanos, profetas de esperanza

67   Los jóvenes no están en el mundo sólo para desarrollarse y llegar a ser personas integradas. Su razón de ser es más grande y trascendental. Todos los jóvenes tienen una misión concreta en la historia,

a la que han sido llamados y que deben realizar animados por el Evangelio y dirigidos por la cosmovisión cristiana.

El proyecto de vida personal

68 La cosmovisión cristiana se hace realidad cuando el joven tiene un proyecto de vida que le entusiasma y energiza. La palabra *proyecto* significa "dirigir hacia adelante"; como verbo, *proyectar*, significa dar una orientación hacia adelante. Proyectar la vida significa lanzar la energía interna hacia el mundo, de manera intencional y comprometida en forjar el propio destino. El proyecto de vida de un joven está íntimamente unido a su centro personal, donde nacen su creatividad y su voluntad para seguir adelante. Implica el conocimiento de sí mismo, la convicción del valor de sí mismo y estar consciente que la realización personal depende de llevar una vida productiva.

69 Todo ser humano se hace más plenamente persona, en la medida en que da su aporte personal al mundo mediante su servicio a los demás y su participación sociopolítica en la sociedad. Cuando los jóvenes tienen un proyecto personal, no pueden contener su fuerza y vitalidad. Su vida se desborda hacia el mundo, al vivir el presente con pasión y preparar el futuro con un optimismo realista. Entonces, enfrentan las incógnitas del futuro con confianza y manejan las penas y tiempos difíciles con esperanza.

70 Una vida sin proyecto personal, no se puede llamar verdaderamente vida. La carencia del proyecto mata la esperanza de distintas maneras: cuando las personas no tienen metas concretas, no tienen energía; cuando sólo existen metas a corto plazo, la motivación para crecer desaparece; cuando los esfuerzos para alcanzar determinados objetivos fallan, se cae en la frustración y la amargura. Los jóvenes que no proyectan su vida más allá de sí mismos, sino que pasan el tiempo distraídos por los acontecimientos de cada día, quedan a merced de los impulsos repentinos de la vida y vulnerables a cualquier fuerza que les influye. Experimentan una vida vacía de contenido y significado. Por lo tanto, no toman riesgos. Ven la historia como algo que pasa al lado de ellos, en lugar de desafiarse a sí mismos para llegar a ser creadores de la historia.

71 En contraste, los jóvenes que tienen un proyecto de vida, pueden seguir adelante dondequiera que estén y en cualquier circunstancia que se encuentren, pues su proyecto siempre los acompaña al

formar parte de su ser. El proyecto de vida lleva a los jóvenes a tomar decisiones, a optar por su propia autenticidad, a defender sus convicciones ante la vida, a enfrentarse a las dificultades con espíritu valiente y optimista, y a insertarse activa y productivamente en la sociedad.

72 Por naturaleza propia, el proyecto de vida presenta las siguientes características:
- es *dinámico*, porque crece, se reorienta y se clarifica conforme el joven se desarrolla, madura y cambia la realidad donde vive,
- es *original e irrepetible*, porque cada joven es único e irremplazable en sus dones, circunstancias, ideales y vocación,
- es *coherente*, porque es parte de lo que el joven es y está dirigido a lo que puede y desea ser,
- es *permanente*, porque está basado en principios fundamentales no negociables de la cosmovisión cristiana,
- nace de *una libertad radical*, porque proviene del compromiso voluntario con un ideal,
- es *auténtico*, porque se origina en la verdad sobre sí mismo y sobre el mundo en que se vive, y exige siempre fidelidad.

73 En el proyecto de vida se combinan la intencionalidad, la espontaneidad y el compromiso. Estos tres componentes generan la mística que alimenta al proyecto. Esta mística ayuda a la persona a vivir: apasionadamente, porque promueve su desarrollo personal continuo y su aporte personal en la historia; con optimismo, porque convierte sus fracasos en oportunidades de superación y los cambios históricos, en nuevos contextos que desafían su creatividad, y con un sentido trascendente, porque está dirigida a un ideal más allá de sus intereses personales y de las limitaciones de su momento presente. En este contexto, aún los aspectos tediosos de la vida tienen sentido: el cansancio ayuda a identificar las limitaciones personales y la incapacidad de resistir física y psicológicamente un esfuerzo continuo; la monotonía y la lucha se ven como elementos indispensables para seguir con el proyecto.

74 Para asegurar la realización de su proyecto de vida, los jóvenes tienen que dialogar con otras personas que los puedan ayudar a discernir la autenticidad y viabilidad de su proyecto, los orienten en casos de confusión y los apoyen en momentos de debilidad. También necesitan unir fuerzas con personas que comparten los mismos valores e ideales y tienen proyectos similares. Además, necesitan períodos de silencio y soledad que faciliten un conocimiento más

profundo de sí mismos y le ayuden a reflexionar sobre la realidad y a evaluar su proyecto.

Agentes de cambio en la historia

75 Los jóvenes latinos serán **agentes de cambio** en su momento histórico y ofrecerán una esperanza real para un futuro mejor, en la medida que se adueñen de su historia personal, asuman la herencia de sus padres y antepasados, y tomen conciencia de su papel histórico en la sociedad en que viven. La historia es como una cadena de épocas caracterizadas por nuevas necesidades, aspiraciones y valores que aparecen. Para que la juventud latina sea creadora de una cultura del compartir y de la paz debe colaborar con otros para construir la historia intencionalmente, en vez de dejarse llevar por los acontecimientos y circunstancias de la vida.

76 Aunque la situación política, económica, cultural, religiosa del pueblo latino en Estados Unidos, presenta particularidades en cada lugar, sus rasgos esenciales son muy similares. El análisis de la realidad como juventud latina despierta cuestionamientos, desafíos y esperanzas que son válidos para la mayoría de los jóvenes y es capaz de generar solidaridad y proyectos comunes.

77 Para que se dé una conscientización en los jóvenes, que los lleve a comprometerse en la transformación de situaciones que los deshumanizan, necesitan un proceso educativo que los haga personas libres y responsables. La evangelización y la formación cristiana de los jóvenes, debe ayudarlos a analizar criticamente su realidad y a comprometerse a expresar la verdad —como la ven después de haberla analizado— a través de acciones concretas que muestren congruencia entre lo que dicen y lo que hacen, siguiendo el ejemplo de Jesús.

78 Para realizar con éxito este proceso, los jóvenes hispanos deben hacer los siguiente:
- integrarse en la sociedad, ya que sin conexiones con el resto de la sociedad, no pueden construir un mundo mejor o una cultura dirigida por el compartir y la paz,
- apoyarse mutuamente para realizar su tarea evangelizadora en el mundo,
- buscar los medios y recursos necesarios para desarrollar una pastoral juvenil que implemente el Plan Pastoral Nacional para el Ministerio Hispano.

Ser jóvenes profetas de esperanza: un proyecto de vida cristiana

79 Los cristianos encuentran en Jesús el modelo para dar su mayor contribución posible en la creación de una cultura del compartir y la paz. Jesús asumió el plan de Dios y lo convirtió en su proyecto de vida personal. Aunque llevó a cabo su proyecto durante toda su vida, los últimos tres años se enfocó en la utopía del Reino, realizando día a día acciones que lo hicieran realidad. Convencido de que su proyecto personal estaba de acuerdo con el plan de Dios para toda la humanidad, Jesús no se conformó con realizarlo sólo, sino que formó discípulos que continuaran su misión.

80 Todo proceso de evangelización debe ayudar a los jóvenes a formular y llevar a cabo su proyecto de vida personal. Este proyecto debe sintetizar todos los procesos que los integran como persona y lanzarlos hacia adelante animados por el espíritu del Evangelio. De aquí se desprende que la evangelización integral del joven debe hacer lo siguiente:

1. Tomar al joven como es, en su realidad concreta y su búsqueda de *identidad*, facilitando que se encuentre a sí mismo y se identifique como hijo o hija de Dios y discípulo de Jesús.
2. Trasmitir al joven el *amor* de Dios y ayudarlo a que se abra a Dios de modo que, a su vez, sea capaz de amar a los demás.
3. Facilitar que el joven descubra la presencia de Dios en el camino hacia la *intimidad* con otras personas.
4. Ayudar a que el joven asuma e integre responsablemente su *vida afectiva*, guiándola con los sentimientos, actitudes y motivaciones de Jesús.
5. Ayudar a que el joven comprenda e integre su *sexualidad* de modo que pueda realizarse como persona, de acuerdo a las enseñanzas de la iglesia.
6. Facilitar la *conscientización* del joven, ayudándole a que asuma su vocación y misión personal y su llamado a ser coprotagonista de la historia con Dios.
7. Motivar a que el joven integre una *visión cristiana de la vida*, que le dé coherencia como persona y justifique las opciones fundamentales con que dirige su vida.
8. Apoyar al joven para que haga un *proyecto de vida* que asuma el proyecto de Jesús.

9. Formar comunidades de jóvenes que, inspiradas por la *utopía* del Reino de Dios, sean evangelizadoras y misioneras.

81 A través de una evangelización integral, los jóvenes latinos pueden cumplir con su papel en la sociedad, como fue claramente expresado en la Tercera conferencia general del episcopado latinoamericano, en Puebla, México:

> Los jóvenes con las actitudes de Cristo promueven y defienden la dignidad de la persona humana. Por el bautismo son hijos del único Padre, hermanos de todas las personas. . . . Cada vez se sienten más "ciudadanos universales", instrumentos en la construcción de la comunidad latinoamericana y universal.[1]

4

Jesús, el Profeta del Reino

Este es mi Hijo muy Amado

❦ 4 ❦

Jesús, el Profeta del Reino

Jesús y los jóvenes hoy en día *111*
    Presentación de Jesús a los jóvenes *112*
    La fe de los jóvenes en Jesús *113*
    La iglesia, ambiente vital de la fe en Jesucristo *114*
    Jesús presente y activo
        en la historia de la juventud hispana *115*

Jesús: una persona que impacta *116*
    La vida oculta de Jesús *117*
    Jesús de Galilea *118*

Misión y praxis de Jesús *122*
    Jesús convirtió el amor en el motor de la historia *123*
    Jesús se relacionó con Dios como Padre *124*
    Jesús, profeta del Reino de Dios *125*
    Jesús convocó y envió a sus discípulos
        a extender el Reino de Dios *132*

Al encuentro con Jesús resucitado *133*
    La experiencia pascual *133*
    Jesús vive en la comunidad eclesial *134*

Emaús, un camino de esperanza *135*
    Camino de la huída *136*
    Encuentro con Jesús *136*
    Camino del compromiso *137*

Creemos en Jesucristo, nuestro Señor y Salvador, revelado en nuestra historia mediante su presencia amorosa y transformante que nos invita como pueblo a la construcción del Reino.
—Secretariado Nacional de Asuntos Hispanos,
Voces proféticas

1 Los capítulos anteriores se enfocan en el desarrollo personal del joven, su evangelización integral, el camino hacia la comunión interpersonal y el proceso de madurez. Los siguientes capítulos se enfocan sobre diferentes aspectos del proceso de evangelización. Ahora, hacemos un alto en este camino de la evangelización, para centrarnos en la persona, la vida y la misión de Jesús. De esta manera expresamos nuestro reconocimiento a Jesús como fundamento de nuestra **visión teológico-pastoral** y el principio y fin de toda evangelización.

2 Este capítulo empieza con una reflexión sobre cuestiones claves que enfrenta la pastoral juvenil al presentar a Jesús a los jóvenes. Después habla de algunos aspectos de la persona, la vida y la misión de Jesús. Por último, trata del encuentro con Jesús resucitado y concluye con una reflexión sobre el episodio de Emaús (Lucas 24, 13–35).

Jesús y los jóvenes hoy en día

3 Todo esfuerzo evangelizador con la juventud hispana, se enfrenta ante una realidad caracterizada por un cambio cultural continuo y una gran pluralidad religiosa. Este ambiente requiere que toda pastoral juvenil evangelizadora responda a dos cuestiones claves: una de *identidad*, la otra de *significado.*
- La cuestión de la *identidad* lleva a los evangelizadores a plantearse: ¿quién es Jesús para la juventud actual? ¿cuál es la identidad del joven cristiano?

- La cuestión del *significado* requiere que los evangelizadores se pregunten: ¿qué lugar ocupa Jesús en la vida de la juventud de hoy? ¿qué significa ser un joven cristiano?

Presentación de Jesús a los jóvenes

4   Para responder a las preguntas sobre la identidad y el significado de ser un joven cristiano hoy día, los jóvenes necesitan encontrarse con Jesús, conocerlo bien y relacionarse con él como auténticos discípulos, pues el sentido del *ser* y el *quehacer* cristianos sólo se definen en relación a Jesús. Para presentar a Jesús de manera adecuada, se requieren tres perspectivas: la perspectiva histórica, la universal y la de salvación. Una evangelización realizada desde estas tres perspectivas generará en los jóvenes una fe viva, capaz de dar testimonio del amor cristiano y de crear una esperanza auténtica.

5   *La perspectiva histórica* es el camino fundamental que debe emprender toda persona que quiere conocer a Jesús. La tarea básica de todo cristiano es acercarse a Jesús a través de las Escrituras, que presentan su figura histórica como la de una persona que actúa con decisión y fuerza ante los desafíos sociales, culturales y religiosos de su pueblo. Es en los evangelios donde los jóvenes descubren quién fue Jesús de Galilea, qué significó para las personas que se relacionaron con él y cómo impactó la historia de su tiempo.

6   Una evangelización que se fundamenta en la perspectiva histórica de Jesús, lleva a los jóvenes a realizar las siguientes acciones:
- leer y saborear los evangelios, para encontrarse con Jesús y aprender a relacionarse con él como lo hicieron su madre, sus amigos y sus discípulos,
- conocer el medio ambiente en que vivió Jesús, adentrándose en su cultura para situar su modo de ser y de actuar,
- narrar su historia para profundizar en la manera como Jesús pensaba y las razones por las que actuaba,
- analizar la relevancia de Dios hecho hombre en Jesús, encarnado en un cuerpo humano sujeto a las mismas limitaciones que el nuestro e insertado en la historia de su pueblo para crear una realidad nueva,
- descubrir en qué consiste ser discípulo de Jesús y entender las diferentes maneras como las primeras comunidades cristianas continuaron re-creando la nueva realidad empezada por Jesús.

7   *La perspectiva universal* nos permite situar a Jesús en toda época, cultura y circunstancia histórica. Jesús, "el mismo hoy como ayer y por la eternidad (Hebreos 13, 8), cuestiona —a través de su iglesia— toda cultura, ideología y sistema social que crea la humanidad a través de la historia. La comunidad de Jesús revive continuamente al Jesús de Galilea que vivió, murió y resucitó para quedarse entre nosotros e invitarnos a aceptar la vida nueva que nos ofreció.

8   Tomar esta perspectiva universal implica descubrir a Jesús en Estados Unidos de Norteamérica, presente entre *todos* los jóvenes hispanos. También implica descubrir lo que significa adquirir la vida nueva traída por Jesús, a nivel de las relaciones interpersonales de los jóvenes y de los sistemas sociales en que acontece su vida. Para conservar con fidelidad la memoria de Jesús y poder interpretarla desde su propia realidad, la juventud de cada época necesita acercarse al Jesús del que nos hablan los primeros cristianos y asumir la tradición cristológica de las generaciones anteriores.

9   La perspectiva histórica y la universal convergen en la *perspectiva de la salvación*. Dios se hizo hombre en Jesús para reconciliar a la humanidad con Dios, venciendo al pecado y superando las limitaciones de la naturaleza humana con la plenitud de la vida divina. Aquí está el corazón de la fe cristiana: en Jesús se realiza la promesa de la salvación ofrecida por Dios al pueblo de Israel. La esencia de nuestra fe consiste en profesar con el testimonio de nuestra vida y verbalmente, que Jesús es el Cristo, el enviado de Dios para darnos una vida nueva.

10   Evangelizar es revelar el misterio de la salvación en Jesús de modo que los jóvenes experimenten la liberación del pecado personal y social como primicias de la vida eterna con Dios. Así se generará en los jóvenes una fe integral y viva que dé frutos de amor y les convierta en profetas de esperanza.

La fe de los jóvenes en Jesús

11   La meta de todo esfuerzo evangelizador es despertar la fe en Jesús, su misterio y su propuesta de vida nueva. Esta fe, única capaz de dar sentido cristiano a la vida tiene cuatro características esenciales:
1. *Es una fe personal y comunitaria.* Cada joven debe encontrarse con Jesús y relacionarse con él en el contexto de la comunidad eclesial, donde la presencia del Espíritu en las relaciones interpersonales y con Dios, fomenta la autenticidad de la fe. Por lo

tanto, la evangelización no debe favorecer una fe puramente subjetiva, al estilo propio, donde el joven coloca sus necesidades individuales como el punto de partida y considera su visión personal como la medida de lo que es Jesús.

2. *Es una fe que acepta y confiesa los dogmas cristológicos.* Esta aceptación y confesión es la manera que tiene la iglesia para adentrarse, vivir y expresar la grandeza misteriosa de Jesús. Por eso, los evangelizadores deben presentar estos dogmas de modo que ayuden a expresar el misterio de la encarnación de Jesús y la salvación que ofrece, y no como fórmulas vacías que deben aceptarse sin comprenderlas o como razonamientos filosóficos o conceptos teológicos aprendidos de memoria.

3. *Es una fe que se expresa en un credo vivo y actual.* En cada período de la historia, los jóvenes deben recoger fielmente el credo de la iglesia primitiva y actualizarlo según el contexto de su vida, mediante un diálogo continuo entre sus posiciones de fe y su práctica cristiana. De esta manera, el credo es una vivencia profunda de lo que significa vivir el misterio de Cristo salvador y no sólo una repetición de los enunciados de la fe cristiana.

4. *Es una fe que se convierte en práctica cristiana.* La fe debe expresarse más allá de la interioridad personal y en la comunidad eclesial. Una fe auténtica y dinámica se proyecta en una práctica que refleja el amor y la justicia de Dios, tal como lo hizo Jesús, lo que genera una manera cristiana de vivir diariamente y de actuar ante los desafíos de la cultura y la sociedad. Esta práctica se lleva a cabo día a día y se celebra en comunidad, sobre todo en la eucaristía, evitando así que el cristianismo se quede en un costumbrismo ritual o se reduzca a una posición moralista ante la vida.

La iglesia, ambiente vital de la fe en Jesucristo

12 Para que los tres enfoques cristológicos mencionados anteriormente generen en los jóvenes una fe viva y no se queden en ejercicios intelectuales, dando lugar sólo a experiencias religiosas momentáneas o llevando solamente a prácticas de servicio aisladas, los jóvenes necesitan *ser iglesia, sentirse iglesia y vivir como iglesia*. Las primeras comunidades encontraron a Jesús en el contexto de su vida personal y comunitaria. Ahí mismo es donde los jóvenes encontrarán a Jesús resucitado hoy día. Al igual que entonces, la comunidad cristiana encuentra a Jesús:

- en los misterios que cree, proclama y anuncia, o sea, en su **kerygma,**
- en lo que conoce, comprende y enseña sobre Jesús y su proyecto, o sea en su **catequesis,**
- en los momentos en que se reúne para profundizar su fe, apoyarse mutuamente y fortalecer junto con todos su unidad e identidad como discípulos de Jesús, o sea en la formación de la *comunidad,*
- en las ocasiones en que recibe nuevos miembros en la comunidad, conmemora la muerte y Resurrección de Jesús en la Eucaristía, se reconcilia con Dios y la comunidad y hace un compromiso de vida cristiana, o sea en su *liturgia,*
- en la manera como expresa el amor de Dios a los demás, sirviendo y perdonando, aceptando a los marginados, reconciliándose, amando de verdad, o sea en la *praxis cristiana.*

13   En el ser iglesia, sentirse iglesia y vivir como iglesia, la juventud adquiere, vive y fortifica su fe conservando y revitalizando la fe recibida como herencia. La función de cada generación y, por lo tanto, especialmente de la iglesia joven en cada momento de la historia, es *re-generar* la fe de sus antepasados, siendo el cuerpo vivo de Jesús resucitado que hace presente constantemente entre la gente, la salvación traída por él. Por eso es vital que los jóvenes sean iglesia evangelizadora y misionera y que no se cierren en sí mismos. Para re-generar la fe no basta reunirse para pasarla bien ni usar metodologías pastorales interesantes; los jóvenes necesitan descubrir a Jesús viviendo como comunidad de discípulos. La única huella que dejó Jesús fue la fe de sus discípulos. Jesús influye en la historia sólo a través de la fe vivida por ellos. De ahí que los jóvenes deben preguntarse sobre el tipo de huellas que están dejando para que las sigan otras personas, conscientes del camino que están creando para las generaciones futuras.

Jesús presente y activo en la historia de la juventud hispana

14   Jesús se encarnó en la historia dentro de un pueblo y de una cultura determinada, enviado por el Padre para traer la salvación a la humanidad. En ese contexto desarrolló su misión y cambió el giro de la historia.

15   La historia es más que la acumulación de hechos aislados, un proceso de evolución o la sucesión de días y años. También es una relación entre lo que ya no existe y lo que aún no existe, entre la tradición heredada y lo que aún está por venir. La historia es el horizonte donde se realiza toda actividad humana y donde actúa Dios. La historia de salvación es algo más profundo y significativo que la sola adquisición de bienestar personal; consiste en abrirse a la acción de Dios, reconociéndolo como Padre y Señor y aceptando la reconciliación que nos ofrece.

16   Los cristianos tenemos en nuestras manos la historia, como Jesús la tuvo en las suyas. Los jóvenes cristianos pasan a ser sujetos de la historia, cuando crean un proyecto de vida partiendo de su realidad presente, fundamentándose en la fe heredada de las generaciones pasadas e iluminando su visión del futuro con la fe. La creación de este proyecto debe estar basada en la libertad que tiene todo ser humano para amar y para asumir la misión de Jesús.

17   La fe auténtica siempre lleva a la conversión personal y a la transformación de la sociedad mediante el uso de la libertad. La fe cristiana no tiene como fin la satisfacción de las necesidades psicológicas, sociales y religiosas personales, sino la creación de una realidad nueva, donde la novedad consiste en crear un mundo donde reine el amor, la justicia y la paz y donde las personas adquieran la esperanza de la salvación eterna.

Jesús: una persona que impacta

18   La sección anterior señaló que lo más importante para todo cristiano es encontrarse con Jesús y relacionarse con él personalmente y como miembro de la comunidad de fe, que es la iglesia. Por eso es vital saber que Jesús fue una persona igual a nosotros en todo, menos en el pecado. Conocer la naturaleza humana de Jesús nos acerca a él y nos ayuda a relacionarnos con él como hermanos y hermanas y a seguirlo como discípulos.

19   No tenemos retratos, biografías, o escritos de Jesús; ni tampoco tenemos sus herramientas de carpintero, sus sandalias usadas ni sus huellas digitales. Pero podemos descubrir a Jesús en las Escrituras cristianas, las cuales contienen el testimonio personal y los relatos de sus discípulos que lo conocieron en encuentros con él, experiencias misteriosas, tiempos de alegría y de dolor, situaciones de crisis y crecimiento, frustraciones y esperanzas, rechazos y comunión.

20   Aunque el medio ambiente físico y cultural en que vivieron los primeros discípulos están muy lejos de lo que vivimos hoy día, la vida afectiva, las relaciones humanas y los procesos de crecimiento y desarrollo que tuvieron los discípulos hace dos mil años, aún tienen vigencia para nosotros. Para ser discípulos auténticos de Jesús es crucial que nos encontremos con él, lo conozcamos y sigamos, con el mismo entusiasmo que los primeros cristianos.

La vida oculta de Jesús

21   Jesús de Nazaret vivió en Palestina durante las tres primeras décadas de lo que ahora llamamos la era cristiana, probablemente entre los años 6 ó 7 A.C. y el año 30 D.C. Nació durante el reinado del emperador romano Augusto y ejerció su ministerio durante el reinado de Tiberio, cuando Herodes era tretarca (gobernador local) a las órdenes del procurador (tesorero) Poncio Pilatos. Las fuentes bíblicas disponibles hacen imposible armar una biografía de Jesús, porque el Nuevo Testamento menciona datos históricos sólo ocasional e indirectamente y otras fuentes son inadecuadas.

22   Sólo los Evangelios de Mateo y Lucas tienen relatos del nacimiento y la infancia de Jesús, los cuales están escritos según modelos del Antiguo Testamento. La preocupación de los evangelistas al escribir estos capítulos es más teológica que biográfica. De hecho, sabemos muy poco de la apariencia física y la psicología de Jesús. El propósito de los evangelios es expresar la fe de la comunidad cristiana en Jesús y mostrar que las promesas de Dios hechas al pueblo de Israel se cumplen en él.

23   Por lo que conocemos del Jesús adulto, inferimos que fue un niño que, al igual que otros, aprendió a caminar, comer solo y jugar; a relacionarse con sus amigos y vecinos, y a adquirir otras habilidades básicas. Sus padres debieron haberlo enseñado a orar y debe haber ido conociendo mejor a Dios poco a poco, descubriéndolo en las personas, la naturaleza, la oración y las Escrituras. El relato de Jesús, como un jovencito de doce años cuestionando a los sacerdotes del Templo, según el Evangelio de Lucas, habla de las inquietudes y sabiduría que había adquirido mediante su relación con Dios y sus reflexiones sobre el mundo que le rodeaba.

24   Después de esta breve descripción de Lucas sobre Jesús a los doce años, no hay ningún otro relato ni ningún otro indicio sobre los siguientes dieciocho años de su vida. Sin embargo, por su estilo

de vida, lo agudo de sus observaciones y la dedicación a su ministerio, deducimos que durante su juventud, Jesús debió haber pasado mucho tiempo conociendo a su pueblo y profundizando su experiencia de Dios. Al orar, meditar y analizar la realidad en que vivió, Jesús descubrió gradualmente facetas de Dios que aún no habían sido reveladas a su pueblo o que habían sido malinterpretadas o manipuladas a lo largo de la historia.

Jesús de Galilea

25 Llegar a conocer a Jesús es una aventura apasionante. Jesús nació en una región pobre y menospreciada, vivió en una época en que su nación estaba dividida y dominada por los romanos, cuando su cultura había perdido el esplendor. La situación religiosa no era mejor; la fidelidad de su pueblo a Dios dejaba mucho que desear, sólo había un pequeño resto fiel que seguía las enseñanzas de los profetas. La vida de Jesús no fue fácil. Como todo ser humano, tuvo que enfrentar muchos conflictos y sufrió desilusiones, tristezas, frustraciones y traiciones.

26 En este ambiente, sediento de esperanza, Jesús realizó su ministerio. Profundamente humano y encarnado en su pueblo, Jesús integró una personalidad que le permitió realizar la voluntad de Dios. Jesús fue una persona afectiva, compasiva y misericordiosa al tiempo que un profeta impactante y audaz; vivió con los pobres, los marginados y los desafortunados, y promovió la justicia y la paz. Jesús fue forjando las cualidades que le caracterizan, conforme luchaba por realizar la misión encomendada por su Padre, una misión que exigía valentía y ternura; seguridad en sí mismo y confianza en los demás; fuerza para desafiar a otros y lealtad para apoyarlos en sus esfuerzos de liberación; disposición para sanar y perdonar, y valor para exigir y cuestionar.

27 Jesús fue un judío que vivió en la cultura y sociedad de su tiempo. Sin embargo, sus raíces intelectuales y religiosas están basadas en las Escrituras Hebreas. Jesús no cabe en ninguna categoría de su tiempo. Todos los títulos que se le dan —Maestro, Mesías, Señor, Profeta, Liberador, el Resucitado y otros— captan aspectos importantes de él, pero no a Jesús en su totalidad.

28 Según los tres evangelios sinópticos, el escenario de la vida pública de Jesús fue principalmente Galilea y las ciudades situadas alrededor del lago de Genezaret, pero se desconoce con exactitud la

duración de su ministerio público. Por un lado, los evangelios sinópticos reportan sólo una visita de Jesús a Jerusalén, en la que fue tomado preso y sentenciado a muerte; en cambio, Juan relata que Jesús pasó tres fiestas de Pascua en Jerusalén y que atrajo la hostilidad de la jerarquía judía en confrontaciones que tuvo con ella durante varias visitas sucesivas a esa ciudad. La falta de correlación entre los relatos de los evangelistas dificultan saber con certeza muchos detalles de la vida de Jesús. En general los evangelios ofrecen muy poco material histórico para seguir la huella de Jesús. La intención de los evangelistas es expresar su fe en Jesús, compartir su experiencia con él y enfatizar la novedad y validez de su mensaje.

29 Sabemos que Jesús comenzó su vida pública al ser bautizado por Juan, en el río Jordán, y que la terminó con su muerte en la cruz, a las afueras de Jerusalén. El bautismo y la muerte de Jesús, relatados por los cuatro evangelistas, nos sitúan en un terreno históricamente más firme respecto al comienzo y al fin de su vida pública. Los evangelios también dejan claro que, desde el comienzo del ministerio de Jesús, sus actividades y su mensaje despertaron admiración, fascinación y entusiasmo, aunque también provocaron murmuraciones, rechazo, rabia y odio.

30 Hablar de un Dios que ama a toda la gente, incluso a los pecadores, desafiaba la concepción judía de la santidad y la salvación divina, haciendo aparecer a Jesús como un falso profeta. Además, aunque no es probable que Jesús se haya descrito a sí mismo como Mesías, su predicación **escatológica** respecto al cumplimiento de la promesa de la salvación, suscitó claramente una esperanza mesiánica y dio comienzo a un movimiento mesiánico. La inscripción en la cruz, "El rey de los judíos", relatada por los cuatro evangelistas, indica que la razón de la condena y la ejecución de Jesús, fue pretender ser el Mesías prometido. De acuerdo a la ley judía, el castigo propio de los falsos profetas era la muerte, por lo tanto, el final violento de la vida de Jesús fue una consecuencia de su ministerio.

31 ¿Quién fue Jesús de Galilea? ¿el profeta blasfemo, falso y rebelde? ¿el portador de la salvación mesiánica? Herodes lo consideró un loco y sus parientes cercanos lo consideraron insano. Algunos de sus seguidores decían que era Juan el Bautista resucitado y otros pensaban que era Elías resucitado, el profeta que esperaban al final de los tiempos.

Un perfil de Jesús

32   Lo nuevo, lo más característico y lo más sorprendente de Jesús, aparece sobre todo en su *comportamiento*. Interesado en mostrarnos a Dios como Padre de todas las personas sin excepción y de enseñarnos a relacionarnos entre nosotros como hermanos o hermanas, Jesús proyectó hacia la gente el amor de Dios que lo llenaba totalmente. Jesús no quiso nada para sí mismo, sino todo para los demás; por eso, su comportamiento fue tan desconcertante para los judíos.

33   Entre los rasgos más confirmados de la vida de Jesús, que despertaron la admiración de sus seguidores y desconcierto e incluso la persecución de quienes se oponían a sus enseñanzas, destacan los siguientes:
- su origen humilde, su invitación a personas de los niveles sociales bajos para que lo acompañaran y comieran con él, y su preocupación por las dificultades diarias de la gente pobre, sin por ello despreciar a la gente rica ni expresarles odio,
- su servicio a los demás y su aprecio por el trabajo,
- su asociación con pecadores y personas ritualmente impuras, al grado de buscarlas para ofrecerles el perdón de Dios, darles una vida nueva y convertirse en su amigo,
- su rompimiento con el mandamiento judío de observar el sábado y las normas sobre la pureza,
- su respeto a las mujeres, el haber tenido amigas y el haber aceptado mujeres como discípulas, lo que no era común en un hombre de su tiempo,
- su trato a los pobres y a los enfermos con un amor especial, sin considerar la pobreza y la enfermedad como castigos de Dios.

34   El comportamiento de Jesús sólo puede entenderse en conexión con su mensaje del Reino de Dios, o sea, con su misión de extender el reinado de Dios, buscando el cumplimiento de la voluntad de Dios de que todos nos amemos, como hijos e hijas suyos. Su lucha fue por vencer los poderes demoníacos del mal tanto en las personas como en las instituciones sociales.

El Jesús de las Bienaventuranzas

35   Los evangelios muestran muchos rasgos de la personalidad de Jesús, pero el Sermón de la Montaña nos permite conocerlo mejor, pues ahí revela el espíritu que dio consistencia a la persona de Jesús. Jesús pudo hablar de la felicidad de quienes encarnan las bienaven-

turanzas, porque él las vivió intensamente. Ser amigos y seguidores de Jesús supone conocerlo e identificarse con él.

36   **Jesús eligió ser pobre económicamente y pobre de espíritu.** Jesús fue un predicador caminante que no buscó bienes que lo ataran y le evitaran cumplir con su misión. Fue profundamente humilde al reconocer que su existencia tenía origen en el amor de su Padre, y que el fruto de sus acciones dependían de Dios. No fue posesivo en su amor, sino que amó a las personas entregándose a ellas para darles vida y hacerlas partícipes de su misión.

37   **Jesús fue sensible al dolor.** Jesús sufrió soledad, malentendidos, incomprensiones y frustraciones. Lloró ante la tumba de Lázaro, se entristeció ante la futura destrucción de Jerusalén y sufrió ante la traición de sus discípulos. En medio de sus sufrimientos halló el consuelo de Dios, quien da sentido al dolor, tranquiliza ante lo inexplicable, ayuda a aceptar lo que no se puede cambiar y hace prevalecer la esperanza.

38   **Jesús fue paciente.** Jesús proyectó la mansedumbre de Dios siendo respetuoso, servicial y misericordioso ante las debilidades y conflictos humanos. Su paciencia provenía de ver que iba conquistando el corazón de la gente, de su fortaleza para soportar la adversidad, y de su confianza en que —no obstante signos contradictorios— el Reino de Dios iba hallando cabida entre numerosas personas que aceptaban su llamado a la conversión.

39   **Jesús fue un hombre de amor ilimitado y hambriento de justicia.** Jesús recorrió los caminos y los pueblos siendo justo según el criterio de Dios: perdonando a quien se arrepentía, denunciando las opresiones, buscando la conversión de las personas y tratando de que el poder, los recursos y la ley estuvieran al servicio de la gente, especialmente de los pobres y marginados. Su deseo más grande era que su pueblo apreciara los dones que había recibido y que no permitiera que su egoísmo y la sabiduría mundana le impidieran alcanzar el Reino de Dios.

40   **Jesús fue compasivo.** Jesús compartió el dolor de otras personas porque se hizo vulnerable a sus problemas, fracasos, sufrimientos y pecados. Su compasión fue activa y creativa, no contentándose con simplemente lamentarse por el dolor de la gente ni con resignarse a la miseria humana. Trató de vencer el mal con el bien:

ayudó a las personas a reconstruir su personalidad y su vida, regresó la vida a quienes la habían perdido, sanó a los enfermos y perdonó a los pecadores.

41 **Jesús fue limpio de corazón.** Jesús encontró a Dios en sí mismo, en la creación y en las personas, sin hacer de ninguno de ellos un ídolo. Esta limpieza de corazón lo llevó a descubrir a Dios en las criaturas, a identificarse plenamente con su Padre y a compartir su gloria después de haber vencido con su resurrección a la mezquindad y al pecado de la humanidad.

42 **Jesús fue una persona de paz.** Jesús poseyó una paz interior completa y profunda, proveniente de su comunión con el Padre y de la tranquilidad que da el cumplir la voluntad de Dios. Además, promovió activamente la paz al luchar por la justicia, sabiendo que ésta es esencial para que reine la armonía y el amor entre las personas y los pueblos.

43 **Jesús fue una persona auténtica y comprometida.** Jesús dio testimonio de Dios con su vida diaria y su lucha por el Reino, sin claudicar, aceptando las consecuencias de esto con fe y esperanza. Escogió vivir en solidaridad con toda la gente y servir a las personas en lugar de dominarlas, lo que ocasionó tener enemigos entre las autoridades que marginaban y explotaban a la gente que dominaban. Jesús respondió a su llamado no sólo confrontando el mal y la injusticia, sino muriendo en las manos de otros por la causa de Dios.

44 Jesús vivió tan intensa y significativamente los últimos tres años de su vida que, en tan corto lapso, con su praxis logró cambiar el giro de la historia. Un puñado de personas entusiasmadas con él, su mensaje y su proyecto, extendieron su obra a tal grado que, día tras día por dos mil años, infinidad de personas han tomado a Jesús como el principio y el fin de sus vidas.

Misión y praxis de Jesús

45 Jesús estuvo interesado única y exclusivamente en una cosa: la llegada del Reino de Dios en el amor, el converger de la acción de Dios en la historia de la humanidad. *Esta fue su misión.* Jesús no tuvo

programa, no tenía nada planeado ni organizado sobre su ministerio. Jesús descubrió su misión en el acontecer diario, conforme discernía la voluntad de Dios en las diversas situaciones y circunstancias de su vida personal y la vida de su pueblo.

46   Jesús hizo la voluntad de Dios, con una confianza parecida a la de los niños, tan pronto la reconocía en el aquí y ahora que iba viviendo. Su praxis consiste precisamente de esto y queda expresada de manera muy bella en la oración a su Padre, donde tiene sus más profundas raíces. Jesús no fue simplemente un hombre para los demás, sino un hombre *de* Dios y *para* Dios. Por eso, para acercarnos al misterio de Jesús tenemos que considerar su misión y su praxis. Necesitamos tomar una perspectiva teológica que nos permita descubrir los designios de Dios en la vida de Jesús. Sin esta perspectiva, es fácil caer en visiones limitadas, deformadas o falsificadas de la personalidad y el ministerio de Jesús.

Jesús convirtió el amor en el motor de la historia

47   Podemos asumir que Jesús era miembro del movimiento religioso de Juan el Bautista y que aceptó su mensaje escatológico. Sin embargo, la vida y el mensaje de Jesús fueron significativamente diferentes a los de Juan. A diferencia de Juan, que llevaba un estilo de vida retirado del mundo, marcado por la renuncia de sí mismo, Jesús se acercó a la gente y vivió entre ella. Para Jesús, el mundo era la creación de Dios: y las cosas del mundo, regalos buenos para la humanidad.

48   Jesús predicó en términos similares a los que usó Juan el Bautista, pero comenzó su propio ministerio, diferente al de Juan. Mientras Juan predicaba que la llegada del reinado de Dios se caracterizaría por el juicio final, Jesús proclamaba, con gran acentuación, el amor de Dios y su compasión por los pecadores. El tema central de Jesús no es el juicio final, sino las Bienaventuranzas. Su mensaje es de alegría y esperanza, pues ofreció la compasión y la misericordia de Dios frente el dolor y el pecado aquí en la tierra, así como la gracia definitiva de la vida eterna con Dios.

49   Desde los comienzos de la historia de salvación, Dios se reveló a su pueblo, para el beneficio de todas las personas. Sus mandamientos, especialmente los del amor, se dan en este marco general. La esencia de su voluntad, expresada de manera inicial en las leyes de la alianza con Moisés y de manera plena a través de Jesús, es el

amor a Dios y a las personas. En Jesús, la exigencia del mandato del amor es absoluta y total; responde a la abundancia de la compasión y la misericordia del amor de Dios, que hace salir el sol sobre malos y buenos. El mandato del amor es tan exigente que Jesús pide que amemos a toda la gente, incluso a nuestros enemigos. La revolución que trajo Jesús es la implantación de un amor sin fronteras en un mundo que ansía amar y ser amado, pero que fácilmente se deja llevar por el egoísmo y el poder.

50   Jesús, como toda persona que ama, quería sanar las heridas de los seres amados que sufrían. Por eso, para revolucionar el mundo, escogió el camino del amor, el servicio y la reconciliación. Los milagros y los exorcismos de Jesús también pertenecen a este contexto del amor: ilustran la llegada del reinado de Dios en Jesús, son signos de la salvación ofrecida incondicionalmente por Dios a toda persona que se arrepiente y cree. El amor termina con el mal y crea la posibilidad de un nuevo comienzo.

51   El acatar la voluntad de Dios llenó a Jesús totalmente. Muchas de sus afirmaciones revelan una exigencia total y una seriedad fundamental de cumplir su misión, ofreciendo a la humanidad el amor redentor de Dios. Esta preocupación le llevó a "abandonar todo", a dejar a su familia y quedarse sin casa. Mas, Jesús no fue un fanático religioso. A diferencia de los fariseos, que pensaban que podían satisfacer sus obligaciones religiosas manteniendo una pureza ortodoxa ante las prácticas rituales, Jesús centró su comprensión de la ley de Dios en el *amor*, liberando así a la gente de la carga pesada de las leyes rituales. En contraste con los saduceos, que representaban la corriente "liberal", Jesús se mantuvo fiel a las creencias fundamentales de la fe judía. A distinción de los zelotes que promovían la revolución armada, Jesús promovió la paz y usó medios no violentos para lograrla.

Jesús se relacionó con Dios como Padre

52   Jesús debe haber sido un joven de oración que alimentó su fe en Dios con las Escrituras, la esperanza en el cumplimiento de sus promesas y el amor hacia sus semejantes. Orando, Jesús aprendió a identificarse con Dios como Padre, lo que no era común entre los judíos, quienes trataban a Dios como Creador, Juez, Liberador y Protector, pero no como Padre. Llamar a Dios Padre es expresión de una relación personal de amor muy cercana, que libera a las personas de toda ansiedad.

53   Conforme Jesús maduraba su relación como hijo de Dios, debió darse cuenta que las relaciones entre las personas no respondían a la mente y al corazón de su Padre. Esto debe haber contribuído a que descubriera su misión de guiar a las personas para que aceptemos a Dios como padre y nos tratemos entre nosotros como hermanas y hermanos.

54   Lucas, al relatar el bautismo de Jesús, indica que el Espíritu Santo descendió sobre Jesús y lo señaló como el Hijo Amado de Dios, el Elegido de Dios. Después del bautismo, al regresar del Jordán, Jesús fue conducido por el Espíritu Santo al desierto, donde la oración, el ayuno y la sobriedad de vida lo ayudaron a vencer las tentaciones que se le presentaban ante su misión: reducir la vida a sus aspectos puramente materiales, sin buscar el alimento de Dios; usar el poder de Dios en beneficio propio, y renegar de Dios para seguir a los falsos dioses que ofrecen el poder de este mundo.

55   Los evangelios muestran a Jesús orando con frecuencia, sobre todo en momentos claves, antes y después de decisiones y acciones importantes. A veces, Jesús oraba solo y en silencio; otras veces, con sus discípulos. Jesús indicó claramente que la oración debe hacerse en intimidad con el Padre, quien ve los secretos del corazón. La oración de Jesús fue una oración de abandono e identificación con Dios y de confianza en su voluntad.

56   La vida de oración de Jesús impresionó tanto a sus discípulos, que le pidieron que les enseñara a orar. Jesús les enseñó la oración que conocemos como el "Padre Nuestro", la cual es más que una oración concreta, refleja la actitud que debe predominar siempre que oramos y a lo largo de toda nuestra vida. Al enseñarnos a relacionarnos con Dios como Padre, Jesús introdujo una nueva concepción sobre nuestras relaciones con Dios y las personas. En Jesús, todos somos hijos de Dios y hermanos entre nosotros. En la medida en que logremos vivir el espíritu de estas relaciones, actuamos como verdaderos cristianos unos en relación a otros. En la medida en que dediquemos tiempo a la oración, podemos renovar nuestra relación con Dios y con nuestros hermanos y hermanas, y realizar mejor nuestra misión de evangelizar.

Jesús, profeta del Reino de Dios

57   Mucho tiempo antes de la llegada de Jesús, la mayoría del pueblo judío esperaba un mesías enviado por Dios que lo liberara del

poder del imperio romano y lo hiciera una nación poderosa y próspera. Sólo un grupo pequeño, el "resto fiel", sabía que el mesías prometido renovaría a su pueblo poniendo la ley al interior de sus corazones, como lo dijera el profeta Ezequiel.

58   En época de Jesús, la enseñanza estaba en manos de sacerdotes, escribas y rabinos, quienes eran considerados doctores en la ley y enseñaban su interpretación y aplicación, formando escuelas de pensamiento. Jesús realizó muchas actividades similares a las de los escribas: enseñó a un círculo de discípulos, argumentó sobre la interpretación de la ley y respondió a las consultas que le hacía la gente sobre cuestiones legales. Sin duda, Jesús no estudió **teología** ni fue ordenado sacerdote, lo que era requisito para ser escriba. Jesús no fue un teólogo, hablaba de manera sencilla, en forma viva y directa. Cuando sus discípulos se dirigían a él como "rabino", no le estaban dando un título de teólogo o profesor, sino que usaban esta palabra como expresión popular para referirse a las personas sabias que pasaban su sabiduría a la gente.

59   La gente común y corriente pronto vio la diferencia entre Jesús y los expertos teólogos y juristas. Jesús enseñó con autoridad propia, mientras que los expertos se basaban en la tradición de sus escuelas. La autoridad de Jesús era profética. Su novedad sobre el mensaje del reinado de Dios y las normas para la vida sorprendían a todos. Su énfasis no está en mantener la tradición de las escuelas, sino en comunicar el mensaje auténtico de Dios e inducir a las personas a aceptarlo.

60   También los profetas enseñaban, pero la palabra de Dios que trasmitían no estaba basada exclusivamente en la tradición, sino que la recibían directamente de Dios según el momento histórico que vivían. En contraste con otros maestros, los profetas enfatizaban la alianza de Dios con su pueblo, exhortaban al pueblo a la conversión, prometían una vida mejor si había una conversión, y no se centraban en la ley y el culto.

61   La mejor descripción de Jesús es la de profeta. Sus discípulos lo consideraban un profeta, él mismo se puso en el lugar de los profetas y fue culpado y condenado a muerte como un falso profeta. Pero, si Jesús dijo que Juan el Bautista fue más que un profeta y que el más pequeño en el Reino de los Cielos es más grande que el Bautista, (Mateo 11, 9–11), es claro que ni siquiera la categoría de profeta puede describir adecuadamente a Jesús de Galilea.

62	Cuando Jesús empezó a anunciar la llegada del Reino de Dios, se dirigió especialmente al pueblo sencillo que anhelaba el gobierno de un rey justo, defensor y protector de los débiles, los oprimidos, los desvalidos y los pobres. En los comienzos de su ministerio, Jesús proclamó que la promesa de la vida nueva anunciada por los profetas se estaba realizando en él. Así lo relata Lucas en su Evangelio:

> Llegó [Jesús] a Nazaret, donde se había criado, y, según acostumbraba, fue el sábado a la sinagoga. Cuando se levantó para hacer la lectura, le pasaron el libro del profeta Isaías; desenrolló el libro y halló el pasaje en que se lee:
> *El Espíritu del Señor está sobre mí. El me ha ungido para traer la buena nueva a los pobres, para anunciar a los cautivos su libertad y a los ciegos que pronto van a ver, para despedir libres a los oprimidos y para proclamar el año de la gracia del Señor.*
> Jesús, entonces, enrolla el libro, lo devuelve al ayudante y se sienta. Y todos los presentes tenían los ojos fijos en él. Empezó a decirles: "Hoy se cumplen estas profecías que acaban de escuchar". (Lucas 4, 16–21)

63	Por tres años, Jesús recorrió incansable los caminos, proclamando el Evangelio y llamando a la gente a reconciliarse con Dios. Como otros profetas que le precedieron, Jesús denunció las injusticias y el abuso de la ley. Pidió a sus discípulos que amaran a sus enemigos, compartieran sus bienes, buscaran la paz y devolvieran bien por mal. Además, motivó a dejar todo por seguirlo a él.

64	Jesús sabía que la causa de su Padre era la causa de la gente. Por eso, dio primacía a las personas sobre la ley y el Templo, y se enfrentó a las estructuras político-religiosas de su tiempo. Sus ideas rompieron los esquemas legales, culturales y religiosos de su época, y sus acciones ofrecieron la salvación esperada de Dios. Jesús dejó claro cómo se alcanza el Reino de Dios en su discurso sobre el juicio final:

> Entonces el rey dirá a los que están a la derecha: "¡Vengan, los bendecidos por mi Padre! Tomen posesión del reino que ha sido preparado para ustedes desde el principio del mundo. Porque tuve hambre y ustedes me alimentaron; tuve sed y ustedes me dieron de beber. Pasé como forastero y ustedes me recibieron en su casa. Anduve sin ropas y me vistieron. Estaba

enfermo y fueron a visitarme. Estuve en la cárcel y me fueron a ver". Entonces los buenos preguntarán: "Señor, ¿cuándo te vimos hambriento y te dimos de comer; sediento y te dimos de beber, o forastero y te recibimos, o sin ropa y te vestimos? ¿Cuándo te vimos enfermo o en la cárcel, y te fuimos a ver?" El rey responderá: "En verdad les digo que, cuando lo hicieron con alguno de estos más pequeños, que son mis hermanos, lo hicieron conmigo". (Mateo 25, 34–40)

65 Mateo trató de expresar un poco mejor la naturaleza de Jesús utilizando fórmulas de intensificación para indicar que Jesús fue más que Jonás y más que Salomón (Mateo 12, 41–42). Este "más" tiene una connotación escatológica. Jesús no es sólo un profeta más en la línea de los profetas, sino el profeta escatológico: el que trae la última palabra de Dios, su voluntad definitiva. Jesús está lleno del Espíritu de Dios. En Jesús, nosotros llegamos finalmente a un encuentro cara a cara con Dios. La vida de Jesús y por lo tanto, nuestro encuentro con Jesús, es el único camino que nos permite responder la pregunta ¿Quién es Dios?

Jesús proclamó el reinado de Dios

66 Sabemos que el mensaje central de Jesús y la meta de todos sus actos fue la implantación del reinado de Dios en la tierra y la promesa del gozo de la vida eterna en compañía de Dios. Jesús, con su vida y su mensaje mostró que, para hacer posible el gobierno de Dios, debemos comportarnos unos con otros como Dios se comporta con nosotros, amando sin medida y buscando la justicia.

67 Cuando Jesús proclamó el Reino de Dios, anunció el establecimiento de una nueva alianza de Dios con su pueblo. Esta nueva alianza supone el dejarse gobernar por la mente y el corazón de Dios y el reconocer a Dios como Señor de la historia. El Reino de Dios comienza al aceptar libremente a Jesús, su mensaje y su proyecto; al arrepentirse del mal hecho, y empezar a cambiar de actitudes, sentimientos y manera de vivir, siguiendo las enseñanzas de Jesús. Jesús dejó claro que el Reino de Dios ya estaba presente en el pueblo y que llegaría a su plenitud al final de los tiempos.

68 Jesús explicó en qué consiste el Reino de Dios con parábolas, o sea, con narraciones que tienen un mensaje o moraleja clave. Describió al Reino como un granito de mostaza que crece hasta convertirse en un árbol frondoso donde las aves pueden descansar. Al des-

cribir el Reino de Dios como una semilla que se desarrolla por la acción de Dios, Jesús hace ver que el crecimiento de la semilla depende de la calidad del terreno y de que no sea sofocada por la mala hierba o muerta por falta de raíces. Jesús también comparó el Reino de los Cielos con un tesoro escondido en un campo; cuando la persona descubre el tesoro, vende todo para comprar el campo.

69 En todas estas parábolas, Jesús claramente indicó que Dios espera y necesita nuestra colaboración para que venga a nosotros su Reino. En la parábola de la gran fiesta (Lucas 14, 15–24), Jesús compara su proclamación del Reino de Dios a la invitación a una gran fiesta, a la cual la gente invitada tiene la posibilidad de escoger si ir o no. Quien acepta la invitación toma parte del Reino de Dios. La alianza del pueblo con Dios no se logra sólo con pedirle que reine el amor, la justicia y la paz, sino que hay que aceptar su invitación y trabajar firme para que Dios reine en el corazón de las personas y en la historia de los pueblos.

70 El Reino de Dios se manifiesta hoy en día en las personas, las comunidades y las sociedades que comparten sus bienes con aquellos que viven en la miseria y desamparados ante la vida. Jesús habló frecuentemente sobre la posesión y el uso del dinero, el poder y el prestigio; pidió a sus seguidores que elijamos a Dios sobre el dinero y, a través de discursos y parábolas, enfatizó la desgracia de quien ignora al pobre como hiciera el Rico Epulón respecto a Lázaro, el mendigo.

71 El Reino de Dios también se hace presente en el servicio a los necesitados. Jesús denunció a quienes querían subir y destacar a costa de otros y pidió a sus discípulos que no ocupemos posiciones de privilegio sino que seamos servidores de los demás. Porque este espíritu de servicio es difícil de ser entendido, Jesús nos lo demostró lavando los pies a sus apóstoles en la Última Cena.

Jesús desafió la ley y las autoridades religiosas

72 Jesús respetó la ley de Moisés, pero condenó los excesos y malinterpretaciones de la ley, oponiéndose a ellos con su propia autoridad. Frecuentemente, los sacerdotes y los doctores de la ley se dejaban guiar más por la letra de la ley que por su espíritu, desplazando la alianza de Dios con su pueblo del centro de la vida religiosa. A su vez, estos sacerdotes y doctores exigían el cumplimiento de muchos reglamentos y preceptos rituales que habían sido añadidos a la ley de Moisés con el tiempo. Esta situación aumentaba la carga de la gente que luchaba por su cumplimiento y marginaba a las mujeres, a los pobres y a los pecadores.

73   Algunas personas religiosas utilizaban el Templo como una anestesia para acallar su conciencia. Se sentían consolados y confiados por estar en la presencia de Dios, aunque a veces no se preocuparan por cumplir con los preceptos de la alianza. También había sacerdotes, fariseos y doctores que rendían culto en el templo y se sentían seguros de poseer la verdad y la perfección, pero ignoraban el abuso y el desamparo de los pobres y no tenían misericordia con los pecadores. Mucha gente religiosa valoraba tanto el templo, los objetos consagrados y los signos exteriores de santidad, que habían olvidado que las personas somos sagradas, porque somos imagen de Dios.

74   Al mismo tiempo, los comerciantes y banqueros usaban el Templo para hacer negocios. Jesús, al ver esto, reaccionó enérgicamente echando a los mercaderes; denunció a los fariseos su hipocresía y su negligencia en hacer justicia, y exhortó a la gente a que fuera pura y limpia en su interior y no sólo en signos externos.

75   Jesús sabía que ninguno de los hijos e hijas de Dios deben ser manipulados, oprimidos o marginados en base a la ley, pues la ley de Dios es la ley del amor. Por eso, Jesús se opuso radicalmente a las leyes que hacían daño a las personas o a la solidaridad humana. Hizo clara su posición, comiendo con los pecadores públicos; realizando curaciones en sábado, día sagrado de Yahvé; hablando con personas marginadas; tocando físicamente a personas impuras que vivían separadas de la sociedad porque padecían lepra, y escogiendo a gente sencilla como sus discípulos.

76   Jesús clarificó la ley y la alianza para el pueblo judío, ordenando de manera nueva los preceptos y especificando que la ley principal es la del amor. Insistió que el amor a Dios debe vivirse en la relación con el prójimo —nuestros hermanos y hermanas— y que debe manifestarse en una vida de justicia, misericordia y fe. Esta nueva ley aspira y conduce a la perfección de Dios.

**Jesús fue solidario con los pobres
y misericordioso con los pecadores**

77   Jesús proclamó la llegada del Reino de Dios a todas las personas, especialmente a los pobres y a los pecadores, quienes eran los

últimos a los ojos de las autoridades religiosas, pero los primeros ante el corazón de Dios. Desde el principio de su ministerio, Jesús mostró su solidaridad con el pueblo sencillo como los campesinos, los pescadores, los pastores y otros asalariados, así como con los pecadores públicos como las prostitutas y los cobradores de impuestos. Además de tratar a estas personas con especial dedicación y cuidado, Jesús se identificó tan profundamente con sus necesidades y anhelos, que asumió su causa y confrontó a sacerdotes, jueces, inspectores de Hacienda, maestros de la ley y fariseos.

78 Jesús no toleró discriminación de ningún tipo. Comió públicamente con los pecadores y bendijo a quienes se arrepintieron de sus pecados y aceptaron su Buena Nueva. No ignoró el pecado ni los problemas humanos, en cambio, se dedicó a dar una nueva vida a la gente amándola, sanándola, perdonándola y reclamando la justicia para ella. Actuando en solidaridad con los pobres y marginados; con compasión hacia las personas que sufren y con misericordia por los pecadores, Jesús fue contra la corriente y desafió a sus seguidores a hacer lo mismo.

79 Jesús no fue una persona suave ni diplomática. Sus denuncias y acusaciones públicas incomodaron a quienes estaban en el poder y sus exigencias hicieron que algunos de sus discípulos lo abandonaran. Tanto los seguidores como los enemigos de Jesús, sabían que su muerte se debió a su identificación con la causa de los desafortunados y a la amenaza que representó Jesús para la interpretación que daban los fariseos a la ley. Pero esa no fue la única forma de solidaridad que mostró Jesús.

80 Jesús, Dios encarnado en la naturaleza humana, vivió una vida de solidaridad con toda la humanidad, incluso hasta en su muerte. Como ser humano, Jesús compartió los sentimientos propios de las personas, por eso, ante su muerte cercana manifestó su inquietud exclamando a Dios: *"'Dios mío, Dios mío, ¿por qué me has abandonado?'"* (Mateo 27, 46). Al mismo tiempo, en su humanidad perfecta, Jesús supo siempre abandonarse con una confianza absoluta en el Padre. Las últimas palabras de Jesús son testimonio de esta confianza absoluta en Dios: *"'Padre, en tus manos encomiendo mi espíritu'"* (Lucas 23, 46).

Jesús convocó y envió a sus discípulos a extender el Reino de Dios

81 Jesús empezó su ministerio como un predicador ambulante que anunciaba el reinado de Dios de poblado en poblado, hablando a la gente con imágenes y palabras que llegaban al corazón y eran entendibles por toda la gente de buena voluntad. Pronto empezó a formarse un grupo de discípulos alrededor de él. La gente empezó a dar a Jesús el título de rabino o maestro.

82 En su labor como maestro, Jesús fue original y radical. Su impacto como maestro fue tan fuerte que dos mil años después millones de personas desean ser sus discípulos. El único criterio de Jesús para escoger a sus discípulos fue distinguir entre quienes oían y quienes no oían, o sea, entre quienes recibían su mensaje y quienes lo ignoraban. A Jesús no le importó la capacidad intelectual ni el estrato socioeconómico de sus discípulos. Su única condición era su apertura a Dios, su lealtad a él como maestro, su compromiso a seguir sus enseñanzas y su disposición a colaborar en su misión. El impacto de Jesús como maestro nace de la radicalidad de su personalidad, su metodología de enseñanza y el contenido de su mensaje.

83 De entre sus discípulos, Jesús escogió a un grupo de colaboradores, llamados "los Doce", y les dio la misión de proclamar la Buena Nueva, de enseñar, de hacer discípulos de todas las naciones, de bautizar y de reconciliar a la gente. Dado que los evangelios frecuentemente identifican a los Doce como apóstoles, a veces ignoramos que las Escrituras cristianas también hablan de otros apóstoles y de discípulos enviados como apóstoles a proclamar la llegada del Reino de Dios. En sus cartas, San Pablo habla extensamente de la naturaleza de este apostolado, que consiste en ser enviado a proclamar la victoria de Jesús sobre la muerte. Y, el Evangelio de San Lucas relata que las primeras personas que proclamaron la presencia de Jesús resucitado, fueron las mujeres. Por lo tanto, el término *apóstol* también puede aplicarse a los discípulos que no forman parte del grupo de los Doce, y a las personas que, hoy en día, tienen la misma misión.

84 El significado del término *apóstol* es muy semejante al significado al de *profeta*. Ambos términos se refieren a personas enviadas por Dios a proclamar su mensaje de salvación y a llamar a la gente a la conversión. En la actualidad, tanto los agentes de pastoral como los jóvenes que son miembros activos de la Iglesia, estamos llamados como apóstoles a evangelizar a la juventud latina.

Al encuentro con Jesús resucitado

85 El fundamento de nuestra fe cristiana está en reconocer a Jesús como Dios y hombre verdadero. Jesús fue mucho más que sólo un profeta, líder o maestro excepcional. Pero sus discípulos, incluso los más cercanos, lo conocieron primero como a una persona simplemente humana. Sólo después de su resurrección, de haberse encontrado con Jesús resucitado y de haber sido transformados por el Espíritu Santo, reconocieron a Jesús como Dios.

La experiencia pascual

86 Los discípulos de Jesús, las autoridades civiles y religiosas del tiempo de Jesús y el pueblo judío en general, todos creyeron que al morir Jesús morían también su visión y su proyecto. Pero no fue así, al contrario, con su muerte empezó una vida nueva y su visión y su proyecto se hicieron más completos. Con su muerte y resurrección, Jesús reconcilió en forma definitiva a las personas con Dios y estableció el Reino de Dios como una realidad para toda la gente.

87 La muerte y la resurrección de Jesús no son dos eventos separados, sino dos realidades complementarias del misterio pascual. La imagen de la resurrección de Jesús después de su muerte en la cruz, puede a veces desplazar las imágenes de su glorificación y de su regreso al Padre, donde está sentado a su derecha. En conjunto, todas estas imágenes indican que la resurrección de Jesús no fue una resucitación o revivificación, como en el caso de Lázaro o del hijo de la viuda de Naím, quienes regresaron a la vida para volver a morir. Jesús, al resucitar, empezó una nueva vida gloriosa que no tiene fin.

88 La muerte y resurrección de Jesús son dos momentos claves de su misión redentora. Su muerte, fue consecuencia de su acción por el Reino de Dios, y su resurrección, es la primicia de la plenitud eterna del Reino de Dios. Al escribir los evangelios, los evangelistas no trataron de explicar la resurrección, sino de compartir la vivencia de Jesús resucitado entre los discípulos. La experiencia de Jesús resucitado fue tan poderosa que, transformó a los discípulos de un grupo de personas defraudadas, temerosas y débiles, en una comunidad de apóstoles audaces, dispuestos a continuar la misión de Jesús.

89 Así como el Reino de Dios fue el corazón del Evangelio de Jesús, Jesús resucitado es el corazón de la Buena Nueva proclamada

por sus discípulos. Sin esta convicción, el mensaje cristiano no tiene sentido. La imagen del "Cuerpo Místico de Jesús", según San Pablo, muestra que Jesús como persona existe en Dios y en la comunidad cristiana al mismo tiempo. También muestra que existe una continuidad sin interrupción del Jesús de Galilea al Jesús resucitado y a la Iglesia, como cuerpo de Jesús vivo y actuante en la historia.

90   Al ser bautizados como cristianos, hemos sido sumergidos en el misterio pascual. Hemos sido hechos uno con Cristo por la acción del Espíritu Santo. Al haber sido sepultados con Jesús, hemos muerto al pecado; al haber resucitado con él, hemos renacido a la vida eterna en Dios. El sacramento de la reconciliación nos inserta en este mismo misterio, cuando necesitamos restablecer o revitalizar nuestra unión con Dios y con hermanos y hermanas. En la Eucaristía, celebramos el misterio pascual de manera especial: conmemoramos sacramentalmente la vida humana de Jesús, su muerte y su resurrección. También encontramos a Jesús vivo en la comunidad cristiana unida en el Espíritu Santo. Al compartir el cuerpo y sangre de Jesús, nos revitalizamos y renovamos así para continuar nuestra jornada de fe.

Jesús vive en la comunidad eclesial

91   En los evangelios, Jesús resucitado es fuente de inspiración y de asombro para sus discípulos, a quienes envía a llevar la Buena Nueva a los demás. La proclamación y divulgación de la resurrección de Jesús por testigos oculares, sitúa a Jesús en la historia de manera diferente, autentificando para siempre su proyecto del Reino. Y, de la misma manera que Jesús fue enviado a cumplir una misión de redención, el Espíritu Santo fue enviado a la comunidad cristiana para continuar esa misión en cada generación, empezando con los discípulos en Pentecostés.

92   A medida que las primeras comunidades vivían y profundizaban más su fe en la experiencia Pascual y de Pentecostés, su relación con Dios se hacía más profunda. Empezaron a darse cuenta que se relacionaban de distinta manera con el Padre, el Hijo y el Espíritu Santo, tres personas de un Dios Trinitario. Poco a poco, los primeros cristianos fueron tomando conciencia que se relacionaban con el Padre como su creador y la meta de su vida; con Jesucristo como hermano y el camino al Padre, y con el Espíritu Santo, como el enviado del Padre y del Hijo para unir, iluminar y apoyar a la comu-

nidad cristiana en su tarea de extender el Reino de Dios en la tierra. De esta manera, la vida diaria de los cristianos representó una experiencia de vida de Dios en ellos y una preparación para gozar eternamente de esta vida con Dios.

93 El anhelo profundo que tenían los primeros cristianos de compartir su fe con todos los pueblos, fue haciendo que los discípulos desarrollaran una metodología de evangelización, con cinco elementos básicos:
1. la proclamación de la Buena Nueva, que en griego se llama *kerygma*,
2. la confesión de su fe, en un credo,
3. el bautismo en la nueva fe, realizado en el Nombre del Padre, del Hijo y del Espíritu Santo,
4. la celebración de su experiencia cristiana en la Eucaristía,
5. el relato y la profundización de los contenidos teológicos y morales del cristianismo mediante una catequesis.

94 Hacia el año setenta después de Cristo, las primeras comunidades habían reunido varias cartas escritas por los apóstoles, principalmente por San Pablo. En ellas, los apóstoles relataban sus experiencias misioneras y reforzaban sus enseñanzas sobre Jesús. Además, los primeros cristianos tenían tradiciones orales y relatos escritos de hechos y palabras de Jesús, así como de las distintas maneras en que cada comunidad iba discerniendo la presencia de Jesús vivo en ella. Los escritores de lo que hoy conocemos como el Nuevo Testamento, recogieron estas memorias de la comunidad con la intención de expresar la fe de los cristianos en Jesús y su proyecto.

Emaús, un camino de esperanza

95 A pesar de que durante su vida, Jesús compartió con sus discípulos el sentido de su mesianismo y de su misión, sus discípulos no comprendieron ni asimilaron bien esto. Por eso, cuando Jesús fué crucificado, la mayoría de sus discípulos lo abandonó, y cuando resucitó, incluso a los Doce les costó trabajo creer que era él. El relato de Emaús en el Evangelio de Lucas (24, 13–35) sobre la aparición de Jesús resucitado a dos de sus discípulos, capta, no sólo la esencia de la Buena Nueva de Jesús, sino también la esencia de cómo debemos los cristianos seguir a Jesús en este mundo.

Camino de la huída

96 Según el relato de Lucas, dos de los discípulos de Jesús regresaban de Jerusalén a su pueblo de Emaús, en el primer día de la semana siguiente a la crucifixión de Jesús. Para los discípulos, Jerusalén simbolizaba el fracaso y el peligro; el escándalo de la cruz y la muerte de la esperanza. Emaús representaba el retorno a la rutina diaria, la cual parecía sin sentido y sin aliciente. Caminaban tristes, compartiendo lo que había pasado y su frustración causada por el desmoronamiento de su fe y de su esperanza en Jesús.

97 Poco después, otro caminante se acercó a los discípulos y les preguntó de qué estaban hablando. Los discípulos le contaron al caminante sobre Jesús de Nazaret, de su muerte y de cómo sus esperanzas habían muerto con Jesús y cómo estaban confundidos por los relatos de algunas personas que decían que habían visto a Jesús vivo. El caminante les respondió diciéndoles que no estaban entendiendo bien lo que había pasado, debido a su poca fe en los profetas, quienes habían anunciado que el Cristo tenía que sufrir antes de entrar en su gloria. Después el caminante empezó a interpretarles las Escrituras, para que comprendieran lo que había sucedido.

98 Aquel caminante era Jesús, quien buscaba a sus discípulos. ¿Por qué los buscaba? ¿acaso no dudaron que había resucitado y decidieron regresar a su vida antigua? ¿de qué servía hablar con ellos si estaban tan desilusionados que habían perdido la confianza en él y en su proyecto? ¿no sería mejor dejarlos en paz y buscar otros discípulos mejores? o, en todo caso, ¿por qué empezar a dialogar preguntándoles por su experiencia? ¿No hubiera sido mejor hacerlos entrar en razón explicándoles su error y diciéndoles claramente lo que debían pensar y hacer?

Encuentro con Jesús

99 En su encuentro con los discípulos, Jesús no los reprochó ni los sermoneó. Los trató como amigos, escuchándolos, comprendiéndolos y ayudándolos a que interpretaran bien su experiencia personal y los signos de los tiempos. Los discípulos aceptaron la amistad sincera que les brindó el caminante, aunque era un extraño, y empezaron a sentir un fuerte cariño hacia aquel amigo misterioso.

100 Al atardecer, cuando Jesús se despidió de ellos, los discípulos insistieron: "'Quédate con nosotros, porque cae la tarde y se termi-

na el día'" (Lucas 24, 29). Entonces Jesús se quedó con ellos. Los discípulos mostraron a Jesús el mismo tipo de bienvenida y receptividad hacia las personas que él les había enseñado antes. Finalmente, cuando Jesús tomó en pan, lo bendijo, lo partió y se los ofreció, los discípulos lo reconocieron. Pero tan pronto como los discípulos lo reconocieron, Jesús desapareció. ¿Por qué hizo eso? ¿no hubiera sido más eficaz que se hubiera quedado con ellos para indicarles lo que debían hacer y dirigir constantemente su vida?

Camino del compromiso

101 En su encuentro con los discípulos, Jesús había dejado algo nuevo en sus corazones. Ya no estaban tristes ni vacíos, por eso exclamaron "'¿No sentíamos arder nuestro corazón cuando nos hablaba en el camino y nos explicaba las Escrituras?'" (Lucas 24, 32). El encuentro con Jesús resucitado había llenado a los discípulos con su Espíritu y transformado a tal grado que aunque era de noche regresaron a Jerusalén a dar testimonio de Jesús vivo.

102 Los agentes de pastoral y evangelizadores, necesitan mostrar la misma actitud que Jesús tuvo con esos dos discípulos. Necesitan imitar a Jesús ante jóvenes que tienen poca fe y esperanza, cuyos corazones parecen estar vacíos y cuyas vidas no muestran aliciente, o que están encerrados en su egoísmo, que son presa de una rutina fácil, el vicio y la corrupción. Deben salir a buscarlos, dialogar con ellos partiendo de sus experiencias, compartir con ellos su amistad y la Palabra de Dios, infundiendo en su corazón la vida de Dios. Finalmente, deben dejarlos lo suficientemente maduros, fuertes y comprometidos para que sigan sus huellas como evangelizadores.

103 Es cierto que este trabajo necesita organización, recursos y procesos de evangelización. Pero sobre todo, urgen misioneros, hombres y mujeres, jóvenes y adultos, que como discípulos de Jesús vayan a donde están los jóvenes que necesitan de Dios, y con su amor cristiano despierten en ellos la confianza en Jesús resucitado.

104 Al encontrar felicidad, paz e inspiración en el encuentro con los misioneros de Dios, los jóvenes evangelizados se convertirán en nuevos, testigos de Jesús, el amigo caminante resucitado. El encuentro con Jesús y el calor del Espíritu de Dios en sus corazones, llevará cada día a un número mayor de jóvenes a gritar la esperanza por doquier, siguiendo el llamado de Jesús:

"Por eso, vayan y hagan que todos los pueblos sean mis discípulos. Bautícenlos, en el Nombre del Padre y del Hijo y del Espíritu Santo, y enséñenles a cumplir todo lo que yo les he encomendado. Yo estoy con ustedes todos los días hasta que se termine este mundo". (Mateo 28, 19–20)

5

La Acción Evangelizadora de Dios, los Evangelizadores y los Evangelizados

❖ 5 ❖

La Acción Evangelizadora de Dios, los Evangelizadores y los Evangelizados

Algunas verdades fundamentales de la evangelización *141*

La acción de la gracia de Dios *143*
    La acción de la Santísima Trinidad *143*
    La acción de Dios creador *144*
    La acción liberadora del Espíritu Santo *144*
    La acción de Jesús, Dios encarnado *145*

La acción de los evangelizadores
como miembros de la comunidad de fe *146*
    Evangelización interpersonal *148*
    Evangelización comunitaria *149*
    Evangelización de multitudes *150*

Fases de una acción evangelizadora personal y comunitaria   *152*

El proceso de conversión personal *156*
    Conversión integral *157*
    Etapas generales en la conversión integral *158*

❖

> *L*a misión de la Iglesia es triple: proclamar la buena nueva de la salvación, ofrecerse como un grupo de personas transformadas por el Espíritu en una comunidad de fe, esperanza y caridad, y llevar la justicia y el amor de Dios a los demás por medio del servicio en sus dimensiones, individuales, sociales y políticas.
> —United States Catholic Conference,
> *A Vision of Youth Ministry*

1 Este capítulo enfoca la acción evangelizadora de los jóvenes hispanos. Empieza presentando de manera breve algunas verdades fundamentales sobre evangelización. Después reflexiona sobre tres componentes necesarios de toda acción evangelizadora: la acción de la gracia de Dios, la acción de los evangelizadores como miembros de la comunidad eclesial y la respuesta de las personas que están siendo evangelizadas. Señala los elementos y fases más importantes en la acción evangelizadora, sugiere algunos pasos prácticos para facilitar la evangelización y habla de la conversión personal.

Algunas verdades fundamentales de la evangelización

2 Evangelizar es una labor misteriosa, grandiosa, humilde y continua. La evangelización radica en el misterio de Dios. Cómo y cuándo trata Dios de llegar a cada persona es algo que queda fuera del conocimiento de todo evangelizador, pues sólo Dios sabe el día y la hora en que cada persona llegará a conocer a Dios. *La evangelización depende esencialmente de la gracia de Dios.*

3 Dios se vale de su iglesia —el Cuerpo Místico de Jesús formado por sus seguidores— para traer su amor y su salvación a su pueblo. Dios confía en que toda comunidad, animada por su Espíritu, lleve la Buena Nueva a toda la gente. Como lo hiciera con sus discípulos reunidos con María en Pentecostés, Dios nos llena de su

gracia y de los dones que necesitamos para cumplir con nuestra misión. Todo evangelizador necesita estar insertado en una comunidad de fe, donde continuamente es fortificado por el Espíritu Santo. *La evangelización sólo sucede a partir de la comunidad eclesial.*

4   Dios obra por medio de personas comunes y corrientes, siempre y cuando reconozcamos nuestros defectos y limitaciones con profunda humildad y estemos en completa disposición para colaborar con Dios. Así lo hicieron Pedro y Pablo, Francisco y Clara de Asís, Teresa de Ávila, Teresita del Niño Jesús, Ignacio de Loyola, Francisco Javier, Martín de Porres e innumerables personas religiosas y laicas que han llevado a Jesús al corazón de millones de gentes. *Sólo hay acción evangelizadora, si hay misioneros y misioneras, dedicados con tenacidad a proclamar la vida nueva en Jesús.*

5   La evangelización está condicionada por la libertad que tenemos todos los hijos e hijas de Dios de aceptar su gracia y responder a ella. Dios se acerca a la gente de muchas maneras y les pide que respondan en la medida de la gracia que les ha dado. Los evangelizadores no conocen el modo en que Dios da su gracia a las personas, ni tampoco pueden decidir como cada persona responderá al regalo de la gracia de Dios. Jesús instruyó a sus discípulos que si en una casa no los recibían, se sacudieran el polvo de los zapatos y siguieran adelante en su jornada misionera. *No existe evangelización a menos que la persona evangelizada acepte la gracia de Dios y experimente una conversión.*

6   Para que la evangelización sea eficaz y logre instaurar la justicia, el amor y la paz en la vida de las personas, los cuatro elementos anteriores deben estar insertados en un marco general de **inculturación**. De esta manera, las personas pueden aprovechar todos los dones dados por Dios a su cultura; expresar y compartir su fe; cuestionar los valores culturales y las filosofías e ideologías contrarias al Evangelio, y ser una fuerza transformadora en las estructuras e instituciones que impiden el Reino de Dios. *Toda evangelización supone una acción de inculturación por parte del evangelizador y del evangelizado.*

7   La acción de la gracia de Dios llega a las personas evangelizadas a través de la acción de la comunidad evangelizadora y de sus miembros, o sea de los evangelizadores. El círculo se cierra cuando, las personas evangelizadas se convierten, crecen como miembros de la comunidad de fe, encarnan el Evangelio en la cultura y cumplen con su propia misión evangelizadora.

La acción de la gracia de Dios

8   La gracia de Dios, vivificante y salvadora, llega a las personas a través de la acción creadora del Padre, la acción redentora del Hijo y la acción unificadora y liberadora del Espíritu Santo. Dios obra siempre como una comunidad de amor entre el Padre, el Hijo y el Espíritu Santo y hace llegar ese amor a las personas por múltiples medios, especialmente a través de la comunidad eclesial. A estas maneras de Dios para acercarse a la humanidad, corresponde una metodología evangelizadora que lleva a una conversión profunda en la persona evangelizada.

La acción de la Santísima Trinidad

9   El Dios de los cristianos es una comunión de amor —esencial y eterna— de las tres personas divinas. Este amor de Dios se derrama y se vuelca sobre las personas humanas, generando en nosotros un anhelo profundo de comunión en nuestras familias y en la sociedad. El amor de este Dios Trinitario está presente en todas las personas y pueblos.

10 El verdadero evangelizador está inmerso de manera consciente en esta comunión de Dios y ahí encuentra la razón y motivación para comunicar a otros la Buena Nueva de Jesús. Ciertamente, como concluyó el Concilio Vaticano II, la misión evangelizadora de la Iglesia es una expresión del amor de Dios:

> La Iglesia peregrinante es, por su naturaleza, misionera, puesto que toma su origen de la misión del Hijo y de la misión del Espíritu Santo, según el propósito de Dios Padre.
> Este propósito dimana del "amor fontal" o caridad de Dios Padre.[1]

11 Los evangelizadores siempre buscan los signos de la presencia del Padre, de Jesús y del Espíritu Santo en la vida de las personas y les ayudan a que descubran su presencia. Dios está presente en la vida de los jóvenes latinos y sus familias de muchas maneras: en su espíritu comunitario, en su anhelo profundo de amor y comprensión, en su deseo de desarrollarse como personas, en su disposición al servicio y en su ideal de vivir en una cultura del compartir y de la paz. Los evangelizadores deben ayudar a que los jóvenes descubran esta presencia de Dios en ellos y en su medio ambiente, para crear

cada vez más instancias de comunión y participación de los jóvenes en la iglesia y una integración más igualitaria en la sociedad.

La acción de Dios creador

12 Dios, quien es la vida misma, es el principio de toda la vida del universo, con su gran diversidad de naturalezas y formas, sus leyes evolutivas y sus procesos reproductores. La acción creadora de Dios se manifiesta de forma especial en los seres humanos, pues Dios nos creó con la intención de que seamos colaboradores y co-creadores en su obra. Esta acción divina hace que las personas seamos dadoras de vida, procreadores de hijos e hijas suyos que continúen su obra en la tierra. Por lo tanto, la acción creadora de Dios es una acción salvadora, pues al hacernos a imagen suya, nos hizo capaces de administrar el resto de la creación para beneficio de la vida humana. Estamos llamados a someter muchos elementos de la naturaleza para mitigar las necesidades humanas y remediar los efectos de las catástrofes causadas por las leyes de la naturaleza.

13 Dios está presente en la vida de los jóvenes desde el principio de su existencia, pero toman conciencia de la acción de Dios en sus vidas hasta que son evangelizados. La evangelización de los jóvenes debe despertar en ellos no sólo la conciencia de la presencia de Dios en sus vidas, sino de su capacidad y responsabilidad de ser colaboradores con Dios en su obra de la creación, así como de su potencial para engendrar vida humana.

La acción liberadora del Espíritu Santo

14 El Espíritu Santo conduce el curso de la historia humana, renueva la faz de la tierra e impulsa la vida de las personas, según los designios de Dios. La acción del Espíritu continúa el proyecto de Jesús en la historia, haciendo posible que las personas reciban la Buena Nueva de Salvación en su propia lengua y conforme a sus necesidades de liberación.

15 Dondequiera que está el Espíritu, hay libertad. Esta libertad es el don del Espíritu para quienes viven oprimidos y explotados por su propio pecado, por otras personas o por las instituciones sociales. El Espíritu da la luz y la fuerza para convertirse, resistir las tentaciones, luchar contra las fuerzas opresoras, ser creativos y abrir nuevos caminos hacia Dios. Los evangelizadores facilitan la acción

del Espíritu Santo en los jóvenes y entre los jóvenes para desatar en ellos la vitalidad de Dios, indispensable en las personas que desean comprometerse con la misión de Jesús.

La acción de Jesús, Dios encarnado

16 Dios se comunica y hace realidad su amor entre las personas a través de su Encarnación. La Palabra, eterna y universal, se encarnó en Jesús de Nazaret, quien asumió la naturaleza humana y unió la dimensión inmanente o temporal de la vida humana y la dimensión trascendente o eterna de la vida divina. Mediante su Encarnación, Dios se hizo presente, visible y actuante en la historia humana. Jesús se entregó a todos los hombres y mujeres y se insertó en la historia y la cultura de los pueblos, para que fuéramos capaces de participar en el amor de Dios.

La acción de Jesús en los evangelizadores y los evangelizados

17 En la evangelización de la juventud, todo evangelizador debe hacer lo siguiente:
- proclamar que el Reino de Dios está presente entre los jóvenes,
- comunicar la esperanza de la vida eterna con Dios,
- hacer que la Buena Nueva sea una realidad, empezando con las necesidades de justicia, amor y paz en los jóvenes,
- generar un estilo diferente de vida, en el que toda la gente, incluyendo los jóvenes, sean respetados, valorados y tratados con dignidad,
- luchar por una sociedad en la que los jóvenes tengan verdaderamente la oportunidad de lograr un desarrollo humano y cristiano.

Todo esfuerzo evangelizador debe despertar en los jóvenes la conciencia de la Encarnación, de modo que se den cuenta de que Dios vive en ellos, de que no existe antagonismo entre la experiencia humana y la vida con Dios, y que la fidelidad a Dios exige fidelidad a la personas.

La acción de Jesús en la comunidad eclesial

18 Dios se hace presente entre las personas de cada época y lugar por medio de Jesús resucitado en la comunidad eclesial. Cuando los jóvenes sienten la presencia de Jesús resucitado y se dan cuenta que Dios está cerca de ellos, descubren su potencial para llevar el amor liberador de Dios a los demás. Esto sucede cuando los jóvenes

encuentran una comunidad evangelizadora donde los cristianos dan testimonio de Jesús amigo, modelo, maestro y centro de una comunidad misionera.

19 El Jesús vivo y actuante en la comunidad eclesial es el que convence y entusiasma a la gente joven y le hace comprender que no puede permanecer pasiva ante los desafíos que enfrenta. El Jesús que acoge, busca, une y compromete es el Jesús que atrae a los jóvenes, que da significado a los sacramentos y que les motiva a participar con frecuencia en la celebración de la Eucaristía.

La acción de los evangelizadores como miembros de la comunidad de fe

20 Para que los jóvenes encuentren a Jesús y se decidan a conocerlo, amarlo y seguirlo, no como una idea, sino como una persona, deben oír a otros hablar de él. Los jóvenes necesitan identificarse profundamente con Jesús y su proyecto para que puedan exclamar como Pablo: "y ahora no vivo yo, sino que Cristo vive en mí" (Gálatas 2, 20). Para hacer de Jesús y su mensaje una realidad, se necesitan dos tipos de acciones complementarias:
- presentar a Jesús como una persona que vive en la comunidad eclesial y actúa a través de ella,
- usar técnicas adecuadas para comunicar de manera efectiva la Buena Nueva.

21 En el Evangelio de Juan, encontramos un modelo de cómo llevar a los jóvenes al encuentro con Jesús:
- *Debemos proclamar a Jesús,* de manera similar a como lo hizo Juan el Bautista, cuando Jesús pasaba cerca de él y exclamó: "'Ese es el Cordero de Dios'" (Juan 1, 36). Es decir, la proclamación sobre Jesús debe ser clara; nombrando a Jesús directamente, y sin dar lugar a malas interpretaciones sobre el misterio de la Encarnación. Esta proclamación también debe presentar a Jesús sin desfigurarlo, parcializarlo o ideologizarlo, sin convertirlo en un líder político, un revolucionario o un simple profeta, reduciéndolo a una dimensión únicamente humana. Al mismo tiempo, debemos mostrar a Jesús compartiendo la vida, las esperanzas y las angustias de los jóvenes, enfatizando así su solidaridad con ellos.
- *Debemos motivar el entusiasmo de los jóvenes para que sigan a Jesús,* como lo logró su primo Juan el Bautista:

> Cuando lo oyeron esos dos discípulos, siguieron a Jesús. Se volvió Jesús y, al ver que lo seguían, les preguntó: "¿Qué buscan?" Le contestaron: "Rabbí (o sea, Maestro), ¿dónde vives?" Jesús les dijo: "Vengan y verán". Fueron y vieron dónde vivía. Eran como las cuatro de la tarde y se quedaron con él el resto del día. (Juan 1, 37–39)

Para que los jóvenes se entusiasmen en seguir a Jesús, hay que ayudarles a encontrarlo presente y actuante en su vida personal y social.

- *Tenemos que ayudar a los jóvenes a compartir el Evangelio con otras personas,* motivando en ellos, el mismo entusiasmo que mostraron los discípulos.

> Andrés, hermano de Simón Pedro, era uno de los dos que siguieron a Jesús por la palabra de Juan. Andrés fue a buscar primero a su hermano Simón y le dijo: "Hemos encontrado al Mesías, al Cristo". Y se lo presentó a Jesús. . . .
> Al día siguiente, Jesús resolvió partir hacia Galilea. Se encontró con Felipe y le dijo: "Sígueme". . . . Felipe se encontró con Natanael y le dijo: "Hemos hallado a aquel de quien escribió Moisés en la Ley y también los Profetas. Es Jesús, el hijo de José de Nazaret". (Juan 1, 40–45)

La vida entera de todo cristiano es esencialmente evangelizadora; en cada momento, con sus acciones, actitudes y palabras, los cristianos deben hacer presente a Jesús y promover una cultura del compartir y la paz.

Al igual que Jesús, la iglesia ofrece la Buena Nueva de muchas maneras, respetando la libertad de cada joven de dar su propia respuesta a Dios. Jesús nos mostró tres maneras diferentes de evangelizar:

- llevando la Buena Nueva directamente a otras personas, mediante una *evangelización interpersonal,*
- invitando a la gente a compartir el Reino de Dios en la comunidad de discípulos de Jesús, a través de una *evangelización comunitaria,*
- proclamando la Buena Nueva a las multitudes, mediante una *evangelización de multitudes.*

Jesús combinó los tres estilos de evangelización: se dirigió directamente a personas concretas; formó y enseñó a un grupo pequeño de discípulos, y predicó a las multitudes. La parábola del sembrador (Mateo 13, 1–23) es un buen ejemplo de como Jesús evangelizó a la gente y enseñó a otros a evangelizar. Jesús contó la parábola a un grupo numeroso de personas, especificó que la semilla debe ser sembrada a nivel personal y explicó en detalle el significado del mensaje a la comunidad de sus discípulos.

24 En la vida diaria, evangelizamos con el contacto personal, el servicio, el perdón, la compasión ante el dolor, mientras compartimos nuestra fe y ayudamos al prójimo. Además, evangelizamos a través de la catequesis, la liturgia, la predicación, las sesiones de reflexión y los medios de comunicación social. Sea cual fuere el medio, siempre se evangeliza compartiendo con ilusión y orgullo la experiencia de Dios y el gozo de ser cristianos.

25 La pastoral juvenil hispana también debe utilizar los tres estilos de evangelización, enfatizando la evangelización en grupos y comunidades juveniles. Estos grupos son el corazón que lleva la Buena Nueva a las multitudes, las piernas que salen a buscar a los jóvenes que no han encontrado a Dios y los brazos que acogen en la comunidad cristiana a quienes buscan el Reino de Dios.

Evangelización interpersonal

26 El enfoque personal es esencial en la evangelización, sea como el corazón de la evangelización del individuo o como una dimensión de la evangelización comunitaria. La evangelización interpersonal sucede en primer lugar en la familia, pero también con los amigos, compañeros de trabajo y de la escuela, vecinos y otras personas que Dios pone en nuestro camino. A veces se hace proclamando intencionalmente la Buena Nueva, otras veces —quizá la mayoría— sucede de manera natural y espontánea, al compartir el amor de Dios y servir a los demás.

27 Entre mejor se conoce a una persona y sus preocupaciones, es más fácil "sembrar" en su vida, la semilla del Evangelio, como suele suceder con la gente que vive cerca de nosotros. También es fácil llevar la Buena Nueva a quien necesita adquirir esperanza y ayuda para salir adelante en la vida. Todo evangelizador debe acercarse a las personas con el mismo espíritu que lo hacía Jesús: con amor, ternura y respetando su libertad. Jesús no se aprovechó de las limitaciones y necesidades de las personas, ni tampoco las manipuló o forzó para que lo siguieran.

28   La evangelización interpersonal sigue el modelo del buen pastor que conoce a sus ovejas por nombre y se da cuenta cuando están heridas o se han extraviado del rebaño. Cuando el buen pastor nota su ausencia, sale a buscar a la oveja perdida para traerla de nuevo al rebaño y sana a la que está herida.

Evangelización comunitaria

29   La comunidad cristiana es el lugar ideal para promover el crecimiento humano y religioso de los jóvenes y la fuente de donde sale la energía para construir un mundo según los criterios de Dios. Esta comunidad tiene varias dimensiones, desde la gran comunidad mundial de fe en Jesucristo hasta la pequeña célula de la familia cristiana. La Iglesia Católica reconoce muchos tipos de comunidades, entre las que sobresalen: la comunidad católica universal, las diócesis, las parroquias, las comunidades religiosas, las **pequeñas comunidades eclesiales** y las familias. También existen otros grupos eclesiales como las instituciones educativas y de servicio social, los movimientos apostólicos, y los grupos de catequistas y de otros tipos de ministros. La misión esencial de todas estas formas de organización eclesial es la evangelización continua de sus miembros y su formación como evangelizadores. Además, cada grupo tiene funciones particulares, según la naturaleza y la organización.

30   Para cumplir su misión evangelizadora entre los jóvenes, la iglesia ha creado muchos tipos de organizaciones y comunidades. Actualmente, entre la juventud católica de Estados Unidos destacan, por su número o importancia como fuentes de evangelización: los grupos juveniles parroquiales, los movimientos apostólicos, las **pequeñas comunidades de jóvenes**, las instituciones educativas y la pastoral universitaria. En el primer volumen se analizaron las diferencias entre un grupo y una comunidad juvenil y se presentaron las características y estilos de evangelización propios en los cinco tipos de organización pastoral mencionados anteriormente. Aquí se enfoca sólo la dinámica general en toda evangelización comunitaria.

31   El primer objetivo de la evangelización comunitaria es facilitar la relación de los jóvenes con Jesús y la formación de una comunidad cristiana entre ellos. El segundo objetivo es incorporar a los jóvenes en la comunidad eclesial parroquial y diocesana. Dentro de este marco, la acción evangelizadora se enfoca en muchas actividades interrelacionadas:

- la formación de la identidad cristiana,
- la adquisición de actitudes y valores evangélicos,
- la educación y maduración en la fe,
- la integración de la fe con la vida,
- el descubrimiento y el fortalecimiento de la vocación personal,
- la incorporación y participación activa y personal en los diferentes niveles de la comunidad eclesial,
- la promoción del compromiso cristiano,
- el desarrollo de una espiritualidad.

Sin un proceso continuo de evangelización, los católicos corren el riesgo de ser cristianos sólo de nombre, no existe un proceso de maduración cristiana y se dificulta la acción evangelizadora de la iglesia.

32   Evangelizar no significa simplemente integrar jóvenes a un grupo, movimiento o comunidad, sino facilitar la obra de la gracia de Dios en todos y cada uno de ellos, para que su Espíritu los transforme en discípulos de Jesús y profetas del Reino. En la comunidad y a través de ella, los jóvenes pueden convertirse en instrumentos de Dios para crear una cultura del compartir y de la paz y para ser agentes activos de liberación y desarrollo del pueblo hispano en Estados Unidos.

Evangelización de multitudes

33 Jesús evangelizó a grupos masivos de personas en los caminos, las plazas y el campo; a orillas de los lagos, en el Templo y en sinagogas. Hoy necesitamos llevar la Buena Nueva a los jóvenes en parques, escuelas, estadios, conciertos, cines y teatros. Muchos jóvenes se encuentran por primera vez con el amor de Jesús en eventos masivos como misiones, encuentros y congresos. Otros escuchan sobre Jesús y su mensaje a través de los medios de comunicación social. Cualquiera que sea el medio, el encuentro de los jóvenes con el amor de Dios, les ayuda a recibir el mensaje liberador de Jesús y a experimentar por primera vez la unidad y la fuerza del Espíritu Santo.

34   La evangelización de multitudes se realiza, con mayor frecuencia, en tres formas diferentes: en las celebraciones litúrgicas, en eventos eclesiales y en eventos sociales con contenido evangelizador. Cualquiera que sea el caso, la evangelización depende de cinco elementos: que los jóvenes estén abiertos a recibir el mensaje; que los evangelizadores sepan cómo comunicar la Buena Nueva; que exista

un ambiente que facilite la transmisión del mensaje; que el contenido del mensaje sea significativo para los jóvenes, y que su experiencia sea reforzada con una evangelización continua.

35 **1. Asistencia de los jóvenes a eventos masivos de evangelización.** Para asegurar la asistencia de los jóvenes a eventos religiosos, sean celebraciones litúrgicas o grandes congresos, presupone un trabajo previo de evangelización interpersonal o comunitaria. Puede ser más fácil presentar mensajes evangelizadores a través de los medios de comunicación social sin una evangelización previa, sin embargo esto no es muy efectivo. Los jóvenes escucharán estos mensajes y serán conducidos a Jesús, sólo si cuentan con un amigo o amiga que les lleven a un encuentro con Jesús y que les ayude a interiorizar el mensaje. De otra manera, el mensaje puede quedar a nivel de humanismo y probablemente no pase de crear una inquietud religiosa superficial.

36 **2. Comunicación del mensaje.** El éxito de la proclamación efectiva de la Buena Nueva a las multitudes depende tanto del talento y las habilidades del orador como del manejo adecuado y efectivo de otras técnicas de comunicación masiva como el teatro, dinámicas de grupo y reflexiones en pequeños grupos. El entusiasmo y las habilidades de los oradores son decisivos en la comunicación del mensaje evangélico a las multitudes; sin esto, los jóvenes quedan frustrados y aburridos, sin deseo de regresar a este tipo de eventos. La intención del orador es también muy importante para evitar caer en la manipulación emocional de los jóvenes, lo que sucede con cierta frecuencia en congresos y conciertos de tipo evangelista.

37 **3. Ambiente propicio para la evangelización.** El lograr un ambiente que favorece la evangelización de multitudes es clave por dos razones: crea un sentido de bienvenida y facilita que se dé una experiencia religiosa. Este ambiente se logra mediante el uso de la música, símbolos y ritos, y creando un espíritu especial entre los jóvenes. De manera similar al caso de los oradores, el ambiente puede caer en el extremo de ser inadecuado por carecer de estímulo o por su manipulación. Si el ambiente es pobre, los jóvenes pierden interés en el mensaje. Si se manipula el ambiente con sonido, música y luces, fácilmente se origina una psicosis masiva; esto puede crear sentimientos exagerados o falsos de alegría, camaradería, arrepentimiento o miedo entre los jóvenes.

38   **4. Contenido significativo del mensaje.** Mientras que el contenido del mensaje es clave en todo tipo de evangelización, en la evangelización de multitudes desempeña un papel aún más definitivo. El testimonio de vida cristiana que se da en la evangelización interpersonal y comunitaria, difícilmente se produce en la masiva. Por eso, en la evangelización de multitudes suelen usarse ejemplos de conversiones instantáneas, sanaciones milagrosas e intervenciones extraordinarias de Dios para despertar el deseo de los jóvenes de seguir a Jesús. Es evidente que Dios actúa en ocasiones de manera extraordinaria para dar vida nueva, fortificar la fe y llamar a los jóvenes a una vida de mayor autenticidad cristiana, pero estos sucesos requieren un seguimiento.

39   **5. Evangelización continua.** El éxito de una evangelización masiva depende de que sea continuada y complementada con una evangelización interpersonal y comunitaria. El acompañamiento posterior es indispensable después de todo esfuerzo de evangelización de multitudes. Los miembros de los grupos y comunidades juveniles deben estar alertas para invitar a los muchachos y muchachas que han tenido una experiencia de evangelización masiva en un retiro o encuentro juvenil, a que se incorporen a su grupo si así lo desean. En esos grupos y comunidades, los jóvenes pueden conocer a Jesús y fortificar su fe incipiente. Sin seguimiento, aún las experiencias más intensas de evangelización masiva pueden perder su impacto con el tiempo.

Fases de una acción evangelizadora personal y comunitaria

40   Usualmente, la evangelización supone un proceso que sigue ciertas fases, algunas de las cuales se superponen, se exigen mutuamente y continúan a lo largo de toda la vida. Los evangelizadores deben estar conscientes de que no todos los jóvenes pasan por todas las fases o lo hacen en el mismo orden y de la misma manera, pues cada persona es distinta y las circunstancias de su vida la predisponen de un modo diferente. En vista de esto, la acción evangelizadora requiere que los evangelizadores pongan una atención especial en todas las fases de la evangelización. A continuación se enumeran.

41   **1. Testimonio de la presencia viva de Jesús en la comunidad eclesial.** El dar este testimonio, generalmente empieza en la infancia y se intensifica en la adolescencia y juventud. La tarea de la comunidad eclesial es acoger a los jóvenes, para que se sientan parte de la comunidad eclesial; darles testimonio de fe, esperanza y caridad, y lograr un ambiente comunitario, donde puedan forjar lazos de amistad, confianza y apoyo mutuo.

42   **2. Contacto con los jóvenes.** Para establecer contacto, el evangelizador debe iniciar un diálogo con los jóvenes, lo que supone ir a donde están, buscarlos en sus ambientes naturales y ahí ganar su confianza para lograr después una relación más profunda. Al buscar a los jóvenes, el evangelizador debe estar motivado por un interés sincero en sus vidas y por un deseo de encontrar a Dios en ellos.

43   **3. Relación como compañeros o amigos.** Para lograr una relación de compañerismo o de amistad con los jóvenes, el evangelizador necesita platicar personalmente con ellos sobre temas que les interesan. En estas conversaciones, los evangelizadores deben tratar que las relaciones se estrechen y que el diálogo se profundice hasta llegar a tocar aspectos significativos de la vida de los jóvenes.

44   **4. Invitación a los jóvenes a conocer mejor a Jesús.** La intención de esta fase es invitar a los jóvenes a encontrarse personal y comunitariamente con Jesús. Esta invitación suele ser oportuna cuando ya existe una relación de compañeros o amigos entre el evangelizador y el evangelizado o cuando hay una actividad que interesa al evangelizado. La invitación puede hacerse mediante misiones juveniles, visitas a las casas, o dialogando con los jóvenes en parques, escuelas y sitios de trabajo.

45   Algunos jóvenes desean asistir a Misa, participar en el sacramento de la reconciliación o platicar con un sacerdote; otros se entusiasman por ir a un retiro, talleres o conferencias, o se sienten atraídos por celebraciones de **religiosidad popular** como el vía crucis, las peregrinaciones o la recepción de ceniza. Hay jóvenes que quieren explorar la posibilidad de pertenecer a un grupo juvenil y otros sólo están dispuestos a ir a fiestas o a participar en deportes o actividades culturales.

46   En general, los jóvenes hispanos aceptan la invitación a estos eventos eclesiales, sólo si la persona que los invita los acompaña. Además, los primeros acercamientos a la comunidad eclesial tienen que ser experiencias positivas o los jóvenes no regresan. Por eso, es vital que la comunidad juvenil mantenga un fuerte espíritu de hospitalidad y se esmere para que la experiencia que tienen los recién llegados sea significativa para ellos.

47   5. **Acogida a los jóvenes en la comunidad cristiana.** El primer nivel de evangelización comunitaria es la hospitalidad. Los jóvenes que asisten a un grupo o comunidad juvenil por primera vez, esperan ser recibidos con ilusión, encontrar amigos y sentirse en un ambiente de confianza y cariño. Sólo cuando todos los miembros de una comunidad hacen que un invitado se sienta en casa, esta persona realmente puede sentirse parte de la comunidad.

48   La hospitalidad no consiste sólo en tener un comité de recepción que saluda a los nuevos miembros y luego los deja solos. Todos los miembros del grupo tienen que tener un espíritu de bienvenida y varios miembros del grupo deben tratar de incluir al muchacho o muchacha recién llegado en las actividades del grupo, platicar con ellos, hacerles ver que son importantes y expresarles que esperan que sigan asistiendo. Estas acciones no deben reducirse al primer día, sino continuar hasta que los nuevos miembros se sientan parte del grupo y se conviertan en anfitriones de quienes llegan por primera vez.

49   6. **Incorporación y participación de los jóvenes en la comunidad de discípulos.** Dios llama a los jóvenes de muchas maneras: a través de su deseo de tener buenos amigos, de encontrar novio o novia, de tener un lugar de esparcimiento sano, de contar con apoyo para vivir una vida cristiana, de satisfacer su sed de Dios y de tener una mejor formación humana y cristiana. Cualquiera que sea la razón, ahí está la mano de Dios. Los jóvenes que se acercan a la iglesia saben que se integran a un grupo religioso con la esperanza de encontrar un sentido de comunidad cristiana. Cuando sólo encuentran un grupo social, se sienten defraudados en lo profundo de su corazón.

50   La intensidad y autenticidad de la vida comunitaria y de fe en los grupos juveniles es vital en la evangelización. El pertenecer a un grupo de jóvenes convencidos y comprometidos en el seguimiento de Jesús y en la continuación de su misión es, para muchos jóvencs, la fuente más significativa de evangelización.

51   El compromiso de los jóvenes en la comunidad depende, en gran medida, de su participación activa en ella y de la calidad de las

relaciones personales que formen. Por eso es esencial que los jóvenes tengan oportunidades de hacer lo siguiente:
- dialogar con confianza y sinceridad sobre sus anhelos y preocupaciones,
- reflexionar juntos sobre aspectos significativos de la vida,
- orientarse mutuamente para solucionar problemas que enfrenten y proporcionar unos a otros consejo adecuado y oportuno,
- acompañarse en la vida diaria, sobre todo en la lucha por alcanzar sus ideales y en sus momentos de crisis y alegría,
- ayudarse mutuamente a sanar heridas y experiencias negativas, liberarse de opresiones y reconciliarse consigo mismos, con Dios y con otras personas.

52 **7. Motivación a los jóvenes para el seguimiento de Jesús.** Los evangelizadores deben ayudar a que los jóvenes conozcan los Evangelios y ahí descubran a Jesús, cuál es su misión, en qué consiste su mensaje y cómo realiza su proyecto. Los evangelizadores deben propiciar que la acción del Espíritu Santo suscite en los jóvenes una fe que los lleve a entregarse a Jesús, a una conversión de vida y a un deseo de compartir con otros jóvenes su jornada de fe. Los jóvenes necesitan aprender de los evangelizadores lo que significa vivir como discípulos de Jesús. Estas metas se logran cuando los jóvenes conjugan armónicamente momentos personales y comunitarios de reflexión sobre su vida, a la luz de la fe, la oración, la catequesis y la participación en la Eucaristía.

53 **8. Facilitación del crecimiento y la madurez cristiana de los jóvenes.** La madurez cristiana se logra mediante un conocimiento profundo y completo de la fe y en la vivencia auténtica de la praxis cristiana. Para que los jóvenes crezcan y maduren como cristianos, es indispensable que profundicen continua y progresivamente su compromiso bautismal. Esto se logra mediante los siguientes elementos:
- una catequesis que combine el estudio y la reflexión sobre el contenido de la fe,
- un análisis crítico de la vida y una búsqueda continua de cómo encarnar en ella el mensaje evangélico,
- la oración comunitaria y el apoyo para la oración personal,
- el acompañamiento o dirección espiritual,
- la oportunidad de reflexionar sobre su labor evangelizadora o ministerial.

54   9. **Apoyo a los jóvenes para que cumplan su misión.** Los evangelizadores tienen un papel muy importante para ayudar a que los jóvenes descubran su vocación, realicen su proyecto de vida y acepten un compromiso comunitario con la tarea de extender el Reino de Dios.

55   Esta dimensión de la evangelización se enfoca de manera especial en la acción de los jóvenes en el mundo, mediante su vida diaria, actividades de asistencia social o participación en proyectos de transformación de la sociedad. Hay algunos jóvenes que, además de su acción en el mundo, están llamados a desarrollar un ministerio eclesial. Conviene poner de manifiesto estas experiencias evangelizadoras y misioneras de los jóvenes, con ceremonias de envío misionero, liturgias para recoger y vitalizar sus esfuerzos pastorales y fiestas para celebrar su acción y compromiso cristiano. La entrega de una cruz o distintivo, que indique que los jóvenes son misioneros en su ambiente, puede ayudar a solemnizar estas celebraciones.

56   10. **Motivación para una participación constante en la Eucaristía.** Es muy importante que los jóvenes se sientan motivados y encuentren significado en la Eucaristía, participando en ella de la siguiente manera:
- como el momento culminante en la celebración de nuestra fe, no como el único momento de oración, acción de gracias y regocijo por la presencia actuante de Dios en nuestras vidas, sino como la cumbre de una vivencia diaria de oración y de celebración;
- el centro de nuestra vida cristiana, lo que supone que antes y después de participar en la Eucaristía existe una praxis cristiana en todos los ámbitos de la vida, en la familia, el trabajo, la escuela, la sociedad y la iglesia.

El proceso de conversión personal

57   La acción de la gracia de Dios siempre respeta la libertad humana para responder a su amor y a su llamado. De la misma manera, los evangelizadores deben respetar la libertad de las personas. Aunque los evangelizadores presenten a Jesús a los jóvenes y traten de comunicarles el mensaje de salvación, los jóvenes pueden no responder inmediatamente a la Buena Nueva. Esta falta de respuesta puede deberse a que no es la hora de Dios o a que, haciendo uso de su

libertad, los jóvenes ignoran o rechazan la invitación a acercarse a Dios. La responsabilidad de los evangelizadores es sembrar la Palabra de Dios de la mejor manera que puedan y proclamar el Evangelio, pues nunca saben cuándo y de qué forma llegará al corazón de cada persona.

58 La medida y la rapidez con que el o la joven responda al amor del Padre, acepte a Jesús y su mensaje de salvación y trate de hacer fructificar los dones o **carismas** del Espíritu Santo, varía de persona a persona. La conversión es un proceso continuo y progresivo. A veces se considera que algún joven tuvo una conversión instantánea, cuando tuvo una experiencia intensa del amor y la salvación de Dios que le llevó a cambiar radicalmente la dirección de su vida. Pero este es sólo el inicio de su conversión. El proceso de conversión tiene muchas etapas posteriores.

Conversión integral

59 Para que la conversión abarque al joven en su totalidad, tiene que ir transformando gradualmente todo su ser. La conversión integral ayuda a los jóvenes a trascender actitudes que les mantienen centrados en sí mismos, les dificultan aceptar su realidad o sus limitaciones personales y les impiden realizar un proyecto de vida que sea consistente con el proyecto de Jesús. Podemos distinguir siete áreas donde, a través de una evangelización continua, se va operando la conversión total de la vida de una persona:

- *Conversión relacional.* Los jóvenes descubren a Jesús como una persona viva y actuante en su historia y establecen con él una relación personal y comunitaria como sus amigos y discípulos.
- *Conversión afectiva.* Los jóvenes se abren al amor de Dios y permiten que este amor transforme su vida afectiva, de modo que aceptan su responsabilidad por sus estados de ánimo, sus sentimientos y actitudes hacia sí mismos, otras personas y Dios, y por la influencia de éstos en su propia vida y en la vida de las personas con quienes conviven.
- *Conversión intelectual.* Los jóvenes buscan la verdad sobre la persona humana, el universo y Dios, y aceptan la revelación del misterio de Dios en la fe.
- *Conversión moral o de estilo de vida.* Los jóvenes conforman su estilo de vida y su praxis cristiana, siguiendo los valores de Jesús orientados por las enseñanzas de la iglesia.

- *Conversión eclesial.* Los jóvenes adquieren conciencia de que son miembros importantes de la iglesia, de que son responsables de su vida y de que cumplan con la misión que le encomendó Jesús.
- *Conversión social.* Los jóvenes asumen su responsabilidad de trabajar por el Reino de Dios en la sociedad, buscando que las relaciones e instituciones sociales estén dirigidas por el amor, la justicia, la libertad y la paz.
- *Conversión religiosa.* Los jóvenes interpretan y guían su historia personal y comunitaria en base a su relación con Dios; ven el misterio de la vida y la muerte desde la perspectiva de la fe cristiana, e intensifican su confianza en Dios, en sí mismos y en otras personas, a través de su vida de oración, su participación en los sacramentos y su vivencia comunitaria.

60 La conversión en todas estas áreas de la vida es lenta y dispareja. No hay ningún orden definido por donde puede empezar o seguir la conversión de un joven. Las circunstancias de la vida, la influencia de una persona, las tendencias naturales de la personalidad de cada ser humano, el tipo de experiencia de iglesia, son sólo algunos de los factores que intervienen de manera poderosa en iniciar, fomentar o impedir la conversión en alguna o varias de estas áreas. Por eso, toda pastoral juvenil evangelizadora tiene que proporcionar constantemente una multiplicidad de procesos y metodologías de evangelización, que vayan tocando los diversas áreas de conversión en la vida de todos los jóvenes.

Etapas generales en la conversión integral

61 En cualquier momento y de cualquier manera como los jóvenes empiecen su jornada de fe, el proceso de conversión pasa por varias etapas naturales. A veces, la disposición de un joven en particular, la gracia de Dios y la acción de una comunidad evangelizadora, aceleran el proceso de conversión o hacen que un muchacho o muchacha se salte alguna de las etapas. Sin embargo, aunque el proceso de conversión es diferente en cada joven, se puede identificar un patrón general bajo el cual se desenvuelve este proceso.

Búsqueda de Dios

62 Los jóvenes buscan a Dios de muy diversas maneras. Algunos sienten un vacío interior, la necesidad de relacionarse con el ser supremo o el anhelo de trascender las limitaciones de la vida materia-

lista y de la rutina diaria. Otros buscan amor, comprensión o perdón. Los de más allá, necesitan urgentemente una mano amiga que les ayude a liberarse de opresiones que les afectan, causadas por su propio pecado o por el pecado social. Otros más, buscan un modelo a seguir, un maestro que les muestre el camino por dónde deben ir si quieren ser felices o un consejero que les ayude a discernir cómo usar su libertad y qué decisiones tomar ante situaciones críticas. Otros jóvenes ansían encontrar un grupo de amigos con quienes compartir sus inquietudes, alegrías y penas. Finalmente, otros quieren hacer el bien a la humanidad y buscan alguna persona o institución que los oriente y apoyen sus esfuerzos.

63 Todos estos jóvenes están buscando a Dios, algunos de manera consciente y otros inconscientemente. La mayoría de ellos, incluso si están conscientes de que necesitan a Dios en sus vidas, no se atreven a ir solos a la iglesia o a un grupo juvenil cristiano; necesitan que otro joven los invite específicamente y los acompañe en sus primeras visitas.

64 Los jóvenes que están inconscientes de sus anhelos profundos o que no se dan cuenta que sólo en Jesús encontrarán respuesta a sus aspiraciones, necesitan que alguien les ayude a descubrir que su vacío o esperanzas insatisfechas son signos de que no han descubierto la presencia salvadora de Dios. Para el evangelizador, el desafío consiste en captar estos anhelos del corazón juvenil y responder a ellos de manera que tenga sentido para los jóvenes. Por eso, los evangelizadores necesitan estar alertas a las diversas maneras en que un joven o una joven expresan su necesidad de Dios y platicar con los jóvenes que están alejados de la Iglesia.

65 El testimonio de vida de los jóvenes cristianos es un elemento evangelizador muy fuerte en esta primera fase de la conversión, la búsqueda de Dios. Cuando los jóvenes cristianos que están buscando a Dios, se dan cuenta de la mediocridad de su vida y la contrastan con la vida más plena y feliz de otros jóvenes con quienes conviven, les nace la inquietud y se preguntan: ¿por qué ellos pueden vivir con alegría y yo no puedo? ¿cómo han logrado ellos vivir así? ¿podrán ayudarme? El joven evangelizador que se acerca a un joven buscador de Dios cuando está en estos momentos de su vida, encuentra un terreno fértil para sembrar las semillas del Evangelio.

Encuentro con Dios a través de otras personas

66   Dios está presente en la vida de todos los jóvenes, pero muchos de ellos no han descubierto su presencia. La segunda fase del proceso de conversión consiste en descubrir la presencia de Dios. Para que ocurra este descubrimiento, alguien necesita presentarles a Jesús y hacerles sentir el amor de Dios hacia ellos.

67   Muchos jóvenes han recibido el amor de Dios a través del amor, cuidado, orientación o servicio de sus padres o abuelos, pero no han reconocido ahí la mano de Dios. La evangelización con estos jóvenes empieza en ayudarles a descubrir a Dios trabajando en sus vidas.

68   Otros jóvenes han vivido en situaciones familiares muy malas, han sido fuertemente heridos por alguna persona o por circunstancias de su vida tales como la guerra, miseria, maltratos físicos y otras, y no han encontrado apoyo en sus maestros, amigos o incluso en la iglesia. Para estos jóvenes, el anuncio del amor salvador de Dios necesita ser precedido y estar acompañado de una fuerte experiencia de solidaridad y amor cristiano por parte del evangelizador. De otra manera, la proclamación del Evangelio será sólo palabras vacías, creando más desconfianza en todo lo relacionado con la religión.

Iluminación con las Escrituras

69   Cuando los jóvenes han reconocido que Dios actúa en su vida por medio de las personas, sobre todo de los cristianos que realizan la obra de Jesús resucitado en la comunidad eclesial y en el mundo, experimentan el deseo de conocer más al Jesús de la historia. Entonces empiezan a formularse preguntas acerca del misterio de Dios. En estos momentos, el proceso de conversión clama por un primer acercamiento a las Escrituras, especialmente los evangelios, en los cuales el joven encuentra la Buena Noticia del amor y la salvación de Jesús.

70   En esta etapa de conversión, los jóvenes ansían beber de la Palabra de Dios para encontrar en ella una vida nueva, una manera distinta de comprender el mundo que les rodea y una esperanza para el futuro. En estos momentos no buscan la Biblia como información, ni les interesa un estudio sistemático de los libros o los temas de la Biblia; lo que quieren y necesitan es recibir el mensaje vivificador de Jesús para que su vida sea transformada y puedan experimentar más claramente la acción salvadora de Dios.

71 Para que los jóvenes fundamenten su vida cristiana en el modelo propuesto por Jesús, necesitan encontrar luz e inspiración en las Escrituras, lo que depende mucho de la manera como se haga la evangelización. Si la proclamación del mensaje de Jesús y la iluminación con las Escrituras se quedan a nivel exclusivamente individualista, o sea que se enfocan sólo en la acción de Dios en el joven, el resultado será una visión egocéntrica del cristianismo y los jóvenes pensarán que todo gira alrededor de su salvación personal. Cuando esto sucede, la misión de Jesús de hacer realidad el Reino de justicia, amor y paz en la sociedad es difícil de comprender.

72 En contraste, cuando la evangelización enfoca la acción de Jesús sobre la vida de los jóvenes y la acción de ellos como discípulos de Jesús, la conversión es más integral y queda mejor cimentada. Con esta visión más equilibrada, los jóvenes caminarán adquiriendo una vida nueva en la medida en que siguen el camino del verdadero discipulado, considerando a Jesús no sólo como amigo y salvador personal, sino como el profeta del Reino y como el maestro que les enseña a relacionarse con los demás y a actuar en la historia.

Opción por participar en la comunidad eclesial

73 Desde la perspectiva de los jóvenes, no es lo mismo desear seguir a Jesús y querer hacer el bien a la humanidad que participar en la vida de la iglesia. El nivel de conversión en que uno escoge participar en la comunidad eclesial, consiste en comprender que Dios actúa más eficazmente a través de los cristianos que están insertados fuertemente en la iglesia, donde nutren su fe, fortifican su voluntad y se apoyan unos a otros para cumplir con su misión.

74 En esta etapa del proceso de conversión, los jóvenes empiezan a encontrar el sentido de los sacramentos y a comprender que el Espíritu Santo mantiene a la Iglesia unida para que pueda continuar la misión de Jesús en la historia. Este nivel de conversión depende mucho de la actitud de la comunidad eclesial. Frecuentemente, los jóvenes llegan a la etapa anterior por medio de un retiro o encuentro juvenil, pero si no encuentran una comunidad de jóvenes que los acoja, lo más probable es que nunca se comprometan con la vida de la iglesia. Por lo tanto, las etapas anteriores pueden quedarse en el pasado, como experiencias pasajeras, sin un impacto serio en la vida de los jóvenes.

Participación en la misión de la iglesia

75   Cuando Jesús ha llegado hasta los rincones más profundos de la vida de los jóvenes y la Buena Nueva está bien inculturada, los jóvenes y las jóvenes son capaces de asumir conscientemente la misión de Jesús. A través de sus obras y palabras, pueden convertirse en promotores activos del reinado de Dios entre las personas, fuentes de renovación en la iglesia y agentes de cambio en la sociedad. Los ministros de la juventud y los agentes de pastoral deben tomar en cuenta los distintos pasos del proceso de conversión y no tratar de forzar a los muchachos a acciones que no corresponden a su nivel de conversión y compromiso. Muchos fracasos de los grupos juveniles se deben a que los jóvenes que llevan el liderazgo están en las etapas iniciales de su conversión y carecen de la madurez y el compromiso cristianos propios de etapas más avanzadas.

76   El proceso de evangelización no termina cuando la persona empieza a participar activamente en la vida de la iglesia. De hecho, es a partir de ese momento que la persona es capaz de crecer y madurar como un evangelizador, al tiempo que experimenta un crecimiento personal y cristiano. La incorporación en la misión evangelizadora de la iglesia es la clave para mantener un desarrollo espiritual constante y progresivo.

Crecimiento espiritual continuo

77   La conversión personal de la gente así como el desarrollo de su personalidad nunca alcanza su verdadera plenitud en la vida; siempre hay espacio para crecer. Puesto de manera sencilla, el crecimiento personal continuo se logra conforme se aprende a amar como Jesús ama.

78   Nadie puede amar a Dios sin amar a su prójimo y nadie puede recibir la gracia de Dios sin dejar a un lado su egoísmo con el fin de seguir a Jesús y continuar su misión. Según palabras de Jesús: "'Les doy este mandamiento nuevo: que se amen unos a otros. Ustedes se amarán unos a otros como yo los he amado. Así reconocerán todos que ustedes son mis discípulos: si se tienen amor unos a otros'" (Juan 13, 34–35). Sólo aquellos que traen la salvación a través del amor son auténticos discípulos de Jesús.

Incorporación total en el amor de Dios

79   La evangelización trae como consecuencia nuestra incorporación al Cuerpo Místico de Cristo, la Iglesia. Al vivir el mandamien-

to del amor, estamos proclamando y anunciando los valores del Reino de Dios a otras personas y a la sociedad. Esta vida llena de amor es la que nos da la esperanza de gozar la plenitud del Reino de Dios, en el que participaremos al resucitar en Cristo Jesús.

80 Conscientes de la sed de Dios que tienen tantos jóvenes hispanos y de la capacidad que Dios les ha dado para ser evangelizadores de otros jóvenes, nos unimos a los obispos hispanos de Estados Unidos en este llamado:

> Invitamos de manera especial a nuestros jóvenes, hombres y mujeres, a poner su entusiasmo, su sentido de compromiso y su sinceridad al servicio del Evangelio. Que sean jóvenes apóstoles portadores del Evangelio a la juventud de hoy en día.[2]

6

Profetas de Esperanza: un Modelo de Evangelización Comunitaria

❖ 6 ❖

Profetas de Esperanza: un Modelo de Evangelización Comunitaria

Los jóvenes en la iglesia y en el mundo *167*
    La iglesia como Cuerpo de Cristo *168*
    La iglesia como pueblo de Dios en marcha *170*
    Jóvenes insertados en el mundo para orientarlo hacia Dios *171*
    Plan Pastoral Nacional para el Ministerio Hispano *174*

El modelo Profetas de Esperanza *175*
    Elementos del modelo Profetas de Esperanza *176*
    Personas que hacen realidad
        el modelo Profetas de Esperanza *176*
    Sugerencias para implementar
        el modelo Profetas de Esperanza *176*

Evangelización integral de los jóvenes
en pequeñas comunidades *177*
    Fases en la evangelización de los jóvenes *178*
    Metodología para la evangelización de los jóvenes *178*

Formación, capacitación y ministerio
de los jóvenes animadores *180*

Capacitación y ministerio de los formadores *183*
    Capacitación de los formadores *183*
    Los agentes de pastoral y el modelo Profetas de Esperanza *184*
    Los dirigentes de movimientos apostólicos
        y el modelo Profetas de Esperanza *185*
    Los asesores de jóvenes y el modelo Profetas de Esperanza *185*

*P*ara mí, nuestra reunión ha sido una experiencia profunda de la fe de ustedes en Cristo y hago mías las palabras de San Pablo: "Les tengo gran confianza y estoy realmente orgulloso de ustedes. Me siento muy animado y reboso de alegría".
—Juan Pablo II, Día Mundial de la Juventud 1993

1 Este capítulo describe las dimensiones prácticas de la visión teológico-pastoral desarrollada en los dos volúmenes de Profetas de Esperanza. El capítulo presenta el modelo Profetas de Esperanza, para una evangelización comunitaria de la juventud.

2 El capítulo está dividido en cinco secciones. La primera habla de los jóvenes en la iglesia y el mundo; la segunda presenta el modelo Profetas de Esperanza. La tercera trata de la evangelización integral de los jóvenes en pequeñas comunidades. La cuarta se refiere a la formación, capacitación y ministerio de los jóvenes **animadores** y la quinta, a la formación, capacitación y ministerio de los **formadores** dentro de este modelo de pastoral juvenil hispana.

Los jóvenes en la iglesia y en el mundo

3 El Concilio Vaticano Segundo (1962–65), en sus esfuerzos por renovar la iglesia para que fuera más fiel a Jesús y respondiera a la cultura actual, regresó a las fuentes bíblicas y revisó la tradición de los primeros siglos de la vida de la iglesia. Al hacer esto, los padres conciliares tomaron conciencia de que con el paso del tiempo, la comprensión de la naturaleza y de la misión de la iglesia se había deteriorado y dedicaron varios documentos a clarificarlas. Estos documentos fundamentan la manera cómo la Iglesia Católica se ve a sí misma y ve su misión. A continuación destacamos algunos aspectos de esta visión eclesial, relacionándolos con la evangelización de los jóvenes hispanos.

4   Aunque todos los jóvenes de hoy nacieron después del concilio, la renovación posconciliar ha alcanzado sólo a una pequeña porción de la juventud latina. Algunos jóvenes no han recibido atención pastoral; otros la han recibido bajo una visión eclesial prevaticana. En los siguientes apartados usamos tres temas eclesiales tomados del Concilio Vaticano Segundo para iluminar la acción evangelizadora de los jóvenes latinos: el Cuerpo de Cristo, el pueblo de Dios en marcha y la misión de la iglesia en el mundo para orientarlo hacia Dios.

La iglesia como Cuerpo de Cristo

5   La constitución *Lumen Gentium (Constitución dogmática sobre la Iglesia)* empieza hablando del misterio de la Iglesia y describiéndola como un sacramento, o sea, como signo e instrumento de la íntima unión de las personas con Dios y de la unidad de todo el género humano. Este documento enfatiza que la iglesia está constituida por *todos los bautizados,* quienes santificados por la acción del Espíritu Santo, caminamos hacia el Padre por medio de Cristo. Dios llama a toda la iglesia, incluyendo a sus jóvenes, a amarnos como Jesús nos ama y a continuar la misión de Jesús de proclamar el reinado de Dios e instaurarlo en todos los pueblos. De esta manera, la iglesia es germen y principio del Reino de Dios en la tierra.

6   Después de revisar brevemente varias imágenes de la iglesia, esta constitución dedica una sección completa a la imagen de la iglesia como el Cuerpo místico de Cristo, recalcando de nuevo que todos los bautizados estamos unidos por el Espíritu Santo a Cristo, quien es la cabeza de la iglesia. En el bautismo, todos los cristianos somos transformados en criaturas nuevas, configurados con Jesús y unidos profundamente en el mismo Espíritu, quien da a todos y cada uno los carismas o dones necesarios para el bien del cuerpo entero, o sea de la comunidad eclesial.

7   Los jóvenes son miembros del Cuerpo de Cristo. Unidos como comunidad eclesial, forman un cuerpo joven, lleno de vitalidad y con gran proyección hacia el futuro. Unidos con los adultos, ofrecen los dones y atributos de su juventud para que, combinados con la experiencia y carismas propios de los adultos, la iglesia se renueve constantemente y busque formas creativas para encarnar el Evangelio en las culturas de cada nueva época de la historia.

8. Las pequeñas comunidades evangelizadoras actúan como Cuerpo de Cristo cuando sus miembros vivifican cinco dimensiones de la vida eclesial con su práctica cristiana:

1. El *kerygma* es la "proclamación" que inaugura el Reino de Dios en la sociedad anunciando explícitamente la Buena Nueva, proclamando a Jesús vivo en la historia actual y dando testimonio de amor en la vida diaria. De este modo, las pequeñas comunidades de jóvenes que viven de acuerdo al *kerygma*, son fuente de liberación y conversión para sus miembros y para otros muchos jóvenes.
2. La *koinonía* es la "comunión" que edifica la comunidad eclesial, tanto al interior de la pequeña comunidad como de la iglesia en sus dimensiones más amplias. Las comunidades evangelizadoras realizan la *koinonía*, velando por la unidad y el bienestar de sus miembros, interrelacionándose con otras comunidades eclesiales y manteniéndose unidas en la oración y en el servicio junto con cristianos de otras iglesias.
3. La *didaché* es la "enseñanza" que imparte una catequesis sólida para que los jóvenes profundicen en los fundamentos de su fe cristiana y de la vida eclesial. De esta manera, los jóvenes adquieren los valores del Reino, refuerzan las creencias que dan significado y dirección cristiana a la vida, experimentan el misterio de Dios, pueden dar testimonio hablado de su fe y son capaces de defenderla ante las ideologías contrarias al Evangelio y el proselitismo de sectas religiosas.
4. La *diakonía* es el "servicio" al prójimo, tanto en la comunidad de fe como en los distintos ambientes en que viven los jóvenes, mediante una actitud diaria de servicio y de asistencia social y de acción sociopolítica organizada. Este servicio se enfoca hacia las necesidades materiales, afectivas, sociales y culturales de las personas, especialmente de los pobres y marginados.
5. La *leiturgia* es la "liturgia" en la cual los jóvenes celebran comunitariamente su fe, dan gracias, piden perdón por sus pecados y alaban a Dios, tanto en la Eucaristía como en la oración compartida en su pequeña comunidad. De esta manera, la Eucaristía llega verdaderamente a ser el centro y culmen de la fe vivida, día a día, en todos los ámbitos de la vida y no un evento aislado.

La iglesia como pueblo de Dios en marcha

9   En su segundo capítulo, la *Lumen Gentium* habla de la iglesia como pueblo de Dios, refiriéndose de nuevo *a lo común en la totalidad de la iglesia*. Sólo después de estas dos imágenes tan poderosas como son la del Cuerpo de Cristo y la de pueblo de Dios, la *Lumen Gentium* dedica un capítulo a sectores específicos de la Iglesia, como son la jerarquía y el laicado. El párrafo introductorio de este segundo capítulo afirma que:

> En todo tiempo y en todo pueblo es grato a Dios quien le teme y practica la justicia. . . . Sin embargo, fue voluntad de Dios el santificar y salvar a los hombres [y mujeres], no aisladamente, sin conexión alguna de unos con otros, sino constituyendo un pueblo, que le confesara en verdad y le sirviera santamente.[1]

10   Dios, desde que creó al hombre y a la mujer, estableció una alianza con ellos. Cuando esta alianza fue rota por el pecado, Dios estableció otra alianza con el pueblo israelita. Finalmente, a través de Cristo, Dios instituyó una alianza nueva y perfecta con el nuevo pueblo de Dios.

> Ese pacto nuevo, a saber, el Nuevo Testamento en su sangre . . . , lo estableció Cristo convocando un pueblo de judíos y gentiles, que se unificara no según la carne, sino en el Espíritu, y constituyera el nuevo Pueblo de Dios. Pues quienes creen en Cristo, renacidos no de un germen corruptible, sino de uno incorruptible, mediante la palabra de Dios vivo . . . , no de la carne, sino del agua y del Espíritu Santo . . . , pasan, finalmente, a constituir *un linaje escogido, sacerdocio regio, nación santa, pueblo de adquisición . . . , que en un tiempo no era pueblo y ahora es pueblo de Dios.*[2]

11   Los jóvenes realizan su misión como pueblo de Dios, ejerciendo su sacerdocio común y su vocación profética, adquiridos por razón de su bautismo en Cristo. Su sacerdocio consiste en ofrecer la vida diaria a Dios, perseverar en la oración, dar razón de la esperanza cristiana y celebrar los sacramentos. Su tarea profética implica su testimonio de Jesús resucitado con una vida de fe y caridad, proclamando el Evangelio de Cristo y alabando públicamente a Dios.

12   Los jóvenes, llenos de energía por sus ideales, cualidades y esperanzas, pero también con debilidades, ansiedades y errores, están

en un proceso continuo de crecimiento en su peregrinar hacia Dios. En este peregrinar, les acompaña Jesús: Emmanuel, Dios-con-nosotros. Dios no cambia su esencia, pero continuamente se revela de diferentes maneras, según la cultura y el momento histórico en que vive la gente. Por eso, la acción liberadora de Dios siempre tiene sentido para la juventud, en cualquier circunstancia de la vida.

13   Las **pequeñas comunidades juveniles** son porciones del pueblo de Dios que se esfuerzan por ser fieles a Dios y son espacios propicios donde los jóvenes se apoyan en su jornada de fe y en su misión como profetas de esperanza. De manera similar a las comunidades cristianas de los primeros siglos que vivían en ambientes judíos y paganos, las pequeñas comunidades de fe hoy día, están dispersas en un mundo secularizado y en ocasiones paganizado. Como iglesias en la diáspora (dispersas por el mundo), las pequeñas comunidades de jóvenes son fuente de vida eclesial y de evangelización.

14   En estas comunidades, los jóvenes mantienen su identidad como un pueblo doblemente **mestizo**, siendo su primer **mestizaje** el resultado de la mezcla de la sangre y la cultura de indios, españoles, portugueses y africanos y el nuevo mestizaje que está sucediendo actualmente en Estados Unidos. Desde su perspectiva y corazón latino, los jóvenes viven su alianza de amor con Dios y abren su corazón a los jóvenes que necesitan el calor de una amistad auténtica y un acercamiento a Dios. Desde su conciencia de ser parte de un solo pueblo de Dios, a la vez dividido y enriquecido por distintas culturas, promueven una mayor comprensión y unidad en la diversidad de la iglesia y la sociedad. Desde su espiritualidad latina, responden a los anhelos profundos de la juventud en su realidad actual y en su caminar hacia el futuro. Desde su participación en la iglesia y en la sociedad, levantan su voz profética y luchan por una sociedad más justa en Estados Unidos y en el mundo.

Jóvenes insertados en el mundo para orientarlo hacia Dios

15   La constitución *Gaudium et Spes (Constitución pastoral sobre la Iglesia en el mundo actual)* está dirigida a toda la familia humana, con quien la iglesia se siente solidaria, y no sólo a los cristianos. Empieza diciendo:

> Los gozos y las esperanzas, las tristezas y las angustias de los hombres de nuestro tiempo, sobre todo de los pobres y de

cuantos sufren, son a la vez gozos y esperanzas, tristezas y angustias de los discípulos de Cristo.[3]

16 La tarea de la iglesia, en este caso de los jóvenes, empieza por analizar los signos de los tiempos e interpretarlos a la luz del Evangelio. Los jóvenes que hacen esto, pueden responder mejor a los interrogantes y desafíos de su vida, a su llamada a la vida eterna y a la relación entre las dos. De esta manera, los jóvenes adquieren una conciencia más clara de la dignidad y la vocación de la persona humana que les permite superar la visión individualista que impera en el mundo actual, adquirir responsabilidad por el bien común y ordenar su vida en base a los valores evangélicos. En consecuencia, la separación entre su fe y su vida diaria desaparece gradualmente.

17 Los jóvenes relacionan su fe y su vida al enfrentar los problemas actuales más urgentes con una perspectiva cristiana: el sano fomento del progreso cultural, la promoción de una vida socioeconómica basada en la justicia, la participación política, la lucha por los derechos humanos, el fomento de la paz y de un espíritu de comunidad en y entre los pueblos, la formación de matrimonios y familias cristianas. Este quehacer debe ser hecho tanto por acciones de personas individuales como a través de un trabajo comunitario con otros jóvenes, para juntos enfrentar los problemas de la sociedad actual y poner cimientos mejores para el mundo de mañana.

18 Las pequeñas comunidades evangelizadoras dan a los jóvenes el espacio que necesitan para analizar críticamente la realidad a la luz de su fe y discernir el llamado de Dios a actuar en la historia. Estas comunidades son un lugar privilegiado donde los jóvenes pueden descubrir su vocación personal y realizar una acción pastoral comunitaria. En sus esfuerzos por instaurar el reinado de Dios en la sociedad, los jóvenes en las comunidades de fe, se convierten en sal en la tierra de sus hogares, barrios, escuelas, fábricas, oficinas; luz para los jóvenes con quienes conviven y levadura en la masa de la juventud que no ha encontrado a Jesús.

Los jóvenes, apóstoles entre sus compañeros

19 El decreto *Apostolicam Actuositatem (Decreto sobre el apostolado de los laicos)* dedicado al apostolado de los laicos, enfatiza la importancia de la acción de los jóvenes en la vida social, cultural y política de la sociedad. Insiste en que hay que duplicar los esfuerzos de un apostolado con los jóvenes y *de* los jóvenes para que ofrezcan la

esperanza de la vida en Jesús a sus propios compañeros. Todos los apóstoles, como personas llamadas y enviadas a vivir su vocación y a cumplir su misión, requieren de una comunidad que los sostenga, los envíe a evangelizar y a la cual puedan regresar para reflexionar sobre su misión. Las pequeñas comunidades eclesiales son apostólicas cuando tienen como una meta la acción evangelizadora de los jóvenes en el mundo; están abiertas a recibir nuevos miembros y están dispuestas a compartir con ellos su apostolado.

20 El papa Pablo VI, en su exhortación apostólica *Evangelii Nuntiandi*, insiste en que la iglesia debe prestar atención especial a los jóvenes y enfatiza la necesidad de que los jóvenes, bien formados en la fe y bien arraigados en la oración, se conviertan cada vez más en apóstoles de la juventud. El papa Juan Pablo II, en su exhortación apostólica *Christifidelis Laici*, ratifica estas dos líneas de acción, señalando que:

> Los jóvenes no deben considerarse simplemente como objeto de la solicitud pastoral de la Iglesia; son de hecho —y deben ser incitados a serlo— sujetos activos, *protagonistas de la evangelización y artífices de la renovación social*.[4]

21 La iglesia está llamada a llevar el evangelio hasta los confines del mundo. Los jóvenes latinos en Estados Unidos con su gran movilidad territorial y libertad de acción, pueden ser misioneros en sus parroquias, barrios, ciudades cercanas y nuevos lugares donde se establecen. "La mies es mucha y los operarios pocos". La población joven hispana es tan grande y el número de agentes de pastoral tan pequeño, que dondequiera que exista juventud latina, existirá tierra de misión.

22 Para realizar su apostolado en ambientes difíciles o con jóvenes que están pasando por situaciones críticas, los jóvenes apóstoles necesitan una espiritualidad profunda que les dé fuerzas y ánimos para seguir adelante. Las pequeñas comunidades deben ser fuente de esta espiritualidad fomentando la oración comunitaria y nutriendo la vida de oración personal de sus miembros.

23 La evangelización necesita jóvenes misioneros. El decreto *Ad Gentes (Decreto sobre la actividad misionera de la Iglesia)* insiste en que todo discípulo de Jesús está llamado a evangelizar, catequizar, formar comunidades y motivar a otros al apostolado. Este trabajo, siempre debe hacerse en unión con la iglesia, de modo que den

testimonio de Jesús vivo en el lugar donde realizan su labor. En general, los jóvenes que son miembros de una pequeña comunidad evangelizadora, están más motivados para realizar una acción misionera; adquieren mayor conciencia de la necesidad de ésta; descubren y desarrollan más los dones que Dios les ha dado para el servicio, y cuentan con el apoyo necesario para seguir su vocación y cumplir su misión como cristianos.

24 En el Primer Congreso Nacional Raíces y Alas, llevado a cabo por el Consejo Nacional Católico para el Ministerio Hispano en 1992, se señaló la importancia del papel de los jóvenes en la evangelización de los hispanos en Estados Unidos. Este congreso enfatizó la necesidad de relacionar la fe cristiana con los desafíos y oportunidades que encuentran los jóvenes en su cultura. La Cuarta conferencia general del episcopado latinoamericano, en Santo Domingo, se enfocó justamente en la necesidad de responder a las nuevas situaciones que emergen en Latinoamérica y en el mundo, con una "**Nueva Evangelización,** Promoción Humana y Cultura Cristiana". En el Día Mundial de la Juventud 1993 en Denver, el papa Juan Pablo II también enfatizó la necesidad para una Nueva Evangelización en la cual los jóvenes juegan un papel importante como evangelizadores.

Plan Pastoral Nacional para el Ministerio Hispano

25 El pueblo hispano en Estados Unidos, a través del objetivo general y las dimensiones específicas del Plan Pastoral Nacional para el Ministerio Hispano (1987) expresa su visión de la iglesia y su misión, basada en el Concilio Vaticano Segundo. El objetivo general es:

> Vivir y promover . . . por medio de una Pastoral de Conjunto, un Modelo de Iglesia comunitaria, evangelizadora y misionera, encarnada en la realidad de los hispanos y abierta a la diversidad de culturas, promotora y ejemplo de justicia . . . que desarrolla liderazgo por medio de una educación integral y que es fermento del Reino de Dios en la sociedad.[5]

26 Las dimensiones específicas del Plan Pastoral Nacional son:
- *Pastoral de conjunto.* "Desarrollar una pastoral de conjunto que en sus estructuras y sus agentes manifieste comunión en integración, coordinación, asesoramiento y comunicación de la acción pastoral de la Iglesia según el objetivo general de este plan".

- *Evangelización.* "Reconocer, desarrollar, acompañar y apoyar las pequeñas comunidades eclesiales y otros grupos (Cursillos de Cristiandad, RENEW, Movimiento Carismático, grupos de oración) que unidos al obispo son instrumentos efectivos de evangelización para los hispanos".
- *Opción misionera.* "Promover la fe y la participación efectiva en las estructuras de la Iglesia y la sociedad de estos grupos prioritarios (los pobres, las mujeres, las familias y la juventud) para que sean agentes de su propio destino (auto-determinación) y capaces de progresar y de organizarse".
- *Formación.* "Proporcionar formación de líderes adaptada a la cultura hispana en los Estados Unidos que ayude al pueblo a vivir y a promover un estilo de Iglesia que sea fermento del Reino de Dios en la sociedad".[6]

En relación a la juventud, esto significa "garantizar la participación de la juventud hispana en la vida y misión de la iglesia. . . . Identificar programas efectivos y existentes que pueden servir de modelo para alcanzar a los jóvenes más alejados y ayudar a la multiplicación de esos programas en diferentes diócesis y parroquias".[7]

27 Es fácil aceptar esta visión. El desafío radica en cómo organizar y llevar a cabo la pastoral para que los jóvenes hispanos católicos sean realmente sacramento de Cristo, signo e instrumento suyo para la evangelización de sus compañeros. El modelo de evangelización comunitaria que presentamos en este capítulo ofrece algunas pautas concretas para lograr los ideales. Este modelo sintetiza, de manera práctica, la visión teológico-pastoral de los dos volúmenes de Profetas de Esperanza.

El modelo Profetas de Esperanza

28 El modelo Profetas de Esperanza se enfoca en la formación de pequeñas comunidades de jóvenes que participan en un proceso continuo de evangelización integral que los convierte en profetas de esperanza en los diversos ambientes en que viven. Las siguientes secciones presentan el modelo Profetas de Esperanza, describen los elementos que lo componen, señalan las personas que hacen realidad este modelo y sugieren algunas maneras de iniciarlo.

Elementos del modelo Profetas de Esperanza

29 El modelo Profetas de Esperanza para la pastoral juvenil, está compuesto de dos procesos interrelacionados: la formación de pequeñas comunidades y la evangelización continua de los jóvenes.
1. La formación de pequeñas comunidades supone la formación y capacitación de jóvenes animadores y la preparación de **asesores** que los apoyen en la implementación de este modelo.
2. La evangelización continua se desarrolla en varias fases. Cada fase señala un proceso y muestra el contenido para la evangelización de los jóvenes mediante la praxis cristiana.

Personas que hacen realidad el modelo Profetas de Esperanza

30 Para implementar el modelo Profetas de Esperanza para la evangelización de jóvenes en pequeñas comunidades, se requieren tres grupos de personas:
1. Jóvenes que forman las comunidades de fe. Todos los jóvenes cristianos están llamados a vivir su fe personalmente y en comunidad. Para facilitar la respuesta de los jóvenes a este llamado, el modelo Profetas de Esperanza promueve su evangelización continua, fomentando y desarrollando su fe en estas dos dimensiones inseparables en la vida de todo bautizado.
2. De entre los jóvenes que han asumido su compromiso bautismal, algunos son llamados por Dios a ejercer un ministerio pastoral en la iglesia. El modelo Profetas de Esperanza, requiere el ministerio de jóvenes animadores que formen, animen y dirijan pequeñas comunidades de jóvenes evangelizadores.
3. Los jóvenes que desean servir como animadores de una pequeña comunidad evangelizadora necesitan una formación y acompañamiento pastoral para este ministerio. Esto supone la colaboración de personas capacitadas como formadores de animadores.

Sugerencias para implementar el modelo Profetas de Esperanza

31 Para implementar el modelo Profetas de Esperanza, se sugieren varias posibilidades, que de ninguna manera abarcan todas. Estas posibilidades son las siguientes:

Partir de cursos de formación

32 El modelo Profetas de Esperanza puede ser implementado a partir de:
1. Cursos de capacitación para formadores y asesores de jóvenes animadores en pequeñas comunidades.
2. Cursos de formación y capacitación práctica de animadores jóvenes, para que empiecen a formar sus pequeñas comunidades.

Partir de una experiencia pastoral

33 El modelo Profetas de Esperanza puede ser implementado a partir de las siguientes acciones:
1. Reunir un grupo de jóvenes que busquen un mayor crecimiento en su fe, un compromiso pastoral serio, una experiencia religiosa comunitaria y apoyo para enfrentar los desafíos de la vida y desarrollarse personal y espiritualmente.
2. Transformar un grupo grande de jóvenes en varias pequeñas comunidades evangelizadoras u orientar la evolución natural de un grupo juvenil hacia una pequeña comunidad.
3. Iniciar comunidades intencionales en diversos sectores de una parroquia, la universidad, con los amigos o compañeros de trabajo, al interior de un movimiento apostólico.
4. Formar una nueva comunidad que responda directamente a las necesidades pastorales de un grupo particular de jóvenes.

Evangelización integral de los jóvenes en pequeñas comunidades

34 El proceso de evangelización de jóvenes en pequeñas comunidades debe estar organizado y enfocado de tal manera que, conforme ellos avancen en su conversión personal y comunitaria, vayan asumiendo gradualmente mayor responsabilidad en la iglesia y en el mundo. El proceso de evangelización logra esto facilitando el desarrollo humano y cristiano de los jóvenes; usando una metodología comunitaria, conscientizadora y liberadora; presentando un contenido de evangelización integral; favoreciendo la oración personal y comunitaria; y capacitando a los jóvenes para lograr una acción transformadora y constructora del Reino de Dios en la sociedad.

Fases en la evangelización de los jóvenes

35 En el modelo Profetas de Esperanza, la evangelización de los jóvenes genera un proceso de formación y madurez en la comunidad. Este modelo identifica cinco fases básicas de crecimiento cristiano a nivel personal y comunitario. El paso de una fase a la siguiente está marcado por un retiro y una celebración litúrgica especial. Estas fases se enfocan en los siguientes aspectos de la vida cristiana:

1. *La comunicación de Dios en la historia.* El objetivo es que los jóvenes descubran la presencia de Dios en sus vidas, acepten su invitación a vivir en su amor y a recibir su salvación a través de Jesús. Esta fase se enfoca en la vocación cristiana desde una perspectiva **antropológica**.
2. *El seguimiento de Jesús por los jóvenes.* El objetivo es que los jóvenes conozcan a Jesús y se relacionen con él como sus discípulos a nivel personal y comunitario. Esta fase se enfoca en la vocación cristiana desde una perspectiva cristológica.
3. *La vocación y misión de los jóvenes en la historia.* El objetivo es que los jóvenes disciernan su vocación, analicen los desafíos que les presentan los diferentes ambientes en que viven y tomen conciencia de su misión en la historia. Esta fase se enfoca en la vocación cristiana desde la perspectiva personal.
4. *El compromiso con la iglesia.* El objetivo es que los jóvenes conozcan mejor su iglesia, asuman conscientemente su misión evangelizadora y se comprometan en la extensión del Reino de Dios en la sociedad. Esta fase se enfoca en la vocación cristiana desde la perspectiva eclesial.
5. *La construcción de un nuevo mundo de esperanza.* El objetivo de esta fase es que los jóvenes formulen un proyecto de vida personal y comunitario, fundado en un auténtico discipulado de Jesús, en una participación activa en la vida de la iglesia y en un compromiso consciente y libre de colaborar con Dios en la salvación de la humanidad. Esta fase se enfoca en la vocación cristiana desde una perspectiva sociológica.

Metodología para la evangelización de los jóvenes

36 El modelo Profetas de Esperanza usa una metodología de evangelización basada en la vida de los jóvenes como miembros de pequeñas comunidades insertadas en el mundo. Es una metodología acti-

va, que enfatiza el discipulado y la acción misionera de los jóvenes. Incluye los siguientes procesos:

Procesos de evangelización

37   Los procesos de evangelización son los siguientes:
- El proceso de hacer converger la historia personal del joven, la historia como pueblo de fe y la historia de salvación, promoviendo un encuentro progresivo con Jesús en las Escrituras y en la vida de los jóvenes.
- Un proceso continuo de conversión, facilitando el descubrimiento del llamado de Dios en los signos de los tiempos; la adquisición de una visión cristiana de la vida, y el compromiso libre y activo de los jóvenes con la misión de Jesús.
- Un proceso de crecimiento espiritual, favoreciendo la oración personal y comunitaria; el discernimiento de la vocación y los dones personales; el desarrollo de una espiritualidad laica basada en la relación entre la fe y la vida, y la celebración de la fe en los sacramentos, especialmente en la Eucaristía.

Procesos de promoción personal y comunitaria

38   Los procesos para la promoción personal y comunitaria son los siguientes:
- El desarrollo de los jóvenes como personas integradas, ayudándoles a conocerse a sí mismos, a valorar su dignidad y a realizar su proyecto de vida, así como fomentando la comunicación interpersonal y el desarrollo de los jóvenes como cristianos.
- La adquisición de habilidades para vivir la fe en comunidad, mediante la comunicación sincera, el desarrollo de una solidaridad cristiana, una actitud de servicio y apoyo mutuo, y una responsabilidad recíproca por la vida de la comunidad.

Procesos de acción pastoral

39   Los procesos para favorecer la acción pastoral son los siguientes:
- La capacitación de los jóvenes para su misión en el mundo mediante el testimonio de su vida diaria, acciones evangelizadoras en los ámbitos normales de la vida, actividades apostólicas organizadas y una acción sociopolítica transformadora.
- La formación de pequeñas comunidades de jóvenes evangelizadores mediante las cuales los jóvenes puedan crecer personalmente,

siguiendo su vocación cristiana y cumpliendo su misión en el mundo.

40   En resumen, el modelo de evangelización Profetas de Esperanza, quiere que Jesús se convierta en el centro de la vida de los jóvenes; se esfuerza para que los jóvenes, reunidos en una pequeña comunidad, puedan ser fuente de renovación para la iglesia. De esta manera, la iglesia se convierte en sacramento de Jesús en la sociedad, desafiando efectivamente nuestra cultura con la visión y la misión de Jesús.

Formación, capacitación y ministerio de los jóvenes animadores

41   Los jóvenes animadores de las pequeñas comunidades pueden ser adolescentes o jóvenes adultos. Estos jóvenes son personas llamadas por Dios a ejercer este ministerio y, por lo tanto, están dotados de carismas útiles para la formación, **animación** y orientación de comunidades evangelizadoras. De ninguna manera, el asumir este ministerio —o cualquier otro— quita a los jóvenes su responsabilidad de vivir su fe en todos los ambientes en que viven, como corresponde a todo cristiano. En todo tiempo y circunstancias de la vida, los animadores deben dar testimonio de cómo se vive la fe y cómo se trabaja por extender el Reino de Dios en la sociedad.

Formación, entrenamiento y capacitación

42   Los jóvenes animadores necesitan adquirir formación en varias dimensiones de su vida:
1. Formación sobre la visión teológico-pastoral que sustenta el modelo Profetas de Esperanza.
2. Capacitación práctica para desarrollar su función de animadores.
3. Formación integral en las siguientes áreas:
   - *Ciencias humanas.* Antropología, biología, psicología, filosofía y sociología
   - *Teología.* Biblia, **cristología, eclesiología,** teología pastoral y teología del laicado
   - *Pastoral.* Metodología y técnicas para la acción pastoral, con énfasis en el apostolado con otros jóvenes y en la misión evangelizadora de la iglesia

Esta formación puede ser adquirida conforme los jóvenes participan en el proceso de evangelización integral como animadores o como miembros de una comunidad. Esta formación también puede darse mediante la participación de los jóvenes en algún curso de formación en la fe, como los que se ofrecen para líderes jóvenes, catequistas o ministros laicos.
4. La formación en psicología y pastoral necesaria para que los animadores puedan responder a las necesidades específicas de los adolescentes y de los jóvenes.
5. Formación especializada, si un animador va a trabajar con grupos específicos, como: campesinos, universitarios, enfermos, jóvenes en las cárceles o en pandillas, o si la comunidad requiere que desarrolle habilidades pastorales para animarla en su acción social, atención a los enfermos, consejería informal *(peer counseling)*, retiros, u otros ministerios específicos.

43   Además, es muy importante que los jóvenes animadores conviertan su experiencia en un proceso de formación personal mediante: *(a)* crecimiento y profundización en su propia vida de fe; *(b)* supervisión y orientación profesional para su ministerio, y *(c)* una reflexión teológico-pastoral periódica sobre su ministerio.

Metodología y contenido
para la formación de jóvenes animadores

44   El modelo Profetas de Esperanza tiene como objetivos específicos: la formación de pequeñas comunidades de jóvenes evangelizadores y misioneros, el crecimiento cristiano de los jóvenes y una práctica pastoral evangelizadora. Los animadores lograrán que estos objetivos se cumplan en las comunidades que sirven, a través de:
1. Estudio, reflexión y análisis de:
   - sus propias experiencias pastorales,
   - discernimiento de los signos de los tiempos,
   - las cualidades necesarias para que una comunidad de fe sea realmente evangelizadora y misionera.
2. Capacitación para su tarea, con teorías, métodos y técnicas para:
   - formar, dirigir, animar y coordinar a los jóvenes en una pequeña comunidad de fe,
   - implementar un proceso de evangelización continua, usando un enfoque que lleve a la praxis cristiana,
   - facilitar que los miembros de la pequeña comunidad cumplan su misión cristiana,

- formar pequeñas comunidades de jóvenes evangelizadores,
- identificar los dones de otros jóvenes y animarlos a desarrollarlos.

3. Profundización en el conocimiento de Jesús, su mensaje y su misión:
   - al encontrarse personalmente con Jesús, en su papel de formador y animador de una comunidad de discípulos,
   - al conocer la manera como Jesús evangelizaba a las personas mediante su contacto personal,
   - al recordar cómo Jesús actuó como profeta, desafiando los signos de muerte en su cultura y sociedad, moviendo a la gente a la conversión y ofreciéndoles una vida nueva,
   - al valorar la misión sacerdotal de Jesús y la manera como buscaba la unión y la reconciliación de la gente con Dios,
   - al descubrir a Jesús como servidor, sobre todo en el servicio a los pobres y desamparados.

4. Reflexión personal y comunitaria sobre:
   - su experiencia personal como seguidores de Jesús,
   - el tipo de liderazgo que ejercen,
   - la manera de mejorar su ministerio,
   - su posición como líderes hispanos en la iglesia y la sociedad de Estados Unidos.

45 Idealmente, todos los jóvenes que desean formar una comunidad, especialmente los animadores, deberían tener la oportunidad de pasar por un curso de formación. Si esto no es posible, pueden formar un grupo de apoyo mutuo y de autoformación entre varios jóvenes, en base al modelo Profetas de Esperanza.

Ministerio de los jóvenes animadores

46 Los jóvenes animadores tienen varias funciones simultáneas en las pequeñas comunidades:

1. Animan al grupo de jóvenes para que formen una pequeña comunidad en la que todos los miembros se responsabilicen de la vida de la comunidad.

2. Coordinan un proceso continuo de evangelización integral en los jóvenes que forman la pequeña comunidad, incluyéndose a sí mismos.

3. Motivan y ayudan a los jóvenes de la comunidad para que cumplan su misión en el mundo y en la iglesia.

4. Ayudan a que otros jóvenes descubran su vocación como animadores y desarrollen los carismas que Dios les ha dado.

47   No es necesario que un solo joven lleve a cabo todas las funciones, todo el tiempo, en una misma comunidad. Es mejor que haya un equipo de dos o tres jóvenes que compartan las funciones de animación. Así, más jóvenes descubren su vocación a este ministerio, la responsabilidad se hace más ligera para todos y se da testimonio de un trabajo comunitario.

Capacitación y ministerio de los formadores

48   En el contexto del modelo Profetas de Esperanza, los formadores son personas que se preparan para formar a los animadores de pequeñas comunidades de jóvenes evangelizadores.

Capacitación de los formadores

49   Los formadores necesitan compartir la visión teológico-pastoral del modelo Profetas de Esperanza y deben capacitarse para desarrollar dos funciones claves: la formación de jóvenes animadores y la asesoría para la implementación del modelo. Para cumplir estas funciones se requiere lo siguiente:
- conocer a los jóvenes con quienes se implementará el modelo,
- identificar alternativas viables para implementar el modelo en su situación pastoral,
- capacitarse como formadores de jóvenes animadores,
- identificar jóvenes con vocación para realizar el ministerio de animadores,
- capacitarse para planificar la implementación del modelo de manera que se asegure la formación, desarrollo y multiplicación de las comunidades,
- conocer el proceso de evangelización continua de modo que sean capaces de asesorar a los animadores en la manera de llevarlo a cabo.

50   Para que una persona pueda realizar su labor como formadora de animadores y acompañar a los jóvenes a implementar el modelo Profetas de Esperanza, se recomienda que tengan una formación en las siguientes áreas:

- *Formación personal.* Esta formación comprende el desarrollo de la vocación y espiritualidad del animador de una pequeña comunidad; la comprensión de su misión evangelizadora y su papel eclesial, y la integración de su vida personal, ministerial y profesional.
- *Formación teológico-espiritual.* Esta formación incluye un conocimiento fundamental de Sagradas Escrituras, cristología, eclesiología, doctrina católica, sacramentos, teología moral, identidad católica y **ecumenismo,** así como la aplicación de la teología católica sobre la vocación del laico al ministerio.
- *Formación para el liderazgo.* Esta formación comprende conocimientos y capacitación para crear ambientes que faciliten la comunicación y el crecimiento personal de los jóvenes; para desarrollar sistemas y procesos que favorezcan la interacción grupal; para ofrecer experiencias que integren la evangelización, catequesis, liturgia y cuidado pastoral en la vida de la comunidad, y para administrar programas y proyectos.

51 Además, los formadores de animadores necesitan un entrenamiento metodológico en diferentes áreas. En el área pastoral, necesitan conocimientos para trabajar con adolescentes y con jóvenes adultos según las etapas de su desarrollo. En relación a ministerios especializados, necesitan capacitación en evangelización, catequesis, oración personal, liturgia y formación de comunidad. También necesitan habilidades para el ministerio juvenil, incluyendo técnicas de orientación, métodos para trabajar en la justicia y el servicio social; procesos para facilitar el desarrollo personal y la madurez en la fe; técnicas de acompañamiento y apoyo a los jóvenes; maneras de dar una perspectiva familiar a la pastoral juvenil.

Los agentes de pastoral y el modelo Profetas de Esperanza

52 Los agentes de pastoral pueden colaborar en la implementación del modelo Profetas de Esperanza de las siguientes maneras:
- considerando la formación de pequeñas comunidades evangelizadoras como un modelo alternativo de pastoral juvenil parroquial,
- optando por este modelo para la evangelización y atención pastoral de los jóvenes hispanos,
- adaptando este modelo a las diferentes culturas, de modo que una parroquia multicultural se convierta en una gran comunidad de comunidades, algunas formadas por jóvenes de diferentes culturas, otras por jóvenes que comparten el mismo idioma y la misma cultura,

- coordinando eventos parroquiales para que todas las comunidades en la parroquia tengan encuentros que faciliten su interacción y su sentido de iglesia,
- ofreciendo su servicio pastoral como asesores de jóvenes animadores.

Los dirigentes de movimientos apostólicos y el modelo Profetas de Esperanza

53   En general, los movimientos apostólicos juveniles hispanos tienen como objetivo la evangelización de los jóvenes. Muchos de ellos ofrecen sólo experiencias intensas de evangelización inicial; otros dan un seguimiento a estas experiencias a través de células, pequeñas comunidades de fe o reuniones de grupo. Los dirigentes locales de un movimiento apostólico pueden aprovechar el modelo Profetas de Esperanza de dos maneras:
- ayudando a que el equipo central del movimiento se desarrolle como una pequeña comunidad evangelizadora y no sólo como un equipo ministerial que únicamente se preocupe del crecimiento del movimiento,
- formando pequeñas comunidades como una manera de continuar la evangelización de los jóvenes que asistieron a un retiro o experiencia religiosa intensa.

Los asesores de jóvenes y el modelo Profetas de Esperanza

54   Existen dos grupos de personas que pueden denominarse asesores de jóvenes. En primer lugar están los agentes de pastoral, que trabajan directamente con los jóvenes en sus áreas de competencia, tales como: formación de líderes, **planificación pastoral**, catequesis, consejería escolar, trabajo con pandillas, salud e higiene, psicología del desarrollo, formación sexual o preparación prematrimonial. En segundo lugar están los adultos que, en base a su formación cristiana y experiencia pastoral, sirven a la juventud apoyándola, orientándola y asesorándola en su vida de fe y su acción pastoral.

55   Para que el modelo Profetas de Esperanza funcione bien, es importante que los asesores *no* asuman un papel de animadores en las comunidades. La función de los asesores es claramente de formación, acompañamiento y asesoramiento de los jóvenes animadores, incluso cuando son adolescentes. Los materiales de evangelización continua que publicará Saint Mary's Press, están siendo

elaborados con este enfoque en mente. Es decir, los materiales se apoyarán *en el servicio prestado por los jóvenes animadores* para facilitar la evangelización de la juventud a través de pequeñas comunidades de fe.

56 De esta manera, los jóvenes podrán cumplir con su misión, como los animara el papa Juan Pablo II en su visita a Denver para el Día Mundial de la Juventud 1993:

> Y a ustedes jóvenes latinoamericanos ¿qué les pide Cristo? El busca colaboradores en la Nueva Evangelización. Busca misioneros y misioneras de su palabra a todos los pueblos de este continente de la esperanza. Busca constructores de una sociedad nueva más justa, más fraterna, más acogedora hacia los "pequeños" y necesitados. Cristo necesita a cada uno y a cada una de ustedes.[8]

7

La Inculturación: un Desafío para la Juventud Hispana

❖ 7 ❖

La Inculturación: un Desafío para la Juventud Hispana

La iglesia relaciona fe y cultura *189*
    Diversos enfoques en la evangelización de los pueblos . . *191*
    Evangelización de América Latina *197*
    Renovación de la Iglesia con el Concilio Vaticano II . . . *202*

Inculturación en los distintos niveles de la cultura *206*
    Primer nivel:
        elementos culturales externos y fácilmente visibles *206*
    Segundo nivel: idioma, tradiciones y costumbres *207*
    Tercer nivel: sistemas e instituciones sociales *209*
    Cuarto nivel:
        valores culturales y valores del Reino de Dios *210*
    Quinto nivel:
        cosmovisión y sentido profundo de la vida *213*

**El proceso de inculturación
en el modelo Profetas de Esperanza** *214*

❖

*P*or medio de la inculturación la Iglesia encarna el Evangelio en las diversas culturas y, al mismo tiempo, introduce a los pueblos con sus culturas en su misma comunidad; transmite a las mismas sus propios valores, asumiendo lo que hay de bueno en ellas y renovándolas desde dentro. Por su parte, con la inculturación, la Iglesia se hace signo más comprensible de lo que es e instrumento más apto para la misión.
—Juan Pablo II, *Redemptoris Missio*

1   A partir del Concilio Vaticano II, la Iglesia Católica ha identificado la falta de relación entre la fe y la cultura como un problema clave de nuestro tiempo y ha enfatizado la necesidad de relacionarlas mejor. Para comprender mejor la perspectiva actual de la iglesia sobre la relación entre la fe y la cultura, este capítulo presenta los enfoques principales con que la iglesia ha visto esta relación a lo largo de su historia; analiza el concepto de inculturación; identifica cinco niveles en el contexto cultural en que viven los jóvenes hispanos, señalando en cada nivel, los aspectos especialmente significativos para su evangelización y dando algunas orientaciones para encarnar la fe en la vida y la cultura de los jóvenes. Finalmente, ofrece algunas metas, criterios, temáticas y procesos necesarios para lograr una evangelización inculturada.

La iglesia relaciona fe y cultura

2   Hace casi dos mil años, Dios se hizo carne en Jesús, quien nació en Belén de Judea y fue educado en la región de Galilea, en la cultura hebrea. Jesús asumió la cultura de su época usando sus medios y símbolos para cumplir su misión de encarnar a Dios en la historia y señalar sus caminos de amor, justicia, paz y verdad. A la vez, Jesús dio un significado nuevo a algunas costumbres culturales y religiosas judías.

3   Jesús no se dirigió sólo a los fieles de Yahveh, también llevó la Buena Nueva a los sirio-fenicios, samaritanos, romanos y griegos. Su resurrección y la venida del Espíritu Santo en Pentecostés abrieron horizontes nuevos para todas las culturas. A través de Jesús, la alianza de Dios con la humanidad tomó una dimensión universal y trascendió las limitaciones físicas del tiempo, lugar y cultura. El mandato final de Jesús especifica claramente la voluntad de Dios de encarnarse en la vida de todas las personas.

> Por su parte, los Once discípulos partieron para Galilea, al cerro donde Jesús los había citado. Cuando vieron a Jesús se postraron ante él, aunque algunos todavía desconfiaban. Entonces Jesús, acercándose, les habló con estas palabras:
> "Todo poder se me ha dado en el Cielo y en la tierra. Por eso, vayan y hagan que todos los pueblos sean mis discípulos. Bautícenlos, en el Nombre del Padre y del Hijo y del Espíritu Santo, y enséñenles a cumplir todo lo que yo les he encomendado. Yo estoy con ustedes todos los días hasta que se termine este mundo". (Mateo 28, 16–20)

4   A primera vista, esta misión que dejó Jesús a sus seguidores, aparece como algo relativamente sencillo, cuyo desafío más grande está en caminar por el mundo predicando el Evangelio, bautizando y enseñando a seguir a Jesús. Sin embargo, la implementación de esta tarea es compleja y, a lo largo de la historia cristiana, ha confrontado serios desafíos teológicos y pastorales. Esta complejidad existe en mayor medida cuando se trata de pueblos que están siendo evangelizados por primera vez, pero también se da cuando los agentes de pastoral y el pueblo con el que se hace el ministerio provienen de diferentes expresiones culturales del cristianismo, como sucede con el pueblo latino en Estados Unidos.

5   Las siguientes preguntas, cuyas respuestas en ocasiones causan serias diferencias e incluso divisiones en la iglesia, ponen en evidencia la seriedad de los desafíos teológico-pastorales y la complejidad de cumplir con la misión que encomendó Jesús a sus seguidores:
- ¿Debe la evangelización preocuparse de la vida completa de las personas, incluyendo sus aspectos culturales, sociales, políticos y económicos o debe sólo enfocarse a su vida espiritual?
- ¿Hasta que medida hay que exigir que los pueblos que están siendo evangelizados o catequizados acepten la tradición cristiana tal

como se ha dado en la historia de la iglesia donde los agentes de pastoral adquirieron su fe cristiana?
- ¿Qué tipo de elementos religiosos y culturales provenientes de la tradición de pueblos diferentes a los del agente pastoral deben ser aceptados e incorporados en la vida de una iglesia local, con el fin de que el Evangelio se encarne realmente en las vidas de los evangelizados?

6   Los siguientes apartados de esta sección, tienen como objeto identificar algunas de las maneras más significativas acerca de cómo la iglesia ha relacionado fe y cultura, sobre todo en cuanto afecta a la evangelización del pueblo hispano. Con este fin, se ha dado énfasis a algunas situaciones claves en la historia de la iglesia.

7   La relación de la iglesia con las culturas, ha estado marcada siempre por un cierto grado de diálogo que ha permitido la recepción y expresión del mensaje del Evangelio por los pueblos misionados. Sin embargo, casi siempre ha exigido que la vida de los pueblos misionados se conforme no sólo al Evangelio de Jesús, sino también a la cultura de los misioneros y a la manera cultural occidental de vivir, expresar y trasmitir el Evangelio.

Diversos enfoques en la evangelización de los pueblos

8   Siguiendo el modelo presentado por Jesús, los apóstoles llevaron el mensaje de salvación a la vida de las personas en sus situaciones concretas, facilitando una vida nueva al interior de su corazón y en la cultura. Al mismo tiempo, los primeros cristianos, provenientes de diferentes culturas, llevaron a la iglesia sus idiomas, valores, filosofías, tradiciones y costumbres.

9   Aunque la inmensa mayoría de los primeros discípulos de Jesús eran judíos y guardaban la ley judía, la iglesia primitiva discernió que Dios no quería que una cultura se impusiera sobre otra. Por eso, la iglesia no obligó la ley judía de la circuncisión a los convertidos no judíos y permitió que cada comunidad expresara su fe con su propio idioma y forma de vivir. Con esta acción, la iglesia primitiva puso ante sus seguidores una lección difícil de aprender: los evangelizadores deben descubrir lo que es esencial a la fe cristiana e invitar a las personas a aceptarla, sin imponer elementos que no son esenciales en esta fe.

10   Desde entonces hasta nuestros días, el diálogo y el encuentro entre las varias culturas y la iglesia han sido realizados bajo diversas

perspectivas que han influenciado los métodos y el énfasis en la evangelización cristiana. Algunos enfoques o métodos de evangelización han favorecido la encarnación del Evangelio en varias culturas, respetando su manera de ser; otros han impuesto la visión y modo de vida occidental, destruyendo en distintos grados los valores y formas de vivir de los pueblos nativos.

Substitución de símbolos religiosos

11 La substitución de símbolos consiste en dar un significado cristiano a expresiones religiosas no cristianas. La iglesia usó este método con bastante éxito en los tres primeros siglos de la era cristiana, cuando realizó su ministerio misionero en un ambiente hostil y de persecuciones. El éxito de este método está en que, conforme el significado de los símbolos religiosos cambia, la nueva manera de ver un rito o costumbre antigua ayuda a los evangelizados a comprender mejor el mensaje cristiano trasmitido intelectualmente y a que su significado empiece a hacer mella en su corazón y a transformar su vida.

12 Jesús mismo usó este método. Predicó en las sinagogas y se presentó como un buen judío frecuentando el Templo. Al mismo tiempo, dio un nuevo significado a varias costumbres religiosas tradicionales, por ejemplo, adaptó la comida de la Pascua Judía e instituyó la Última Cena. Este es un ejemplo claro de lo que hoy día reconocemos como inculturación o sea una relación dinámica y crítica entre el Evangelio y las culturas.

Aceptación de símbolos seculares ajenos al Evangelio

13 La paz traída a la iglesia por Constantino (306–337), creó una atmósfera positiva para la misión evangelizadora de la iglesia. La situación fue tan favorable que, a veces, aceptó la cultura imperante sin hacer ante ella un juicio crítico a la luz del Evangelio. Así, la iglesia aceptó en su vida, símbolos de la cultura imperial que eran contrarios a los del evangelio. Por ejemplo, los obispos adoptaron los símbolos de la realeza imperial, perdiendo la sencillez y libertad de vida que caracterizó a Jesús y los primeros apóstoles; los sacerdotes tomaron funciones de autoridad sobre la gente y perdieron su papel como servidores de la comunidad; el culto dejó de celebrarse en las casas y se metió a las basílicas, donde se celebraba con toda la pompa de las ceremonias imperiales; el pecado dejó de comprenderse

como la violación del compromiso hecho con Dios y la comunidad y empezó a verse como la ruptura de las leyes divinas, que eran entendidas y promulgadas por la Iglesia. Estos dos tipos de leyes fueron gradualmente consolidados bajo el sistema de la corte imperial.

14 Esta manera de actuar hizo que la iglesia perdiera su flexibilidad evangélica y los evangelizadores su capacidad de distinguir lo que pertenecía a la fe y lo que era expresión cultural. Se empezó a confundir unidad con uniformidad y a imponer dondequiera las costumbres y los ritos romanos, considerando a las nuevas iglesias como una simple extensión de la iglesia de Roma, al grado que bajo los papas Siricio (384–399) e Inocente I (401–417) llegaron a expresar que nadie podía desear la fe de Pedro, si no deseaba las costumbres y ritos que venían de la ciudad de Pedro, o sea, de los romanos, sin considerar que Pedro era judío y había evangelizado en Roma según esa perspectiva y no la del imperio romano.

Consolidación del enfoque eurocéntrico

15 La era de expansión colonial europea que se dio entre los siglos XV y XX, ayudó a consolidar un enfoque eurocéntrico en la evangelización y esto afectó fuertemente la acción misionera de la iglesia. Los misioneros llevaron a las culturas y religiones nativas la visión prepotente del conquistador, imponiendo su cultura a la población al tiempo que trataban de llevarles la fe cristiana. La conversión al cristianismo implicaba aceptar las expresiones culturales del evangelizador europeo, en oposición a lo que había hecho la iglesia primitiva en el Concilio de Jerusalén, cuando se opuso a imponer un aspecto vital de la cultura judía —la circunscición— a los conversos provenientes de las culturas greco-romanas.

16 El establecimiento de la Congregación de la Propagación de la Fe, en 1622, fue un esfuerzo de parte de la iglesia en Roma para detener esta imposición cultural. En 1659, la Congregación pidió con gran precisión que se llevara a cabo un verdadero proceso de inculturación y condenó el etnocentrismo eclesiástico y cultural europeo:

> De ninguna manera, debido al celo que tienen, traten de . . . persuadir a esas personas de cambiar sus ritos, costumbres y maneras, a reserva de cuando son obviamente contrarios a la Fe y a la buena moral. Porque ¿qué puede ser más absurdo que tratar de llevar Francia, España o Italia, o cualquier otra parte

de Europa a China? No es esta clase de cosas lo que ustedes deben llevar, sino la Fe.

Admiren y alaben las costumbres que merecen alabanza. . . . No condenen rápida y excesivamente lo que no es valioso. Dejen que las costumbres que son evidentemente depravadas sean erradicadas más bien por pequeñas indicaciones y el silencio . . . gradualmente sin causar choques.[1]

Pero estas palabras no tuvieron el impacto deseado, como fue evidente en la condena que hizo la iglesia romana (1742) de los esfuerzos del jesuita, Mateo Ricci, de establecer un diálogo entre el Evangelio y la cultura en China y de aceptar algunos de sus ritos.

El enfoque individualista y espiritualista

17 En los primeras épocas del cristianismo, la evangelización se dirigía a la persona, dentro y a través de una comunidad de creyentes y, era la comunidad la que nutría, sostenía y ayudaba a madurar a los cristianos en la fe. Pero, particularmente con la reacción a la reforma protestante, la evangelización empezó a enfatizar la salvación de las almas y no de la persona-en-comunidad. Por lo tanto, la iglesia fue dejando su enfoque comunitario y adquiriendo un enfoque individualista.

18 Con el tiempo, la meta de la evangelización se convirtió en la implantación de la iglesia como institución, con sus costumbres de tipo jerárquico y monárquico y en la promoción de la participación individual de los evangelizados en la Iglesia Católica, como único medio de alcanzar la salvación en Jesús. En este modelo de iglesia y de acción evangelizadora, donde sólo el alma importaba y donde se obtenía la salvación sólo por iniciación en la iglesia gracias al bautismo, había poca necesidad de que los evangelizadores conocieran la cultura de los evangelizados. Los cristianos debían hacer obras de caridad y atender a las necesidades de salud y educación de la gente, especialmente de los pobres, pero estas acciones estaban ligadas sólo al significado de ser un buen cristiano y no se veían como parte del proceso de evangelización.

Esfuerzos insuficientes de flexibilidad pastoral

19 A finales del siglo XIX y durante la primera mitad del siglo XX, la iglesia desplegó una gran actividad misionera. Se trató de dar un giro diferente a la tendencia eurocéntrica y al enfoque orientado

hacia la salvación de las almas, introduciendo, bajo el pontificado de León XIII, el enfoque de Santo Tomás de Aquino, con sus elementos no-cristianos tomados de la filosofía de Aristóteles. Se invitó a las personas a reflexionar sobre la naturaleza de la persona humana y de la sociedad como un medio para descubrir la relación entre lo humano, la vida, la cultura y lo divino. Se enfatizó la necesidad de ver a la persona como un todo integrado, con su alma y cuerpo en estrecha interrelación. Como consecuencia de esta visión más integral, la iglesia empezó a generar su doctrina social, cuyo primer documento oficial fue la encíclica de León XIII, *Rerum Novarum* (1891).

20   Si este enfoque hubiera madurado, habrían cambiado los métodos de evangelización. Pero estos esfuerzos de la iglesia oficial tuvieron poca influencia en la evangelización, debido a que, aunque se condenaba fuertemente la exaltación de la cultura propia de los misioneros, la educación que recibían los sacerdotes en los seminarios y religiosos en sus congregaciones, mantuvo un enfoque eurocéntrico. Esta ambivalencia entre las ideas y la práctica, dio lugar a tres enfoques en la práctica misionera: la traducción, la adaptación y la indigenización.

21   Ninguno de estos tres enfoques respetaba la cultura y las experiencias religiosas de las personas que estaban siendo evangelizadas.
- *La traducción* presentaba el mensaje del Evangelio en el idioma nativo, pero según la visión de la cultura dominante.
- *La adaptación* representaba un avance puesto que tomaba elementos de la cultura nativa en la traducción del mensaje para presentarlo más efectivamente, pero también mantenía la visión de la cultura dominante.
- *La indigenización* favorecía la tónica general de la adaptación, con la ventaja de que promovía vocaciones sacerdotales y religiosas nativas, pero llevaba a los candidatos al sacerdocio y a la vida religiosa a abandonar sus costumbres culturales, imponiéndoles la manera europea de ser, pensar y actuar.

22   En la primera mitad del siglo XX, el concepto de la actividad misionera empezó a cambiar y el papa Pío XII (1939–1958) esbozó la idea de la pluralidad cultural. Sin embargo, él mismo enfatizó la indigenización como el camino adecuado. En 1951, Pío XII escribió:

> La meta final hacia la que debemos luchar y que debe permanecer siempre ante nuestros ojos es el establecimiento firme de

la Iglesia entre los pueblos, cada [iglesia local] teniendo su propia jerarquía, escogida entre los rangos de su clero nativo.²

23 El mantenimiento de este enfoque eurocéntrico y eclesiástico contribuyó fuertemente a que la iglesia no aprovechara los avances de las ciencias sociales y la evangelización no se fijara ni en las necesidades de las culturas diferentes a las europeas ni en las necesidades de la cultura moderna. En esta época anterior al Concilio Vaticano II, el abismo entre la retórica misionera sobre la necesidad de realmente adaptar el mensaje del Evangelio a las culturas y la práctica pastoral eurocéntrica se hizo aún más evidente. La consolidación de los países latinoamericanos, independizados de Europa en el siglo anterior, y el creciente nacionalismo de las colonias africanas y asiáticas que ganaban su independencia, pusieron cada día más en evidencia la necesidad de reconsiderar el enfoque eurocéntrico.

24 El uso persistente de los modelos de traducción, adaptación e indigenización, hicieron difícil el cambio. Parte del problema era que los misioneros generalmente consideraban su propia cultura como superior en todos los aspectos a las culturas locales. Muchos misioneros veían a la gente nativa como personas inmaduras e ignorantes que necesitaban su beneficencia. Por lo tanto, los misioneros traducían la "sabiduría" de su propia cultura a la lengua y la cultura local, generalmente sin tomar en cuenta las diferencias culturales, y trataban a los evangelizados paternalistamente.

25 En este contexto, el optimismo entusiasmante durante el papado de Juan XXIII (1958–1963), aparecía como algo muy irreal. En su encíclica *Princeps Pastorum* (1959), Juan XXIII indicó:

la Iglesia no se identifica a sí misma con ninguna otra cultura, sin exclusión alguna —ni siquiera con las culturas europeas y occidentales, con las que su historia ha estado tan estrechamente unida. Es cierto que su tarea asignada por Dios no está directamente relacionada con estas cosas, sino con la religión y la salvación de la humanidad. A pesar de esto, la Iglesia, con su juventud perpetua, continuamente renovada por el aliento del Espíritu Santo, siempre está lista para reconocer y ciertamente para auspiciar de todo corazón— todo lo que se pueda decir en favor de la mente y el corazón humano. Y es un asunto sin importancia, que estas cosas no siempre surjan de tierras mediterráneas, que en la providencia divina forman la cuna de su infancia.³

26   Será hasta después del Concilio Vaticano II (1962–1965) que la iglesia vuelva a emprender con nuevo entusiasmo y más claridad de mente sus esfuerzos por inculturar el Evangelio en las diversas culturas. La tercera sección de este capítulo retoma el diálogo de la iglesia oficial con las culturas, después del Concilio Vaticano II. La siguiente sección presenta el proceso de evangelización del pueblo latinoamericano.

Evangelización de América Latina

27   En los siglos XV y XVI, las exploraciones europeas empezaron una época donde se dieron simultáneamente la evangelización y la dominación político-cultural de los pueblos conquistados. La iglesia otorgó a España y Portugal el doble poder de colonizar y misionar, mezclando así lo temporal y lo sobrenatural, lo político y lo eclesial, lo económico y lo evangélico. Este proceso produjo como resultado algo así como una teocracia expansiva y militar, frecuente en la Edad Media, o sea, una forma de gobierno que se pensaba venía directamente de Dios y se realizaba a través de los sacerdotes.

El Evangelio llega a América

28   Las bulas, o sea, los documentos con los cuales el Papa otorga a los Reyes Católicos las nuevas tierras descubiertas —*Inter Coetera* y *Eximiae Devotionis*, ambas en 1493— otorgan, junto con ellas, a los habitantes que viven en esas tierras, con el mandato de hacerles participar, como miembros de la Iglesia Católica, de los beneficios del Evangelio. En su expansión como reinos cristianos, España y Portugal tenían dos metas indisolubles: dominar las tierras y a sus habitantes bajo el poder temporal de la corona y evangelizar a los pueblos mediante su incorporación a la Iglesia.

29   Las misiones en América Latina se dan en este marco de ambivalencia, entre un estado que incluye los fines de la iglesia como sus medios de expansión y una iglesia que va tomando conciencia de la necesidad de libertad, de atender a las injusticias realizadas con los pueblos dominados y de separar los fines de la expansión política europea de los objetivos misionales de la iglesia. Fray Bartolomé de las Casas es el primer religioso que propuso que los misioneros debían ir a los indígenas con fines pacíficos y exclusivamente evangélicos. Los jesuitas, por su subordinación directa al Papa y su independencia relativa de la corona, mostraron de manera particular y

sin equívoco, un sentido exclusivamente misional. Más tarde, los obispos latinoamericanos empezaron a tomar conciencia de la necesidad de la libertad para evangelizar, con Toribio de Mogrovejo, arzobispo de Lima, a la cabeza.

30   La decadencia de España en la época de los reyes Borbones (1700–1808), llevó a la iglesia en Latinoamérica también a una crisis debido principalmente a que América quedó aislada de España, las regiones quedaron sin contacto entre ellas y faltó el influjo de nuevos misioneros. Sin embargo, las misiones continuaron durante el siglo XVIII, aunque con menos intensidad y en menor número. Por ejemplo, los jesuitas se internaron en California en 1607, pero fue en el siglo XVIII cuando el genial Fray Junípero Serra (1763–1784) promovió la acción misionera "como en los primeros tiempos". En 1768, los franciscanos desembarcaron en California y, poco a poco, con indecibles trabajos y eficiencia, fueron fundando puestos de misión y **reducciones indígenas,** partiendo de San Diego (1769) y llegando hasta San Francisco (1776). Además, los dominicos también fundaron reducciones indígenas en toda la Alta California.

Primeros esfuerzos por inculturar el Evangelio en las culturas amerindias

31   Se ha afirmado, sin razón, que la vida cristiana en la **Cristiandad de Indias** era casi exclusivamente clerical. Muy por el contrario, los laicos cristianos conquistadores —españoles y criollos— tuvieron una participación activa en la expansión del Evangelio, aunque siempre dentro del molde de la misma cristiandad. Además, en relativamente poco tiempo, los indígenas convertidos empezaron a acompañar a los misioneros en sus viajes, ayudándoles como traductores y evangelizando en su propia lengua. De esta manera, los misioneros pudieron escribir catecismos en las lenguas nativas más predominantes y, en algunos lugares, los cristianos instruidos en la fe compartían el catecismo en su propio idioma, aún antes de que los pueblos conquistados aprendieran la lengua de los conquistadores. Varios indígenas laicos murieron como mártires en manos de sus hermanos indígenas, siendo ejemplo de ellos los jovencitos de Tlaxcala, México, beatificados por el papa Juan Pablo II, en 1992.

32   La iglesia cristiana primitiva, continuó usando muchos símbolos de la fe israelita, dándoles un nuevo significado. También intro-

dujo símbolos de la cultura y civilización greco-romana al cristianismo, para tratar de comunicar el mensaje de la fe cristiana. De modo similar, los misioneros en América Latina, tenían pleno derecho a elegir de entre los modos de expresión de las civilizaciones prehispánicas, ciertos elementos simbólicos que permitieran al indígena recibir y comunicar el contenido esencial de la fe que se les proponía.

33   La evangelización de América Latina se basó substancialmente en la introducción de la sacramentalidad católica de tipo hispánico, aceptando, en el plano de las liturgias y devociones populares, un amplio margen de adiciones y mezclas de prácticas religiosas prehispánicas. Dado que los misioneros no podían estar presentes en todas las comunidades misionadas ni tampoco cambiar el calendario litúrgico, crearon un sinnúmero de liturgias que, en su inmensa mayoría, eran dirigidas por los laicos indígenas. Esto favoreció la transmisión, expansión y celebración de la fe, aún en ausencia de los misioneros, dando lugar al **catolicismo popular,** el cual es de naturaleza predominantemente laica.

Conversión a un cristianismo de índole cultural

34   Para lograr una inculturación adecuada del Evangelio, se requiere, en primer lugar, que los misioneros conozcan a fondo el alma religiosa de los evangelizados y, en segundo lugar, que adopten métodos de evangelización apropiados para ellos. La comprensión existencial de las religiones prehispánicas suponía la identificación de su **núcleo ético-mítico,** lo que implicaba el conocimiento y la comprensión de la conciencia indígena, del significado de sus simbolismos religiosos y de las maneras como su cosmovisión y su vida religiosa interactuaban en la vida diaria. A este respecto, cabe identificar tres etapas en la acción misionera con los indígenas amerindios:

- La primera generación de misioneros identificó a las religiones indígenas como intrínsecas y absolutamente perversas y, en consecuencia, las persiguieron tratando de acabar con ellas.
- La segunda y tercera generación de misioneros, entre ellos Acosta y Sahagún, comprendieron que la evangelización requiere conocer profundamente el sistema del pensamiento indígena. Por lo tanto, llevaron a cabo investigaciones serias de lo que se podría llamar el "alma" del indígena americano.

- La cuarta generación inició los movimientos indigenistas, tratando de evangelizar y educar al indígena a partir de su realidad. Pero, la verdad es que la mayoría de los misioneros nunca usaron las obras de los frailes investigadores ni siguieron las líneas del movimiento indigenista.

35   Por el desconocimiento del alma indígena, la rapidez en que fueron destruidas las civilizaciones indígenas y la marginación de quienes guardaron su lengua y cultura, no se produjo en América el paso lento de un núcleo ético-mítico pagano a la aceptación y comprensión de la fe cristiana, como sucedió en la cristianización del imperio greco-romano. En cambio, se dio una ruptura, un corte radical, una aniquilación del corazón de las antiguas culturas, que impidió una evangelización auténtica y normal.

36   La inmensa mayoría de las comunidades indígenas, privadas de los contenidos esenciales de su cultura, desaparecieron inevitablemente como grupos culturales, para asimilarse —tarde o temprano— en la cultura dominante que les invadió. En este contexto, la evangelización se realiza ininterrumpidamente y de manera casi necesaria, desde el siglo XVI hasta el XVIII. Las comunidades pasaron poco a poco de una cultura a la otra y, al hacerlo, fueron realizando una conversión existencial al cristianismo como parte de la cultura que adoptaban.

37   En general, puede decirse que los misioneros llegaron tarde, en poco número y con métodos poco eficaces para imprimir los grandes fundamentos de la fe cristiana en la conciencia indígena. La falta de una etapa más profunda de evangelización hizo que una proporción muy grande del pueblo latinoamericano adquiriera y trasmitiera un cristianismo de tipo cultural, sin muchas veces llegar a captar aspectos esenciales de la fe cristiana.

Formación paulatina de una conciencia cristiana

38   Una vez destruido el núcleo ético-mítico indígena, se inició lentamente la formación de la conciencia cristiana latinoamericana. El paso del tiempo, el proceso de mestizaje, el trabajo de nuevas olas de misioneros europeos y el proceso de madurez en la fe de personas y comunidades, ha dado por resultado un rango grande de niveles de aceptación y comprensión de los misterios fundamentales de la fe. A lo largo de la historia de las diferentes naciones latinoamericanas han existido tanto personas profundamente convencidas y

comprometidas con Jesús y su Evangelio como personas que se reconocen a sí mismas como cristianas por estar bautizadas, pero que sólo conocen vagamente lo que esto significa.

39 Algunos pensadores creen que, en el fondo, los indígenas continuaron siendo paganos y que sólo aceptaron superficial y externamente el cristianismo, porque sólo pudieron captar la dimensión exterior del culto, sin penetrar en los misterios que simbolizaba. Otros creen que los indígenas que se dicen a sí mismos cristianos, *son* esencialmente cristianos, aunque con mayores o menores deficiencias, según la región a que pertenecen y la atención pastoral que han recibido. Otros más opinan que existe una yuxtaposición o coexistencia de dos religiones que los indígenas trataron de compaginar.

40 Por último, otros afirman que se trata de un **sincretismo religioso** o una "religión mixta" que ha dado lugar a un verdadero mestizaje religioso. En la conciencia individual y colectiva del indígena, lo sagrado invade toda la existencia, cada acto de su vida ordinaria está regulado por los dioses y la historia entera tiene significación teológica.

41 Ante esto, los indígenas, muchas veces abrazaron el cristianismo para congraciarse con el Dios cristiano, para poseer al nuevo Dios y dejarse poseer por él, incluyendo con él a María y los santos, quienes tomaron el lugar de los múltiples dioses en sus religiones politeístas. De esta manera, los indígenas firmaron una alianza pacífica con el cristianismo, aceptándolo a partir de su cosmovisión mítica, y viéndolo como la conclusión de una perspectiva cuyas premisas eran paganas. En estos casos, la consecuencia fue un paganismo de fondo con elementos cristianos.

42 Pero no toda Latinoamérica es indígena, ni todos los católicos han heredado su fe en contextos paganizados o poco cristianos. Además de las variedades que presenta el cristianismo indígena, Latinoamérica contó desde el principio y hasta ahora, con un grupo de cristianos europeos y otro de nativos europeizados. El segundo grupo fue creciendo con el tiempo, destacando en él la población de descendientes de los inmigrantes europeos; los mestizos con pocas y remotas raíces indígenas; las personas educadas en escuelas católicas y catequizadas por congregaciones religiosas de origen europeo, muchas de ellas desde generaciones atrás, y los católicos comprometidos en congregaciones y obras apostólicas de misioneros europeos.

43   La interacción constante entre personas y comunidades europeizadas y personas y comunidades indígenas, dio lugar a un cierto grado de influencia mutua y a una riqueza de expresiones en el cristianismo latinoamericano. A nivel del pueblo latinoamericano, puede decirse que este proceso lento de evangelización —a veces poco consciente y otras veces intencional— ha sido un verdadero catecumenado, que aún no ha terminado.

44   Desde los comienzos de la evangelización latinoamericana hasta el presente, en muchos casos ha sido difícil discernir el nivel fundamental de la fe, o sea, darse cuenta de la aceptación de los aspectos esenciales de la evangelización. Esto lleva a la necesidad de que todo evangelizador evite cometer varios errores:
- confundir ignorancia religiosa con paganismo de fondo;
- admitir fácilmente el cristianismo de la gente, por el simple hecho de haber recibido el bautismo y tener nociones sobre los dogmas cristianos;
- pensar que todos los católicos latinoamericanos no tienen un cristianismo auténtico y profundo;
- despreciar el nivel y tipo de fe que tienen las personas;
- medir la fe del pueblo desde la propia perspectiva, sin conocer a fondo su realidad religiosa.

Renovación de la Iglesia con el Concilio Vaticano II

45   A mediados del siglo XX, el papa Juan XXIII inició un período de renovación en la Iglesia. Esta renovación enfatizó que para relacionar la fe y la cultura, hay que presentar el Evangelio y las enseñanzas de la Iglesia en el idioma de la gente y de manera que tengan sentido en su contexto cultural. El Concilio Vaticano II manifiesta la apertura de la Iglesia al mundo moderno, principalmente en tres documentos:
- *Gaudium et Spes (Constitución pastoral sobre la Iglesia en el mundo moderno)* expresa claramente la necesidad de relacionar la fe con la cultura. En este documento, la Iglesia se presenta a sí misma como una iglesia universal que reconoce la presencia de Dios en la pluralidad de las experiencias y preocupaciones de la gente; responde a las interrogantes de la vida desde la perspectiva de la fe, y promueve el sano fomento del progreso cultural para enfrentar los problemas más urgentes de nuestro tiempo.

- *Sacrosanctum Concilium (Constitución sobre la liturgia)* habla de revisar la liturgia de acuerdo a las situaciones y culturas particulares, promueve el uso de la lengua nativa y la adaptación de símbolos, ritos y oraciones culturales a la liturgia.
- *Ad Gentes (Decreto sobre la actividad misionera de la Iglesia)* toma la encarnación de Jesús como el modelo de la acción misionera, afirma que en toda cultura hay semillas del Verbo de Dios y enfatiza que hacer presente a la Iglesia en la sociedad y la cultura es responsabilidad de todo cristiano, especialmente de los laicos.

46 Durante su papado (1963–1978), Pablo VI enfatizó la necesidad de evangelizar no sólo las culturas sino los sistemas y estructuras sociales, y consideró la separación entre la fe y la cultura como la mayor tragedia de nuestro tiempo. A partir del Concilio Vaticano II, ha crecido la conciencia de que la separación entre la cultura moderna y la fe se ha debido a deficiencias provenientes de ambos lados. La concentración de la cultura moderna en la tecnología y el individualismo ha evitado considerar los cuestionamientos de la fe y del significado de la vida. La lentitud de la iglesia para responder al cambio de situaciones y a nuevos conocimientos, a menudo la ha dejado incapaz de presentar el Evangelio de manera relevante para la vida actual.

La renovación post-conciliar en Latinoamérica y en Estados Unidos

47 La iglesia en Latinoamérica, motivada por la renovación impulsada por el Concilio Vaticano II y por las Conferencias Generales del Episcopado Latinoamericano —Río de Janeiro, 1955; Medellín, Colombia, 1968; Puebla, México, 1979, y Santo Domingo, República Dominicana, 1992— ha procurado realizar una nueva evangelización del pueblo y promover una sociedad más justa. A la luz de las Escrituras y de un análisis de sí misma y de su contexto sociocultural, realizado desde la perspectiva de los pobres y oprimidos, la iglesia en Latinoamérica, empezó a: *(a)* identificar las causas y consecuencias de la pobreza y falta de poder del pueblo, *(b)* reconocer la urgencia de que la justicia social sea parte integral del Evangelio y *(c)* crear procesos para evangelizar a partir de la realidad del pueblo.

48 La renovación postconciliar en Estados Unidos puso especial hincapié en la liturgia y en la participación de los laicos en ella y en

todos los ministerios. Además, esta renovación ha hecho esfuerzos por aprovechar los conocimientos provenientes de las ciencias naturales y sociales para ampliar su comprensión del ser humano y sus procesos de fe, y para profesionalizar los ministerios.

49 La tarea renovadora que tienen los jóvenes latinos hoy día, requiere que analicen su realidad en Estados Unidos, promuevan su participación efectiva en la iglesia, adquieran una sólida formación en la fe y se preparen bien para cumplir su misión en la iglesia y el mundo. Esto sucederá en la medida en que asuman la historia de la renovación eclesial latinoamericana y estadounidense, busquen maneras creativas de responder a los desafíos de su cultura actual y se preparen para fomentar un proceso vivo de inculturación en el siglo XXI.

La inculturación, un proceso necesario en la evangelización

50 En su exhortación pastoral *Evangelii Nuntiandi*, el papa Pablo VI señaló la necesidad de evangelizar integralmente a la persona, llenando todas las dimensiones de su vida con la vida de Dios y llevando el Evangelio hasta lo más profundo de su cultura:

> Lo que importa es evangelizar —no de una manera decorativa, como con un barniz superficial, sino de manera vital, en profundidad y hasta sus mismas raíces— la cultura y las culturas del hombre en el sentido rico y amplio que tienen sus términos en la *Gaudium et Spes*, tomando siempre como punto de partida a la persona y teniendo siempre presentes las relaciones de las personas entre sí y con Dios.
>
> El Evangelio, y por consiguiente la evangelización, no se identifican ciertamente con la cultura y son independientes con respecto a todas las culturas. Sin embargo, el reino que anuncia el Evangelio es vivido por hombres profundamente vinculados a una cultura y la construcción del reino no puede por menos de tomar los elementos de la cultura y de las culturas humanas. Independientes con respecto a las culturas, Evangelio y evangelización no son necesariamente incompatibles con ellas, sino capaces de impregnarlas a todas sin someterse a ninguna.
>
> La ruptura entre Evangelio y cultura es sin duda alguna el drama de nuestro tiempo, como lo fue también en otras épocas. De ahí que hay que hacer todos los esfuerzos con vistas a

una generosa evangelización de la cultura, o más exactamente de las culturas. Estas deben ser regeneradas por el encuentro con la Buena Nueva. Pero este encuentro no se llevará a cabo si la Buena Nueva no es proclamada.[4]

51   La manera como el papa Pablo VI veía la relación entre el evangelio y la cultura, gradualmente fue generando un nuevo enfoque en la evangelización, conocido como *inculturación*. De modo general, se puede definir la inculturación como el proceso por el cual la iglesia trata de que la vida y el mensaje de Jesús penetren en un contexto cultural concreto, de modo que el Evangelio se encarne en el alma de esa cultura, responda a sus más altas expectativas y la reforme, haciéndola crecer en las dimensiones de la fe, esperanza y caridad cristianas. La inculturación se realiza cuando la gente y los grupos socioculturales asumen el Evangelio en todas las realidades de su vida. El proceso de inculturación tiene cuatro dimensiones:
1. el desarrollo de aquellos valores propios de la cultura, que son compatibles con los del Evangelio;
2. la transformación, mediante la praxis cristiana, de aquellos aspectos de la cultura que son opuestos al Evangelio, de modo que el proyecto del Reino sea el principio que mueve y guía las relaciones interpersonales y el actuar de los cristianos en la historia;
3. el crecimiento y el mutuo enriquecimiento de las personas y grupos en un medio sociocultural determinado, mediante el seguimiento de Jesús;
4. la introducción de la cultura, con todos los dones que Dios le ha dado para el beneficio de la humanidad, en la vida de la comunidad eclesial.

52   El proceso de inculturación desafía la visión, métodos, contenidos y objetivos de toda actividad evangelizadora entre los jóvenes. La inculturación sólo se logra cuando toma en cuenta la edad, experiencias vitales, vivencias religiosas, idioma y realidad socio-cultural de los jóvenes y cuando crea procesos comunitarios que incluyen la proclamación del Evangelio, la reflexión, la práctica cristiana y la celebración de la fe de manera significativa para los jóvenes de una cultura determinada. El proporcionar este tipo de experiencias, representa un reto especial en nuestra iglesia, formada por personas de diversas tradiciones culturales. Este hecho exige que todo evangelizador preste especial atención a la manera como promueve la inculturación en el grupo étnico y sociocultural en que trabaja y que

busque maneras adecuadas para fomentar una verdadera comunión cristiana entre los diversos grupos.

Inculturación en distintos niveles de la cultura

53 Esta sección habla de los distintos niveles que conforman una cultura y que deben ser considerados en todo proceso de inculturación. Existen distintos enfoques para entender y promover la inculturación. Este libro presenta un enfoque que divide a la cultura en cinco niveles, según su contenido. Estos niveles están en continua interacción e influencia recíproca, de modo que los límites entre uno y otro nivel son flexibles. El primer nivel contiene los elementos externos y fácilmente visibles de la cultura; el segundo está formado por la lengua, tradiciones y costumbres; el tercero, por los sistemas, instituciones y estructuras sociales; el cuarto lo forman los valores culturales y los valores de Reino de Dios, y el quinto consiste en la cosmovisión que interpreta y da significado a la vida. A continuación se describen estos niveles, la manera cómo se inserta la fe en ellos y se ofrecen algunas pistas para lograr la inculturación.

Primer nivel: elementos culturales externos y fácilmente visibles

54 Los objetos, los deportes, las diversiones y la moda generalmente caracterizan el nivel externo y más fácilmente observable de la cultura. Este nivel está presente en todas las sociedades y sus elementos tienden a universalizarse con la modernización de la tecnología, el comercio, el transporte y la comunicación social. Aunque estos elementos externos de la cultura pueden facilitar la vida, el desarrollo y las relaciones sociales de los jóvenes, también pueden dañarlos si los jóvenes caen en un afán desordenado de consumismo, **materialismo,** competición, egocentrismo o **hedonismo.** Puesto que los elementos externos, aparentemente corresponden sólo a los aspectos materiales y funcionales de la cultura, los jóvenes suelen aceptarlos sin el espíritu crítico de la influencia que ejercen estos elementos en niveles más profundos de su cultura.

55 Para evangelizar la cultura a este nivel, hay que motivar a los jóvenes a reflexionar sobre la cultura y a elegir conscientemente cómo y para qué fines aprovechan este tipo de elementos cultura-

les. Para hacer esta elección consciente, los jóvenes tienen que desarrollar su capacidad de análisis crítico y necesitan adquirir la libertad interior para escoger los elementos y actividades que les ayudan a promover la dignidad personal y a fomentar el desarrollo humano, así como a evitar esclavitudes de modas, objetos y tecnologías que dominan o manipulan.

56   Cuando los jóvenes se fijan sólo en expresiones culturales externas de la juventud en Estados Unidos, encuentran muchas similitudes, ya que la juventud comparte un gusto similar por la moda, los artículos electrónicos y la música "pop". El quedarse al nivel de estos aspectos exteriores dificulta a los jóvenes penetrar en aspectos culturales más profundos, donde radica el significado de la vida y donde existen diferencias importantes como el idioma, la cultura étnica, las costumbres sociales y el nivel socioeconómico.

Segundo nivel: idioma, tradiciones y costumbres

57   El segundo nivel de la cultura está compuesto por el idioma, las tradiciones sociales y religiosas y las costumbres hogareñas con las que el pueblo expresa su idiosincrasia y manera de ser. Entre los elementos más importantes, destacan el lenguaje hablado y los gestos; la música, el arte plástico, la poesía y la literatura; los modos de reaccionar y ajustarse a diversas situaciones en la vida, y las maneras de celebrar, gozar y expresarse. También corresponden a este nivel, el gusto por determinadas comidas, el calendario de celebraciones significativas y el patrimonio folklórico del pueblo.

58   Todos estos elementos son medios a través de los cuales las personas se comunican y se relacionan mutuamente. Son los canales a través de los cuales se expresa la psicología y la filosofía que dan coherencia e identidad a un pueblo. Por eso, las personas tienden a adherirse a ellos y hacen serios esfuerzos por transmitirlos a las siguientes generaciones. Los padres de familia suelen tener fuertes choques culturales con sus hijos cuando los hijos desprecian el idioma, costumbres y tradiciones de los padres.

59   Para evangelizar estos aspectos del segundo nivel de la cultura, hay que diferenciar entre tradición y tradicionalismo. Además, los jóvenes deben asumir su papel de constructores de una nueva síntesis cultural.

Tradición y tradicionalismo

60   La tradición conserva raíces y elementos culturales que tienen un valor permanente a través de la historia. La tradición se mantiene viva cuando las personas encuentran formas creativas y nuevas para expresar las raíces y valores de su cultura, de modo que respondan a las nuevas circunstancias de su vida sin que pierdan su esencia. Los tradicionalismos tienden a fijar las costumbres a lo largo del tiempo, manteniéndolas idénticas a como se dieron en el pasado, sin identificar sus valores esenciales ni tratar de relacionarlos con las nuevas formas culturales y contextos históricos. El tradicionalismo suele causar que las costumbres pierdan su significado y razón de ser.

61   Los jóvenes latinos se enfrentan a diario a un conflicto de tradicionalismos latinos y de la cultura euroamericana. Pero, por presión de la cultura dominante, tienden a aceptar sin crítica los tradicionalismos de la cultura euroamericana y a rechazar los tradicionalismos latinos, abandonando junto con ellos, valores importantes que si los conocieran, les interesaría guardar.

62   La relación entre fe y cultura es más fuerte a este segundo nivel que en el primer. La lengua, costumbres hogareñas y tradiciones sociales expresan y trasmiten los sentimientos y creencias religiosas que son importantes para el pueblo. Por ejemplo:
- las peregrinaciones representan el sentido de jornada ardua pero gozosa hacia Dios,
- los altarcitos familiares refuerzan la toma de conciencia de la presencia de Dios en el hogar,
- los exvotos o testimonios de milagros atestiguan las obras maravillosas de Dios en la vida diaria,
- la música, el canto, la danza y otras formas de arte, nacen del fondo del corazón de un pueblo para captar y expresar sus vivencias profundas personales y comunitarias de fe, sus devociones y su conciencia religiosa,
- los rituales, gestos y símbolos manifiestan la unión de la gente con Dios y con el resto de la comunidad.

63   Entre las tradiciones sociales importantes que acompañan y refuerzan la **religiosidad** del pueblo hispano sobresalen las fiestas, el compadrazgo, las velaciones, los dichos y los mitos. Los jóvenes hispanos frecuentemente viven estas tradiciones sin conocer su valor y significado, por lo tanto, corren el riesgo de quedarse en costum-

brismos sin sentido. Eventualmente esto les puede llevar a abandonar su fe al rechazar los tradicionalismos o a irse a otra iglesia que les ofrezca un significado sociorreligioso de la vida.

Constructores de una nueva tradición cultural

64 Para que los jóvenes adquieran conciencia de que son constructores activos de una nueva tradición que ellos mismos están gestando, los jóvenes necesitan conocer su realidad presente y analizar las tradiciones de su cultura de origen. Deben fomentar su creatividad para encontrar nuevas formas de expresar sus valores y creencias religiosas, según su propia idiosincracia y de acuerdo a su contexto cultural actual.

65 Dada la realidad multicultural de la Iglesia Católica, los jóvenes deben desarrollar su capacidad de dialogar sobre la fe con personas de otras culturas y tradiciones. Generalmente conviene empezar este diálogo compartiendo el arte, la comida y el folklore, pues esto no requiere un cambio profundo de actitudes, sirve para fomentar la identidad cultural y crea un sano orgullo en el grupo que comparte, y para promover relaciones de amistad y respeto mutuo entre jóvenes de diversas culturas. Pero se requiere un diálogo intercultural más profundo para comprender y valorar una cultura diferente a la propia. El lograr un diálogo intercultural profundo depende, en gran medida, de la manera de dar a conocer a otras personas los cinco niveles de la propia cultura.

Tercer nivel: sistemas e instituciones sociales

66 El tercer nivel de la cultura consiste en sistemas e instituciones sociales, políticas, económicas, educativas, religiosas y artísticas que estructuran la sociedad y que encarnan las experiencias y luchas de un pueblo. Los sistemas e instituciones sociales generalmente son coherentes con la cultura donde se desarrollan y los jóvenes se incorporan a ellos paulatinamente, aprendiendo así a funcionar en la sociedad. Los jóvenes necesitan conocer bien cómo funcionan estos sistemas e instituciones para poder gozar de sus derechos, ejercer sus obligaciones cívicas y transformar aquellos aspectos que atacan su dignidad, dificultan su crecimiento humano e impiden su incorporación en la sociedad.

67 Desde una perspectiva cristiana, todo sistema e institución social debe ser fuente de vida para la gente, especialmente para los

más indefensos y necesitados. La iglesia tiene la misión de evangelizarse a sí misma y de evangelizar otras instituciones y estructuras sociales para que sus metas y procesos promuevan el bien común. Además, la iglesia tiene el compromiso de crear instituciones pastorales que satisfagan las necesidades de pertenencia, identidad y autoestima de las personas, así como su desarrollo humano, socioeconómico y cristiano. Estas instituciones facilitan la participación de los jóvenes en la iglesia y en la sociedad.

La iglesia y los jóvenes latinos

68 La iglesia, como institución, tiene como tarea acoger a todos sus miembros, sin distinción de raza, idioma o cultura para cumplir su misión evangelizadora con ellos. El pueblo latino se relaciona con la dimensión institucional de la iglesia principalmente a través de la catequesis pre-sacramental y el culto dominical. La calidad de esta relación influye fuertemente en la vida de fe de los jóvenes y en sus actitudes hacia la iglesia. Cuando los jóvenes encuentran una verdadera comunidad y su experiencia eclesial es positiva, generalmente se abren a la Buena Nueva y aceptan su misión como cristianos. Por el contrario, cuando no son aceptados, tienen una experiencia dolorosa y destructiva que les afecta a un nivel muy profundo y significativo, donde reside su valor ante Dios y sus hermanos en la fe. En estos casos, es normal que los jóvenes se alejen de la iglesia y que requieran esfuerzos especiales de la comunidad eclesial para reincorporarse en ella.

69 Los grupos parroquiales, movimientos apostólicos y pequeñas comunidades son instituciones eclesiales donde los jóvenes latinos pueden encontrar a Dios, expresar su fe y dar sentido cristiano a su vida. Estos grupos deben mantenerse en comunión con el resto de la iglesia a través de estructuras que promuevan su participación en todos los aspectos importantes de la vida eclesial. Esta comunión ayudará a que la iglesia sea mejor signo y promotora del Reino en la sociedad multicultural de Estados Unidos.

Cuarto nivel: valores culturales y valores del Reino de Dios

70 El cuarto nivel de la cultura está constituido por los valores y los sistemas de valores. Los valores culturales son creencias y actitudes que nacen de la filosofía de la vida y la idiosincrasia de un pueblo. Su importancia en la vida afectiva, intelectual y volitiva del joven es

tan grande que se constituyen en principios que dan dirección a la vida; determinan las actitudes, modos de vivir y maneras de relacionarse socialmente; dan pautas y perspectivas para interpretar la vida, establecer prioridades y formar juicios evaluativos; proveen criterios para adaptarse y ajustarse a diversas situaciones y circunstancias, y ayudan a formular, aceptar o rechazar ideologías para enfrentar las problemáticas humanas y sociales.

Adquisición de valores

71 Los valores personales y culturales se adquieren poco a poco y se van formando y estructurando a lo largo de la vida. La niñez, la adolescencia y la juventud en general, son etapas decisivas en este proceso, inicialmente, recibiendo los valores de los padres y después, escogiendo y fortificando los propios valores. El enfoque familiar es vital en la pastoral juvenil ya que la familia, como iglesia doméstica, es el primer nivel de comunidad eclesial donde deben vivirse día a día los valores del Reino.

72 Los jóvenes necesitan una formación basada en una elección libre y bien informada sobre los valores. Para que los jóvenes reciban esta buena formación, el ministerio pastoral debe complementar y apoyar a los padres en su tarea como educadores. El proceso de transmisión y formación de valores se logra mediante tres líneas de acción complementarias: el testimonio de otras personas en la encarnación de un valor determinado, la motivación a aceptar ese valor y la reflexión sobre la manera como encarnar y expresar dicho valor en la vida personal. Es clave que el joven discierna los valores, a la luz del Evangelio mediante un análisis crítico del idioma, tradiciones, costumbres y sistemas e instituciones sociales, pues cuando hay incoherencia entre ellos, los jóvenes se confunden y desorientan.

73 El facilitar que los jóvenes tengan experiencias positivas que les afirmen los valores de su cultura es esencial en la formación de los valores y en la adquisición de la identidad personal. Durante la adolescencia, cuando la persona busca y cuestiona la vigencia de ciertos valores y la manera apropiada de expresarlos culturalmente, es especialmente importante que los jóvenes hispanos reconozcan y experimenten valores tradicionales de la cultura hispana como: las relaciones personales, la cooperación y el sentido de comunidad; la experiencia y expresión comunitaria de la relación con Dios; la

estrecha conexión entre la religión, los valores religiosos y otros aspectos de la vida.

74 Los valores impuestos a los jóvenes por su familia o que les son transmitidos sólo por tradicionalismo, son muy vulnerables al impacto de la cultura actual y de las presiones sociales. Las actitudes y coacciones moralizantes, la imposición de normas en el hogar y el insistir en tradicionalismos, tan frecuentes en las familias hispanas, suelen despertar reacciones negativas en los jóvenes y los empujan a rechazar los valores culturales hispanos. Los jóvenes hispanos que asocian su cultura de origen con experiencias negativas, tienden a cambiar su cultura o a asumir desvalores como el materialismo, individualismo y hedonismo, que son contrarios al Reino de Dios.

Promoción de los valores del Reino de Dios

75 Ser cristiano exige asumir los valores de Jesús como ideales que se van haciendo realidad mediante una conversión continua de actitudes y conductas para responder a las situaciones concretas de nuestra vida personal y social. La pastoral juvenil tiene la misión de formar los valores de los jóvenes, pues estos valores son la base de sus decisiones morales. Esta formación debe promover una visión cristiana frente a la vida, evitando posiciones legalistas o intelectualistas.

76 Jesús comunicó claramente los valores del Reino de Dios a través de su persona, sus palabras y acciones. La autenticidad y radicalidad de Jesús, su amor y servicio, su compromiso, valentía y solidaridad, su fidelidad a Dios y a su plan de salvación, atraen fuertemente a la juventud, cuando son encarnados por los seguidores de Jesús. La escasez de personas que encarnan estos valores resulta en una carencia de modelos que animen y desafíen a la juventud. Los jóvenes necesitan el ejemplo cristiano de sus padres, de otros jóvenes y de la comunidad en general, actuando de manera responsable y consistente con su fe.

77 Dada la pluralidad cultural de Estados Unidos, hay que ofrecer a la juventud oportunidades para conocer los valores de otras culturas. Esto es fundamental para no confundir el respeto a otras culturas con una indiferencia hacia ellas. Un respeto verdadero a personas diferentes a nosotros supone establecer relaciones personales con ellas, tener interés en conocerlas, ser sensibles a sus necesidades y tratar de comprenderlos y ver la vida desde su perspectiva. El valorar la diversidad enriquece el proceso de afirmación y vivencia de

los valores evangélicos, ya que los jóvenes no se sienten divididos por su manera de vivir su fe, sino unidos y orgullosos de que en su Iglesia, la unidad en el Espíritu se vive con variedad de expresiones y complementariedad de dones.

Quinto nivel: cosmovisión y sentido profundo de la vida

78 La cosmovisión o sea, el modo de ver el mundo y de dar sentido profundo a la vida, constituye el quinto nivel de la cultura —el corazón de la cultura. A este nivel, las personas buscan y encuentran el significado y el sentido de la vida; es donde el joven se cuestiona y responde a las preguntas claves y existenciales que tiene. Esta cosmovisión, abarca la manera de definir la naturaleza humana; la percepción de Dios, y la manera de relacionarse con Dios, consigo mismo, con otros seres humanos y con el universo.

79 Todos los pueblos a través de la historia han formulado cosmovisiones expresadas de distintas maneras y fundamentadas en diversos credos o sistemas de creencias. La mayoría de estas cosmovisiones afirman la presencia de Dios y su acción en toda la creación.

80 La encarnación de Jesús en la historia de la humanidad para liberarla del pecado y la muerte es el eje central de la cosmovisión cristiana, que abarca la verdad sobre Dios Padre, Hijo y Espíritu Santo; la verdad sobre la persona humana, creada a imagen y semejanza de Dios, y la verdad sobre la Iglesia y su misión de extender el Reino de Dios en la sociedad. Esta cosmovisión da significado y sentido cristiano a la vida, motiva a toda persona bautizada a caminar hacia el Padre, siguiendo a Jesús, animada por el Espíritu Santo e incorporada en la comunidad eclesial.

Expresión del significado de la vida

81 Cada cultura crea el lenguaje y las expresiones con que trasmite el significado último de la vida. El lenguaje, sea hablado o escrito; simbólico, artístico o ritual; con sus gestos, silencios, tonos e intensidad, está íntimamente conectado a este nivel cultural. El lenguaje da origen a ideas, conceptos y vivencias compartidas, que expresan lo más íntimo y profundo del ser humano. El idioma que expresa el significado más profundo de la vida es casi siempre el idioma hablado en el hogar, la lengua del corazón en la que se reciben y expresan las experiencias que marcan para siempre la afectividad, el modo de pensar, los valores y las actitudes personales.

82 Los valores y las actitudes de las personas están generalmente relacionados con su cosmovisión y sus vivencias y creencias religiosas. Por lo tanto, el lenguaje religioso tiende a ser el idioma materno, incluso cuando la persona es bilingüe o multilingüe.

Transmisión de la fe

83 Toda vivencia religiosa significativa está enraizada en este profundo nivel de la cultura, donde se vive el misterio y se confronta la realidad última de la vida que transciende los sentidos y las acciones humanas. Aquí es donde se encarna el Evangelio, creando "personas nuevas" que pueden dar un significado y dirección cristiana a su cultura. Desde el nivel de la cosmovisión se dirige conscientemente el destino de las personas y las culturas.

84 Si bien es cierto que la raíz y la meta de toda vivencia religiosa está a este nivel, para que la persona y el mensaje de Jesús lleguen al corazón de los jóvenes, la evangelización debe abarcar experiencias continuas y complementarias a todo nivel cultural. La nueva creación en Jesucristo requiere que la inserción del Evangelio en los distintos niveles de la cultura sea capaz de impactar con fuerza y claridad los rincones de donde surgen las creencias, ideales y conductas del joven.

85 Es crucial que la evangelización se lleve a cabo en el lenguaje cultural del corazón. Debe permitirse que los jóvenes escojan la lengua y el ambiente cultural donde pueden relacionarse mejor con Dios y con sus hermanos y hermanas, y donde pueden expresar mejor sus experiencias profundas. La mayoría de los jóvenes hispanos han recibido y aprendido a expresar su fe a través de la religiosidad y el catolicismo popular. Por lo tanto, su evangelización debe tener en cuenta ambas maneras de trasmitir la fe, sea en español o en inglés, de modo que los jóvenes sean capaces de identificar sus vivencias religiosas y de fundamentar su esperanza en el Reino de Dios.

El proceso de inculturación en el modelo Profetas de Esperanza

86 Hace casi veinte siglos, al iniciarse la iglesia en Pentecostés, el Espíritu Santo inundó con su vida a personas de muy diversas culturas y los discípulos de Jesús empezaron a proclamar la Buena Nueva a

"todas las naciones". Hace quinientos años, misioneros europeos trajeron el mensaje de Jesús a los **indígenas** de América Latina dando un nuevo sentido y significado a su vida e historia. Hoy en día, los hispanos católicos en Estados Unidos, animados por el espíritu de Jesús resucitado, anhelan renovar su vida y poner cimientos cristianos a la nueva cultura que nace en las Américas. Los jóvenes latinos tienen una misión muy especial en esta renovación y renacimiento, debido a su edad, situación cultural y presencia numerosa en la iglesia.

87 En el modelo Profetas de Esperanza, el proceso de inculturación se realiza a partir de pequeñas comunidades de jóvenes evangelizadores y misioneros. En este proceso pueden distinguirse las siguientes cuatro fases, íntimamente relacionadas entre sí:

Primera fase: formación de una pequeña comunidad

88 Las pequeñas comunidades se forman y se desarrollan conforme los jóvenes:
- establecen lazos de amistad, comprensión, confianza, servicio, apoyo y respeto, capaces de engendrar entre ellos un amor verdaderamente cristiano basado en su comunión con Jesús;
- descubren los designios de Dios para ellos, como miembros de la iglesia insertada en un ambiente sociocultural concreto y con una misión evangelizadora;
- conocen el contenido del mensaje cristiano y lo viven en todos sus ambientes, apoyados en la oración y la reflexión comunitaria.

La formación de este tipo de comunidades requiere el uso del idioma, costumbres y tradiciones culturales con que los jóvenes se relacionan mejor entre ellos y con Dios.

Segunda fase: evangelización de la cultura

89 La evangelización de la cultura se da conforme los jóvenes reconocen la presencia de Dios en los valores de su cultura y aprenden a hacer lo siguiente:
- analizar y discernir los signos de los tiempos;
- dirigir sus relaciones interpersonales y sociales en base a los valores del Reino de Dios;
- purificar sus tradiciones y costumbres culturales de elementos contrarios al evangelio;
- luchar intencionalmente por erradicar el pecado institucionalizado en las organizaciones y sistemas sociales;

- considerar la historia como el contexto donde se realiza el proyecto de liberación en Cristo mediante la praxis cristiana.

Para lograr estas metas se requiere un enfoque que promueva la encarnación del evangelio en la cultura de los jóvenes y que fomente una auténtica comunión cristiana entre todos los grupos étnicos y socioculturales en la iglesia.

Tercera fase: praxis cristiana transformadora

90   En la tercera fase, los jóvenes llevan a cabo acciones intencionales con el fin de realizar una nueva síntesis cultural cristiana que afirme los rasgos positivos de su cultura como jóvenes latinos en Estados Unidos y que reemplace sus aspectos negativos con valores, costumbres y estructuras que promuevan el Reino de Dios. Esto supone la toma de una opción consciente y permanente de vivir un proceso continuo de conversión, buscando siempre la coherencia de su cultura con el evangelio.

Cuarta fase: celebración de la vida de fe

91   La celebración de la vida de fe se realiza principalmente en los sacramentos, esos momentos especiales donde los jóvenes viven la relación entre la salvación en Jesucristo y su vida de fe encarnada en su cultura. Por eso, es vital que los jóvenes celebren los sacramentos en su idioma y que tengan significado en su vida. Además, los jóvenes celebran su fe mediante oraciones comunitarias que recogen su jornada de fe y sus esfuerzos de vivir el evangelio, utilizando un lenguaje, símbolos y signos que son significativos para ellos.

92   Mediante estas cuatro fases, el evangelio va permeando la cultura de los jóvenes, a partir de su núcleo dinámico y respondiendo a los grandes desafíos de la cultura actual. La vivencia de los tres misterios centrales de salvación —la Encarnación de Jesús, la Pascua cristiana y Pentecostés— por jóvenes que están conscientes de la necesidad de fomentar el proceso de inculturación, va convirtiendo:
- su historia personal y colectiva en una historia de salvación,
- su vida personal en un proyecto de evangelización,
- su cultura en un instrumento que facilita la vida de las personas como hijos e hijas de Dios.

93   A través de este proceso, los jóvenes pueden asumir su compromiso cristiano, conscientes del papel tan importante que tienen en la historia, como el papa Juan Pablo II enfatizó en su exhortación apostólica *A los jóvenes y las jóvenes del mundo:*

A vosotros, jóvenes, os pertenece el futuro, como una vez perteneció a las generaciones de los adultos y precisamente también con ellos se ha convertido en *actualidad*. De esa actualidad, de su forma múltiple y de su perfil son responsables ante todo los adultos. A vosotros os corresponde *la responsabilidad de lo que* un día se convertirá en actualidad junto con vosotros y que ahora *es todavía futuro*.[5]

8

Hacia una Praxis Evangelizadora con María

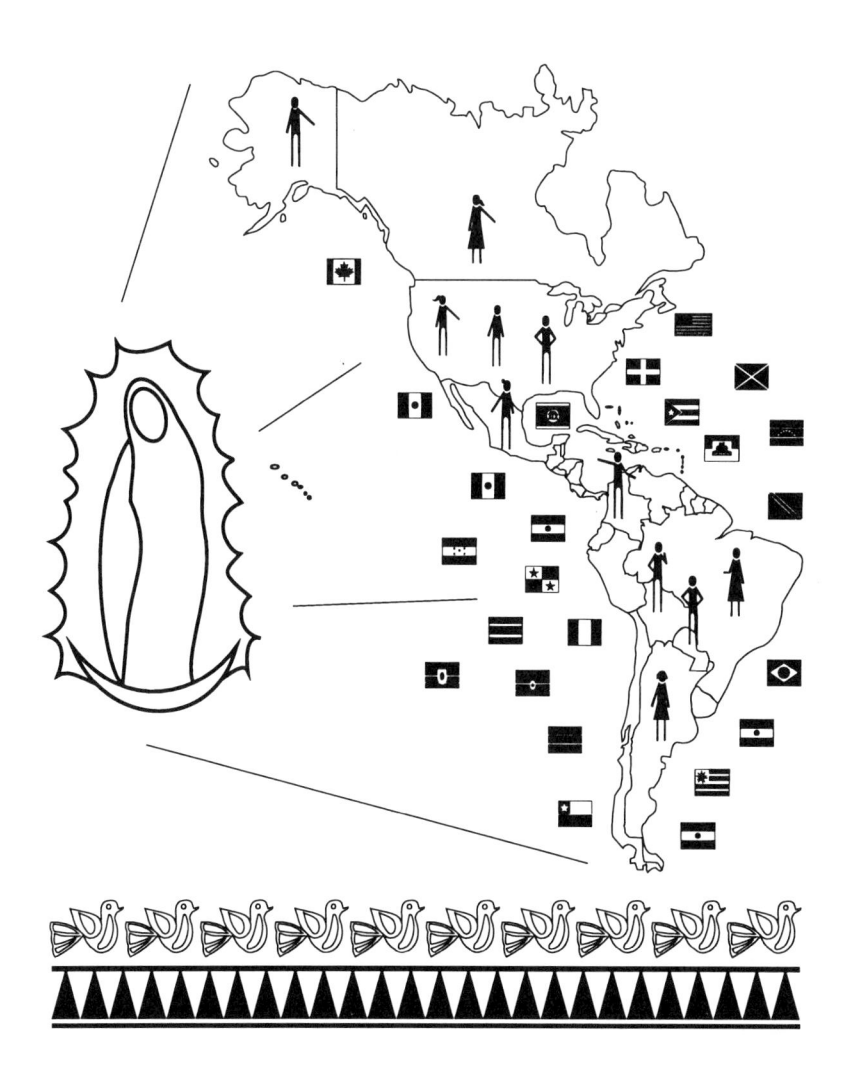

❦ 8 ❦

Hacia una Praxis Evangelizadora con María

La piedad popular mariana *221*
    María como el rostro materno de Dios *222*
    María como madre del pueblo latino *223*

María, una mujer profeta y evangelizadora *225*
    Profeta entre los pobres y proclamadora del Dios vivo . . *225*

La evangelización guadalupana:
un regalo de Dios para los pobres *226*
    El *Nican mopohua*: relato de las apariciones *227*
    Contenido y proceso de la evangelización guadalupana . *228*
    La Virgen de Guadalupe,
        esperanza para una sociedad transformada *248*

> *C*reemos en María, nuestra madre, quien tomó nuestra cultura hispana bajo su protección, quien nos ha acompañado y nos acompañará siempre en nuestro caminar, trabajando para llevar el mensaje de Jesús al mundo entero.
> —Secretariat for Hispanic Affairs, *Prophetic Voices*

1 Desde los albores del cristianismo en América Latina, la Virgen María ha ocupado un lugar privilegiado en el corazón del pueblo latino. Así lo atestiguan muchos aspectos de la vida y cultura latinoamericana: la confianza en la Virgen como símbolo de unión y libertad en las guerras de independencia; el reconocimiento de María como patrona de cada nación; la cantidad de templos, santuarios, ermitas y capillas dedicados a ella, y las múltiples devociones marianas practicadas en todos los países. El pueblo latino en Estados Unidos también se caracteriza por su amor a María, como su madre. Este amor es uno de los valores que más desea pasar a las generaciones futuras.

2 Este capítulo presenta a María como fuente de inspiración para la acción evangelizadora. Ofrece una breve reflexión sobre la **piedad popular mariana** y sobre María como profeta y evangelizadora. Por último, propone el proceso de evangelización guadalupana como un modelo capaz de dar coherencia, mística y dirección a la acción evangelizadora de los jóvenes latinos en Estados Unidos.

La piedad popular mariana

3 La piedad popular mariana está presente en todo el pueblo hispano, pero es más intensa en los sectores pobres y oprimidos. Es una piedad marcadamente vivencial y afectiva, cargada con una simbología muy rica y un fuerte significado religioso, pero que, en Estados Unidos, tiende a debilitarse por influencia del **secularismo,** la visión protestante y el poco entusiasmo mariano en el catolicismo.

4   Las experiencias marianas de los jóvenes latinos varían según su formación cultural, su grado de participación en una comunidad eclesial hispana y el nivel de catequesis que han recibido. Hubiera sido fructuoso investigar las creencias y sentimientos de los jóvenes respecto a María, de manera similar como se hizo en relación a Jesús, pero dicho estudio está fuera de los fines de este libro. A falta de esto, se ofrecen algunas pistas sobre la importancia de María en la fe del pueblo hispano en general, y se anima a los evangelizadores a averiguar de primera mano, quién es María para los jóvenes latinos con quienes trabajan.

María como el rostro materno de Dios

5   Algunas veces se escucha decir que el pueblo hispano "pone a María en el lugar de Dios" y que la considera más importante que Jesús. Muchos grupos religiosos utilizan este argumento para atacar el catolicismo hispano e insistir que, para ser cristiano, no se necesita ser mariano, pues María tiene un papel muy limitado en la Biblia. En la evangelización con los jóvenes hispanos, hay que tomar en cuenta estas percepciones y ayudar a que los jóvenes clarifiquen sus creencias, afiancen su fe y no se dejen confundir por personas que juzgan su devoción mariana desde fuera de la tradición católica y de la experiencia religiosa del pueblo hispano.

6   En general, el pueblo hispano tiene claro que María es madre de Jesús, madre de Dios y madre nuestra. Aunque los hispanos dan a María un lugar muy alto en sus devociones, no la ponen al mismo nivel que a Dios ni la colocan por encima de Jesús. Así lo comprendió y expresó el papa Juan Pablo II en su homilía en Zapopan, México en 1979:

> "La fe y la devoción a María y sus misterios pertenecen a la identidad propia de estos pueblos y caracterizan su piedad popular. . . . Esta piedad popular no es necesariamente un sentimiento vago, carente de sólida base doctrinal, como una forma inferior de manifestación religiosa. Cuántas veces es, al contrario, como la expresión verdadera del alma de un pueblo, en cuanto tocada por la gracia y forjada por el encuentro feliz entre la obra de evangelización y la cultura local".[1]

7   La gran importancia que dan los hispanos a María está basada en la experiencia de su amor maternal, que la coloca en estrecha re-

lación con Dios y con ellos. Esta experiencia está muy influenciada por sus raíces religiosas prehispánicas. La idea de un Dios exclusivamente masculino era ajena a las vivencias y filosofías de los pueblos indígenas. La mayoría de los pueblos y culturas tenían deidades masculinas y femeninas; otros creían en un dios-creador que mostraba un rostro, manera de ser y modo de actuar femenino y masculino; en la mayoría de los casos lo masculino y lo femenino interactuaban y se complementaban para crear y mantener la vida.

8   La Virgen María tuvo un impacto muy poderoso para la gente latinoamericana, pues representaba para los indígenas el rostro materno de Dios. Por mediación de María, Dios se mostró a los indígenas cercano y protector; compasivo y misericordioso; capaz de dignificar, liberar y reconciliar a los pueblos indígenas derrotados por la conquista europea de Latino América.

9   Los pueblos indígenas recibieron a María con los brazos abiertos, bajo la advocación de la Virgen de Guadalupe, que implantó todo un sistema de evangelización en México; como la Virgen Copacabana, que validó la experiencia religiosa de los indígenas en Perú; como la Virgen de la Caridad del Cobre, que se solidarizó con la lucha de los indígenas y los africanos en Cuba, y bajo otras muchas advocaciones de María, la madre de Dios. Bajo estas diferentes advocaciones, María fue, y aún es, un instrumento de Dios, vital para la evangelización de las poblaciones amerindias a lo largo de toda América Latina.

10   María refleja la experiencia indígena de un Dios que integra en sí lo femenino y lo masculino. Los indígenas comprendieron y veneraron profundamente la disposición de María para ser la madre de Jesús. Esta comprensión facilitó la aceptación de Dios como creador y padre. Además, la femineidad de María complementó los atributos masculinos de Dios y facilitó a los indígenas captar que Dios también tenía una dimensión femenina. A través de Jesús y María, Dios se encontró con los indígenas en el transcurrir de su historia.

María como madre del pueblo latino

11 El punto focal de la devoción mariana para los latinos, sean jóvenes o adultos, es el papel maternal de María, una maternidad viva, compleja y rica, que se adapta a las diversas situaciones de su vida. Su amor de madre se revela de muchas maneras: en su comprensión y compasión ante los problemas de la gente; en su protección ante los peligros; en su bendición a los hijos, las empresas y los proyectos que se le dedican; en su intercesión salvífica ante situaciones difíciles y desesperadas, y en su acompañamiento fiel en la dura jornada de la vida. María es un lugar de refugio para el perseguido, el derrotado y el herido; el regazo donde se reencuentran y reconcilian los hijos; el remanso donde se encuentra paz y armonía a pesar de la violencia e incoherencias de la vida, y el corazón comprensivo que perdona al pecador. De estos modos, María como madre, engendra y mantiene la fe en Dios y es fuente de fortaleza, esperanza y liberación para el pueblo latino.

12   Al mismo tiempo, la imagen de María, como una madre fecunda y generadora de vida, está ligada a las experiencias de los pueblos campesinos apegados a la tierra de donde brota la vida y a la experiencia de las madres para quienes los hijos son una bendición de Dios. La maternidad de María, sufrida y dolorosa, se identifica con la manera de ser madre en un pueblo oprimido por la pobreza y el machismo.

13   María, al igual que otras madres, está situada al interior del hogar, donde la madre encarna el papel de mujer piadosa, honesta, fuerte, reconciliadora: fuente de paz y unión, centro de la vida familiar y responsable de preservar la familia y las tradiciones culturales y religiosas. Esta representación de María en el contexto familiar como una mujer idealmente abnegada y pura lleva a que, como consecuencia, mucha gente exija en las mujeres un comportamiento similar, mientras que perdone la rudeza e inmoralidad del varón respecto a las mujeres.

14   La capacidad unificadora de la maternidad de María es un elemento clave en la experiencia religiosa del pueblo. Las fiestas de María son momentos privilegiados donde todas las personas son bienvenidas, independientemente de su comportamiento moral, sus diferencias sociales o raciales, su grado de participación en la iglesia o su posición política. María es la madre que une a todo el pueblo, siendo así un instrumento eficaz de su identidad e integración. También es la madre que une al pueblo con la iglesia, creando la expectación de que la iglesia debe recibir a *todos* sus hijos siempre que deseen regresar a ella y acogerlos con la misma misericordia con que Jesús acogió a los pecadores, a los pobres y a los necesitados.

15   De estas variadas maneras, María aligera la carga que llevan sus hijos y hace su vida más llevadera, reforzando la fe de un pueblo

que vive en la pobreza, la opresión y la marginación. La evangelización de los jóvenes hispanos debe considerar este tipo de experiencias, que están enraizadas en la profundidad del alma hispana, en las devociones personales, en la religiosidad familiar y en el catolicismo popular. Asimismo, debe complementar estas vivencias profundas con una visión más bíblica y liberadora de María. De esta manera, el amor entre María y los jóvenes hispanos llevará a los jóvenes a un mayor respeto y valoración de la mujer y, creará en ellos, la conciencia social necesaria para una liberación integral y para ser agentes de cambio en la historia.

María, una mujer profeta y evangelizadora

16 El contexto sociocultural en que vive la mayoría del pueblo latino, hace que su relación con María, sea a veces rica y satisfactoria, otras veces pobre y limitada. Es una relación rica y satisfactoria porque la gente encuentra en ella comprensión, seguridad, protección e intercesión ante Dios, tesoros muy valiosos para quien vive en la incertidumbre, la miseria y la violencia institucionalizada. Es una relación pobre y limitada en cuanto estas cualidades de María son insuficientes para un pueblo que ansía ser liberado y gozar de una vida nueva y más plena.

17 La Nueva Evangelización a que nos llama el papa Juan Pablo II, es un tiempo propicio para retomar las experiencias marianas del pueblo hispano. Estas experiencias necesitan ser iluminadas con las Escrituras para que brinden a la juventud la oportunidad de relacionarse con una Madre profeta, solidaria con su lucha por su superación personal y por la liberación de las opresiones.

Profeta entre los pobres y proclamadora del Dios vivo

18 El eje central que permite acercarse a María como profeta entre los pobres es el Magnificat, el cántico de alabanza a Dios que pronunció María cuando visitó a su prima Isabel (Lucas 1, 46–55). En este cántico, María aparece como una mujer libre, consciente de los problemas que le rodean y conocedora del cuidado especial de Dios para los pobres y los débiles. Lejos de ser una mujer pasivamente sumisa con una religiosidad alienante, María fue una mujer que con seguridad afirmó que Dios derriba de su trono a los poderosos y

hace justicia a los pobres y oprimidos. Una mujer fuerte, que conoció de cerca la pobreza y el sufrimiento, la huída y el exilio, se sabía la hija más amada entre los humildes y los pobres del Señor. Por eso, María es modelo de quienes quieren guiar con espíritu evangélico las acciones liberadoras, necesarias para promover la justicia, según el corazón de Dios.

19   En el Magnificat, María reinterpretó la tradición bíblica y la usó para expresar su solidaridad con la gente que clama por su liberación. Esta debe ser también la oración de todo cristiano, especialmente de todo evangelizador.

20   Con el Magnificat, María pone de manifiesto que Dios es un Dios vivo, con un corazón sensible a la miseria de la gente, un Dios que toma partido por los pobres y que hace suya su causa. María también nos muestra que la misericordia de Dios no está reservada sólo para el final de los tiempos; que Dios no tolera el lucro y el egoísmo que causan el empobrecimiento y la humillación de los demás, y que entre el proyecto de Dios y los proyectos de opresión no hay conciliación posible. Dios pide una conversión que lleve consigo un cambio en la manera de pensar, sentir y actuar, de modo que las relaciones entre las personas no estén dirigidas por la dominación y los privilegios de los más fuertes.

21   En su oración, María da gracias a Dios por haberse fijado en ella y haberla salvado, siendo una persona pobre y humilde; se muestra indignada ante la injusticia y le pide que eleve a los humildes y llene de bienes a los hambrientos; ora porque convierta a los soberbios, arruinando sus planes, que derribe a los poderosos de sus puestos que derribe de sus puestos a los poderosos y que despoje a los ricos de sus riquezas. En el Magníficat, María, una joven que recién iniciaba su vida como adulta, se muestra como la primera cristiana que pone en claro el nuevo orden que vino a instaurar Jesús.

La evangelización guadalupana: un regalo de Dios para los pobres

22   En 1531, en el Tepeyac, un cerro localizado en la parte norte de la Ciudad de México, la Virgen María se apareció a un indio llamado Juan Diego. La Virgen hizo saber a Juan Diego su deseo de que le construyeran un templo en ese cerro y le pidió que lo hiciera saber

al obispo de la Ciudad de México. Juan Diego hizo lo que se le pidó. Después de dos entrevistas infructuosas con el señor obispo, Juan Diego le dió a la Virgen el recado del obispo, quien quería una señal. La Virgen mandó a Juan Diego llenar su tilma, o sea la manta con que se vestía, con flores del cerro, florecientes rosas de Castilla fuera de temporada. La Virgen arregló las flores en la tilma de Juan Diego y lo envió de nuevo a ver al obispo. Cuando Juan Diego abrió su tilma y dejó caer las rosas, el obispo se arrodilló pues en ella apareció la imagen de la Virgen en colores brillantes, tal como se le había aparecido a Juan Diego. Esta imagen se ha consevado hasta la fecha, a pesar de haber sufrido falta de cuidado y de haber estado por largos años bajo las inclemencias del tiempo.

23   Durante casi quinientos años, desde su encuentro con Juan Diego, la Virgen de Guadalupe ha ocupado un lugar prioritario en el corazón de los mexicanos, para quienes ha sido fuente continua de esperanza, amor y confianza. Ella ha sido la madre y compañera fiel, que ha acompañado al pueblo en su vida de fe. Sin embargo, quizá debido al énfasis en el milagro y en el signo de la presencia de la Virgen en el Tepeyac, mucha gente —incluso entre los mexicanos— desconoce la profundidad del hecho guadalupano, sus detalles y su potencial evangelizador. Por eso, la devoción guadalupana generalmente no logra despertar en los jóvenes el espíritu misionero y profético que caracterizó la acción de Juan Diego, ni tiene el impacto que tuvo en los inicios del cristianismo en América.

24   El encuentro de la Virgen con Juan Diego, además de sembrar las semillas liberadoras del Evangelio entre los indígenas en Latinoamérica, estableció un modelo de evangelización. Visto de manera profunda y con detalle, la evangelización guadalupana es integral, conscientizadora, liberadora e inculturadora. La madre de Dios, bajo la advocación de María de Guadalupe, entregó la Buena Nueva a los indígenas dominados por los españoles y al nuevo pueblo mestizo nacido en Latinoamérica. A su vez, el pueblo mexicano trajo a la Virgen de Guadalupe como regalo a Estados Unidos. Hoy, la evangelización guadalupana, puede ser fuente de inspiración para todos los jóvenes latinos en Estados Unidos.

El *Nican mopohua:* relato de las apariciones

25   El *Nican mopohua* (literalmente significa "un relato") es el escrito original y la narración más completa de las apariciones de la Virgen

de Guadalupe. Escrito en náhuatl, la lengua materna de Juan Diego, el *Nican mopohua* tiene fuertes similitudes con las narraciones evangélicas.

26 Primero, los evangelios narran la acción y el mensaje de Jesús, dirigidos a un pueblo de fe, un pueblo insertado en la historia y cultura de su tiempo; el *Nican mopohua* relata la acción de la Virgen de Guadalupe con otro pueblo de fe, en un momento crucial de su historia y su cultura. Segundo, en los evangelios, Jesús formó a un grupo de discípulos que transmitieron su mensaje y compartieron su propia experiencia de fe, ganando nuevos seguidores. En el *Nican mopohua*, María hizo de Juan Diego un mejor discípulo de Jesús, un discípulo que transmitió el mensaje del Evangelio y compartió sus vivencias religiosas a otras personas, facilitando así que el pueblo indígena aceptara a Cristo Jesús y su mensaje de liberación. Finalmente, tanto los evangelios como el *Nican mopohua* fueron escritos años después de la experiencia inicial, utilizando ricas y variadas formas literarias para expresar la experiencia de un pueblo de fe.

Contenido y proceso de la evangelización guadalupana

27 La Buena Nueva dada por la Virgen María a Juan Diego hizo eco en el corazón del pueblo indígena porque fue transmitida en un contexto, con un lenguaje y mediante un proceso que tenía significado y era fuente de vida nueva para ellos. El proceso guadalupano abarca un conjunto amplio y significativo de hechos, símbolos y mensajes. La Virgen de Guadalupe es mestiza y su imagen contiene una catequesis básica para el pueblo indígena dada con simbología náhuatl. Se apareció en la zona indígena y no en el centro del poder político-religioso de la Ciudad de México, por lo que es considerada madre de los pobres. El valor y la espiritualidad guadalupanos descansan en la totalidad del hecho guadalupano y no sólo en la imagen de María.

28 La reflexión que sigue a continuación sobre la historia de la Virgen de Guadalupe presenta el *Nican mopohua* a grandes rasgos. La historia explora la relevancia del proceso guadalupano en la evangelización de la juventud latina actual e intercala, cuando es necesario, explicaciones del simbolismo náhuatl.

Encuentro en la vida diaria

29 Era el año de 1531 en México, diez años después de la conquista de Hernán Cortés para el rey de España cuando, en un cerro en

las afueras de la ciudad de México, la Virgen María salió al encuentro de Juan Diego en la ruta que él seguía en su caminar diario para asistir a Misa. El relato no habla de una aparición, sino de un encuentro. Ahí, en el monte, en un contexto común y corriente para él, Juan Diego experimentó una manifestación especial, misteriosa y grandiosa de Dios para el pueblo indígena a través de María.

- Siguiendo el ejemplo de María, los evangelizadores deben salir a encontrar a los jóvenes en los lugares donde pasan el tiempo y llevarles ahí el mensaje de Dios. Ahí, en su propio ambiente, es donde pueden ser eficientes portadores del mensaje de Dios.

Idiomas para el diálogo y la fe

30 La Virgen utilizó el idioma nativo, el náhuatl, para comunicarse con Juan Diego, pero mantuvo el nombre de Dios en español, evitando así que se confundiera al Dios de Jesús con las deidades nativas. De esta manera, María estableció el diálogo entre las dos tradiciones religiosas y puso los fundamentos para la inculturación del evangelio en la cultura mestiza naciente.

- Para dialogar con los jóvenes, hay que usar el idioma de la juventud; en su evangelización, hay que hablar en un idioma que entiendan y que permita llegar a su vida concreta; para que conozcan su fe, hay que usar el lenguaje y los conceptos fundamentales de la fe cristiana y la tradición católica.

Inicios de la evangelización guadalupana

31 El primer encuentro de Juan Diego con María está descrito de la siguiente manera:

> Era pues, sábado, cuando aún era de noche. Venía en pos de las cosas de Dios y de sus mensajes. Y cuando llegó al lado del cerrito, en el lugar llamado Tepeyac, ya estaba amaneciendo.
>
> Oyó cantar en la cumbre del cerrito: como si distintos pájaros preciosos cantaran y se alternaran en sus cantos, como que el cerro les respondía. Su canto era muy placentero y muy deleitoso, mejor que el del coyoltotol o el del tzinizcan o el de otros pájaros preciosos que cantan.[2]

32 El encuentro de Juan Diego sucedió en la madrugada, o sea, cuando se veía despegar el nuevo día, cuando nacía un mundo mejor, iluminado por una luz nueva. El pueblo náhuatl simbolizaba la totalidad de la verdad, la belleza y la filosofía con "la flor y el

canto". Los cantos, que eran la mitad del símbolo de la verdad, la belleza y la filosofía de las cosas profundas para el indígena, apuntaban a una verdad que apenas se vislumbraba. Fue hasta el último encuentro de Juan Diego con María, que aparecieron las flores. Hasta entonces, el mensaje de la Virgen estaba incompleto. Juan Diego comprendió ese primer encuentro con María como una verdad que provenía de Dios, pues las aves eran símbolo de la intermediación entre el cielo y la tierra. El uso de la palabra *canto* cinco veces en el texto, significa el cruce de los caminos de Dios con los caminos de la humanidad.

33 La evangelización guadalupana se presenta desde el principio como un evento de intermediación: Dios se encuentra con los indígenas a través de María y de Juan Diego. La evangelización es la unión del trabajo divino y el trabajo humano.

- Los evangelizadores de los jóvenes latinos tienen que ser como Juan Diego, instrumentos que Dios usa para encontrarse con los jóvenes. Como en el evento guadalupano, en el que Dios actuó a través de la Virgen y por medio del trabajo de Juan Diego, los jóvenes deben descubrir que Dios actúa a través de los esfuerzos humanos.

Relación del evangelizador con el evangelizado

34 Juan Diego, la primera persona que vio a la Virgen era un *macehual*. El *Nican mopohua* utiliza el concepto nahuatl de *macehual* para identificar intencionalmente a Juan Diego como un "pobre socialmente", a pesar de que pertenecía a la orden de los Caballeros Aguilas, quienes desempeñaban en su pueblo, un oficio importante como mediadores en la comunidad. Juan Diego, un laico e indio pobre, fue quien transmitió la Buena Noticia al obispo, quien más tarde fue capaz de recibir el mensaje, gracias al indio que cumplió con la misión que le encomendó María.

- Actualmente, los jóvenes latinos generalmente también son pobres sociales, por eso Dios quiere acercarse a ellos con un mensaje de liberación y apoyo. Junto con Dios, es necesario invitar a estos jóvenes a ser profetas que pregonen su Evangelio como lo hiciera Juan Diego, tanto al pueblo como a las personas en posiciones de autoridad.

Uso del símbolo y el mito

35   El uso del símbolo y el mito para expresar la fe y la misión de Juan Diego permite que todas las generaciones puedan ver que su experiencia religiosa estuvo enraizada en el pasado, tiene vigencia en el presente y ofrece esperanza para las generaciones futuras. Como ya se hizo notar, la flor y el canto eran dos símbolos importantes para el pueblo náhuatl y ambos fueron muy importantes en el evento guadalupano. El uso del lenguaje simbólico en el *Nican mopohua* en lugar del histórico-descriptivo deja claro que se trata de una experiencia de fe y que, lo que sucedió en los albores de la evangelización del pueblo latino, puede suceder también a través de nuevos esfuerzos de evangelización realizados a lo largo de la historia.

- Hoy en día es necesario descubrir y examinar ¿cómo y dónde sale la virgen María al encuentro de los jóvenes latinos en Estados Unidos? ¿cuál es su mensaje, qué símbolos acompañan su mensaje y en qué lenguaje habla? ¿quiénes son los Juan Diegos del presente?

Presentación del Dios de la vida

36   Al presentarse la Virgen a Juan Diego y al hacerle saber quién es Dios, la Virgen no usó conceptos desconocidos o misterios complicados para comunicar quién es Dios. Más bien, usó el concepto de "misterio" familiar para Juan Diego a través de su herencia náhuatl y su conversión al cristianismo, el concepto de la vida misma.

> "Sabe y ten seguro en tu corazón, hijo mío el más desamparado, que yo soy la siempre Virgen, Santa María, madre de El Dios de Gran Verdad, Téotl [El Dios Verdadero], de Aquel por Quien Vivimos, de El Creador de Personas, de El Dueño de lo que está Cerca y Junto, del Señor del Cielo y de la Tierra".[3]

37   La Virgen presentó a Dios como "El Dios de Gran Verdad, el Dios Verdadero, Aquel por Quien Vivimos", indicando que toda vida viene de Dios y que la nueva vida ofrecida por el Dios de los cristianos, no interrumpe la continuidad de la vida del pueblo.

- Los jóvenes ansían la vida y están abiertos a una vida nueva más significativa que puedan gozar con intensidad y compartir con los demás. Por eso, la presentación de Dios que da vida y libera de las opresiones que la quitan, es muy atractiva para los jóvenes.

Importancia del lugar desde donde se evangeliza

38 Cuatro lugares juegan un papel importante en el evento guadalupano: (1) *Cuautitlán,* que significa en nahuátl "Lugar de las Aguilas", de donde era originario Juan Diego y que, para el pueblo azteca, quería decir "lugar de la sabiduría de Dios"; (2) *Tlatilolco,* el pueblo donde estaba una iglesia a donde iba Juan Diego a aprender la doctrina católica, doctrina que se impartía usando ideas abstractas y conceptos ajenos a la experiencia de vida de los indígenas; (3) *Tepeyacac,* el cerro donde se apareció María y donde la revelación y la acción de Dios se manifestaron en cosas concretas. Para los indígenas, los cerros eran lugares sagrados y tenían un fuerte significado religioso; eran los lugares de los pactos entre Dios y los hombres, por eso construían "cerros artificiales", impropiamente llamados pirámides; (4) la *Ciudad de México,* donde residía el obispo y que era el centro político, social y religioso del pueblo invasor.

- Los jóvenes latinos recibirán el mensaje del Evangelio y podrán integrarlo a su vida, en la medida en que los evangelizadores tengan la sabiduría de Dios y presenten el Evangelio de manera fuerte, consistente y relacionada con su experiencia y perspectiva juvenil sobre la vida. Para esto, hay que ir a buscar a los jóvenes a los lugares donde viven y ahí revelarles de manera concreta la presencia de Dios en sus vidas y llevarles la acción salvadora de Jesús.

Respeto, corrección y complemento

39 En su diálogo con Juan Diego la Virgen no "atacó" la visión politeísta de los indígenas, sino que se describió a sí misma como la madre de todos sus dioses, del Dios Dador de la Vida, del Dios de la Gran Verdad, del Dios Creador de las Personas, del Señor de lo Cercano y de lo Junto, del Señor del Cielo y de la Tierra. De esta manera, la Virgen interpretó las creencias de los indígenas sin menospreciar las semillas del Evangelio que ya estaban presentes en su vida y creencias religiosas.

- En la evangelización con los jóvenes hay que descubrir y respetar la fe que tienen y, a partir de ella, presentar la Buena Nueva de Jesús.

Un evangelio que da vida

40 Juan Diego estaba acostumbrado a ir a Tlatilolco a Misa y a aprender la doctrina. Sin embargo, la Virgen no aprovechó esta ex-

periencia o rutina para hacer de Juan Diego un líder que llevara más personas a Tlatilolco, sino que le pidió que le construyera un templo en el cerro, un lugar más cercano a la gente nativa:

> "Quiero mucho y deseo vivamente que en este lugar me levanten mi ermita. En ella mostraré y daré a las gentes todo mi amor, mi compasión, mi ayuda y mi defensa. Porque yo soy la Madre misericordiosa, de ti, y de todas las naciones que viven en esta tierra, que me amen, que me hablen, que me busquen y en mí confíen. Allí he de oír sus lamentos y remediar y curar todas sus miserias, penas y dolores".[4]

41 La Virgen quería que su hijo Jesús estuviera con la gente indígena, participar en su vida para que no fuera necesario que los indígenas tuvieran que ir a buscarle en una cultura y una lengua que no tenía sentido para ellos.

- Se evangeliza al estilo guadalupano, amando a los jóvenes, escuchándoles, sintiendo sus alegrías y tristezas, auxiliándoles en sus necesidades, sanando sus heridas, defendiéndolos de las opresiones e injusticias, restaurando su dignidad y fortaleciendo su espíritu para que puedan extender el Reino de Dios.

Una llamada a la conversión de las estructuras eclesiales

42 La acción de María no fue sólo en favor de los indígenas, urgió a Juan Diego para que fuera al obispo y lograra que las autoridades religiosas reconocieran la manera apropiada de evangelizar al pueblo empobrecido y oprimido por el sistema del colonizador. El obispo necesitaba ser evangelizado por el "indio pobre", pues aunque creía en Dios, no veía que el mensaje del Evangelio requería la liberación del pueblo indígena.

- La evangelización de los jóvenes latinos depende tanto del trabajo directo con ellos, como de transformar las estructuras eclesiales de modo que respondan a sus necesidades pastorales.

Solidaridad ante la misión

43 Después de haberse encontrado con la Virgen, Juan Diego se dirigió en seguida al palacio del obispo y le comunicó lo que había admirado, visto y oído. Juan Diego estaba seguro de su fe, sabía que su mensaje era cierto. Pero el obispo, quien estaba a cargo de dar y enseñar la fe, dudó de él y le pidió que regresara otro día, diciéndole:

"Hijo mío, tendrás que venir otra vez, otra vez te he de oír con calma, aún tengo que ver, miraré bien desde el principio de eso a que has venido, y de tu voluntad y tu deseo".

[Juan Diego] salió y se fue triste, porque de ninguna manera se realizó su mensaje.[5]

44   Juan Diego regresó y buscó a María. Le explicó lo sucedido, llamándola "Señora mía, la más pequeña de mis hijas". Así le había llamado ella "Juan Diego, el más pequeño de mis hijos". Cuando alguien se dirigía a un adulto diciéndole "el más pequeño de mis hijos", quería decir que reconocía que la persona había sido disminuida, despreciada y oprimida. Ante el rechazo del obispo a Juan Diego, María, la Madre de Dios, se solidarizó con Juan Diego, el desprecio al indio fue un desprecio a María.

- Los cristianos necesitamos demostrar solidaridad con toda la gente que sufre injusticias por parte de personas o por sistemas que han institucionalizado el pecado. Sólo a través de la solidaridad, los evangelizadores pueden llevar la Buena Nueva de manera que sea significativa para los jóvenes latinos.

Reconocimiento de un profeta rechazado

45   Cuando Juan Diego se dirigió a dar su mensaje al obispo iba seguro de sí mismo. Pero, cuando regresó, era diferente. Al ver a la Virgen le indicó claramente, "fui a cumplir tu mandato", pues sabía que no había fallado, que había hecho lo que se le había pedido que hiciera. Sin embargo, el obispo no había tenido confianza en él y eso había disminuido su confianza en sí mismo. Por eso, al hablar a la Virgen le expresó lo siguiente:

"[El obispo] piensa que acaso yo nada más invento que tú quieres que aquí te hagan un templo, y que tal vez no es orden tuya.

Por eso, mucho te suplico, Dueña mía, Reina y Niña mía, que a alguno de los nobles más valiosos, los conocidos, estimados y respetados, les des el encargo de pasar y llevar tu mensaje y tu palabra, para que le crean. Porque, ciertamente, yo soy un campesino de por allí [alguien sin posición en la sociedad], un cordel [amarrado, sin proyección en la historia], una escalerilla [un hombre pisoteado], la mierda del pueblo [que apesta y repugna], soy hoja [hombre muerto, desprendido del ár-

> bol de la vida], me mandan, me tienen que llevar a cuestas [no se vale por sí mismo]; y tú, Hija mía la más desamparada, Niña mía, Señora y Reina mía, me envías a un lugar por donde no ando y no paro. Perdóname, daré pena a tu rostro y a tu corazón, te daré disgusto y caeré en tu enojo, Señora y Dueña Mía".[6]

46 La desconfianza del obispo, quien era la autoridad en la iglesia, creó de inmediato una inseguridad de Juan Diego sobre sí mismo. Consciente o inconscientemente, el obispo hizo que el indio aceptara la dominación, transfiriera la responsabilidad de la acción a los poderosos, se sintiera incapaz de lograr su misión y tratara de evadir su papel en la historia. Como consecuencia, la posición y la actitud de Juan Diego eran exactamente contrarias a las que intentaba la Virgen María. Su persona y su dignidad habían sido maltratadas. Sin embargo, Juan Diego, no estaba consciente de ello y se sentía culpable como se lo hizo saber a la Virgen.

47 El mismo tipo de rechazo ha ocurrido hacia millones de indígenas y de latinos mestizos. Ellos han escuchado el mensaje liberador del Evangelio, pero han sido maltratados en su persona y han sido aniquilados en su lucha, a veces, incluso por miembros de su propia iglesia.

48 En Estados Unidos, miles de jóvenes hispanos se han dirigido a las instituciones sociales y a las parroquias, buscando una vida mejor, otros muchos han intentado llevar la Buena Nueva a otras personas. Cabe preguntarse:
- ¿Cuántos jóvenes han sido menospreciados e ignorados por las personas en posiciones de autoridad? ¿Cuántos han quedado profundamente heridos y debilitados en su fe, por falta de confianza y comprensión de agentes de pastoral?

Papel del profeta pobre

49 A pesar de su fracaso y de sentirse rechazado y derrotado, Juan Diego mantuvo lealtad a su Señora. La Virgen no aceptó el cambio en la actitud de Juan Diego, ni tampoco trató de ocultar o aminorar el sentimiento de opresión que experimentaba, sino que le insistió:

> "Oye, hijo mío el más desamparado, sabe en tu corazón que no son pocos mis servidores y mensajeros, a quienes puedo dar el cargo de que lleven mi pensamiento y mi palabra para que

> cumplan mi voluntad. Pero es de absoluta necesidad que seas tú mismo el que vayas y hables de esto, y que precisamente con tu mediación y ayuda se haga realidad mi deseo y mi voluntad. Mucho te ruego, hijo mío el más desamparado, y con toda energía te mando que precisamente mañana vayas otra vez a ver al Obispo".[7]

50   A pesar de que había misioneros españoles que podían llevar la Buena Nueva a los indígenas, la Virgen insistió en que la evangelización se hiciera con el trabajo y la mediación de los indios pobres. En el plan de la salvación, el pobre es sujeto esencial de su liberación. Por eso la misión de Juan Diego no es optativa, sino obligatoria: "'es de absoluta necesidad que seas tú mismo el que vayas y hables de esto. . . . Con toda energía te mando".

- De igual manera, la evangelización de los jóvenes latinos no viene desde fuera, sino desde el seno de la comunidad juvenil creyente que asume su papel profético y cumple su misión. Formar jóvenes evangelizadores y misioneros no es opción, ¡es una necesidad urgente!

Confianza del misionero

51   Una vez que la Virgen había restaurado la confianza de Juan Diego y su fidelidad a su vocación, Juan Diego regresó al obispo seguro de sí mismo y del mensaje que llevaba. Las experiencias contrastantes que había tenido Juan Diego con el obispo y con la Virgen, le habían ayudado a ver que para la Virgen él era una persona capaz, con dignidad y valor. La confianza de la Virgen sostuvo a Juan Diego durante su segunda reunión con el obispo, la cual no fue mejor que la primera:

> El Señor Obispo le preguntó muchas cosas, lo investigó, para que su corazón quedara satisfecho, dónde la vio y cómo era. Y él contó todo enteramente al Señor Obispo.
>
> Pero aunque se lo dijo todo, cómo era su figura, y todo lo que había visto y admirado, en lo que bien se descubría ser ella la amable, siempre Virgen, la admirable Madre de Nuestro Salvador y Nuestro Señor Jesucristo, sin embargo, aún no le dio crédito.
>
> Le dijo que no nomás por su palabra y su mensaje se iba a hacer veradero lo que él pedía. Que era necesario algo de señal

suya para que fuera creído cómo a él lo enviaba la Señora del Cielo.[8]

52   La explicación precisa de Juan Diego sobre todo lo que había visto y oído, atestiguaban sobre la autenticidad de su encuentro con la Virgen, la Madre de Dios y Madre de Jesucristo. Pero el obispo aún no le creyó. No pudo ver la autenticidad de la fe del indio pobre, ni validar su experiencia religiosa. Al contrario, desconfió más de Juan Diego.

> Viendo el Obispo que se afirmaba bien en la verdad y que en nada dudaba ni se alteraba interiormente, lo despidió.
> Y cuando se hubo ido, luego mandó a unos de su casa, en los que podía tener confianza, que lo vinieran siguiendo, que lo fueran observando bien a dónde iba, a quién veía, con quién hablaba. Y así se hizo.[9]

53   La fe de Juan Diego no se quebró; estaba seguro que obtendría la señal pedida y se dispuso a conseguirla en su propio ambiente. Ahí, en las circunstancias que le eran familiares, encontraría la manera de cumplir su misión. Los vigilantes, la gente que daba seguridad y confianza al obispo, siguieron a Juan Diego, pero lo perdieron cuando llegó al Tepeyac, su propio ambiente y su lugar de liberación. Cuando los vigilantes dieron su reporte al obispo, le trataron de predisponer más contra el indio, diciéndole que Juan Diego era un mentiroso que le había engañado. Además decidieron que merecía ser castigado.

54   Al igual que como le pasó a Juan Diego, la fe de los jóvenes se refuerza cuando reconocen a Jesús como Dios-hecho-persona para darles una vida nueva. Pero frecuentemente su fe es puesta en duda por sus padres, las autoridades religiosas o los agentes de pastoral. ¡Es tan frecuente escuchar sólo los defectos y problemas de la juventud!

- Es necesario dar más crédito a la fe y a los esfuerzos sinceros que hacen tantos jóvenes por tener su lugar en la iglesia, por superarse y por tratar de construir un mundo mejor. También hay que analizar la tendencia de los adultos a prejuzgar las intenciones y la capacidad de los jóvenes, pues en base a estos prejuicios, la sociedad y la iglesia tienden a abandonar a los jóvenes en sus luchas por la vida. ¿Cuál es la posición de los evangelizadores de hoy día: la de María o la del obispo y su gente de confianza?

Atención prioritaria a las necesidades críticas

55 Cuando Juan Diego se disponía a buscar la señal pedida por el obispo, encontró que su tío Juan Bernardino estaba enfermo de la peste traída por los conquistadores. Seguro de que iba a morir, el tío pidió a Juan Diego que fuera por un sacerdote que escuchara su confesión y le ayudara a bien morir. Para el pueblo náhuatl, los tíos eran figuras muy importantes: el título *tío* era la máxima expresión de respeto; los tíos heredaban a los sobrinos y no a los hijos. Además, los tíos jugaban un papel decisivo en la dinámica social del barrio y del pueblo. Juan Bernardino es clave en el proceso guadalupano, porque simboliza la situación desesperada que tenía el pueblo nativo debido a la conquista:

> Y el martes, cuando aún era de noche, salió de su casa Juan Diego a llamar al sacerdote en Tlatelolco.
>
> Y cuando llegó al lado del cerrito del Tepeyac, donde sale el camino, por el lado por donde el sol se mete, por donde él solía pasar, dijo: "Si me voy derecho por el camino, puede ser que la Señora me venga a ver como antes, y me demore para que yo lleve la señal al Señor de los sacerdotes como me lo mandó. Que primero nos deje nuestra aflicción y antes llame de prisa al sacerdote. Mi tío está padeciendo y no hace más que aguardarlo".[10]*

56 La situación había cambiado drásticamente. Cuando Juan Diego encontró a la Virgen por primera vez había un ambiente de vida; el sol brillaba en el oriente. De repente, invadió una atmósfera de muerte, indicada por la puesta del sol en el poniente, o sea por donde "muere" el sol, lo que se refiere simbólicamente a la muerte inminente de su tío, su gente y su religión nativa. Al enfrentarse con esta situación, Juan Diego se pregunta: ¿A quién atender primero, a la Señora del Cielo o a mi tío enfermo? Se decidió por su tío, sin pensar que por hacerlo estaba dejando de cumplir con su misión. Su solidaridad con su tío que sufre y la necesidad de ayudarle en sus necesidades críticas eran parte de la misma misión, ser instrumento de Dios para traer una nueva vida y una nueva esperanza.

---

*La mayoría de las traducciones del *Nican mopohua*, incluyen una aparición de la Virgen antes de que Juan Diego fuera a ver a su tío. Este trozo fue añadido al texto original años después y rompe la simetría simbólica del texto, por eso, para conocer el modelo guadalupano de evangelización hay que omitir esta adición.

57   Fue en la enfermedad del tío donde actuó la Virgen. En su curación, se unió la dimensión vertical de la fe en Dios con la dimensión horizontal del servicio y la liberación del hermano. El corazón del proceso de la evangelización guadalupana está aquí. En la unión de las dimensiones social y religiosa de la vida.

58   La realidad socioreligiosa en que viven muchos jóvenes latinos tiene un cierto paralelo con la realidad que vivía el pueblo indígena. La mayoría de los jóvenes hispanos son pobres, oprimidos, despreciados y marginados de la sociedad. Su fe es puesta en entredicho por los católicos estadounidenses de origen europeo que no les comprenden y está siendo desafiada constantemente por el secularismo y por grupos religiosos no católicos.

- Los jóvenes latinos que viven en la pobreza necesitan experimentar el proceso de evangelización guadalupano y los que viven confortablemente deben solidarizarse con quienes sufren pobreza. Juntos, pueden luchar mejor para lograr la liberación integral de la juventud hispana.

Fe y esperanza en la experiencia pascual

59   Cuando Juan Diego salió en búsqueda del sacerdote para llevarlo a su tío, trató de evitar que la Señora del Cielo lo detuviera en el monte y realizó una acción geográficamente muy complicada, pero simbólicamente muy sencilla y significativa:

> Entonces le dio la vuelta al cerro, subió por enmedio, y fue a dar a la otra parte, fue a pasar por el rumbo por donde el sol sale, para llegar pronto a México, y que no lo demorara la Señora del Cielo.[11]

60   Juan Diego cambió de dirección, subió al cerro (lugar sagrado) y tomó el camino del oriente (por donde sale el sol), dejando así simbólicamente el sendero de la muerte y emprendiendo la jornada de la vida. Gracias a sus acciones, Juan Diego "pasó al otro lado", al lugar donde encontraría la vida. Ahí, por tercera vez, la Virgen salió al encuentro de Juan Diego y habló con él: "'Hijo mío el más desamparado ¿a dónde vas? ¿a dónde te diriges?'".[12] Juan Diego le respondió saludándola y preguntándole por su salud. Después le indicó que iba presuroso a buscar al sacerdote que ayudara a su tío a bien morir. Se nota la confianza de Juan Bernardino y Juan Diego en los misioneros, quienes ayudaban a la gente a pasar de esta vida

a la vida eterna. Pero, la preocupación de que Juan Bernardino pasara bien a la otra vida, no era la intención de María. La evangelización guadalupana se enfoca en la liberación integral del pueblo indígena oprimido, en la liberación en todas sus dimensiones: física, espiritual, política, económica, etcétera.

> Después de oír la plática de Juan Diego, le respondió la piadosísima Virgen: "Oye y pon bien en tu corazón, hijo mío el más desamparado: es nada lo que te asusta y te abate, no se turbe tu rostro ni tu corazón, no temas esa enfermedad ni ninguna otra enfermedad o algo angustioso. ¿Acaso no soy yo aquí tu madre? ¿No estás bajo mi sombra y mis resguardo? ¿Acaso no soy yo tu fuente de vida? ¿No estás acaso en el hueco de mi manto, en donde cruzo mis brazos? ¿Quién más te hace falta? Que ya nada te apene ni te dé amarguras. No te aflija la enfermedad de tu tío. Porque no ha de morir de lo que ahora tiene. Ten seguro en tu corazón que ya sanó". (Y en aquel mismo momento sanó su tío, como después se supo).
>
> Cuando Juan Diego oyó el pensamiento y la palabra de la Señora del Cielo, se consoló mucho, se calmó su corazón. Y le suplicó mucho que inmediatamente lo despachara a ver al Señor de los sacerdotes a llevarle su señal, la cosa de realización, para que le creyera.[13]

61 En este encuentro, la Madre de Dios se presentó a Juan Diego como madre suya, madre de los pobres. Al decirle que estaba bajo su sombra le indicó su poder para amparar a toda persona. Se presentó no sólo como la salud que sanaría a su tío en esos momentos, sino también como la salud que curaría otras enfermedades y angustias del pueblo en el futuro. La salud del tío (el pueblo) señala la importancia de María y ayuda a reconocer la verdad del Evangelio. María es la intermediaria de Dios para dar una vida nueva al pueblo indígena y al nuevo pueblo mestizo que estaba naciendo. El proceso guadalupano sucede en medio de la historia humana y la trasciende; es un proceso válido hoy y será válido siempre.

62 Juan Diego no dudó de la acción salvadora de María, no necesitó ir a ver a su tío. Sabía que si la Madre de Dios le decía que ya había sanado, era cierto. En cambio, le preocupaba la incredulidad del obispo y estaba ansioso de cumplir su misión.

63   Juan Diego encarna la figura del profeta quien lleva la esperanza a su pueblo sin dejar de buscar la conversión de las estructuras y personas en puestos de autoridad. Con fecuencia, las personas en puestos de autoridad ignoran los derechos de los pueblos nativos y no consideran que la liberación del pueblo oprimido y destrozado es parte esencial del Evangelio.

- Como evangelizadores debemos recordar las dos dimensiones de ser un profeta: dar esperanza e invitar a la conversión. Cada dimensión requiere de la otra. La juventud latina, al igual que la juventud de otras minorías étnicas, necesita tanto la acción directa del evangelizador, como una iglesia jerárquica solidaria con su lucha de liberación.

Mensajero de la verdad

64   Después de conversar un poco con la Virgen, Juan Diego le indicó su prisa para ir a llevar la señal pedida por el obispo. El indio no pidió la señal a María, pues sabía que a él le tocaba conseguirla. Fue María la que, por propia iniciativa, mandó a Juan Diego a la cima del monte a buscar unas rosas, para que las llevara al obispo como signo de la validez de su mensaje.

> Luego la Señora del Cielo lo mandó que subiera a la cima del cerrito, allí donde antes la había visto. Le dijo: "Sube, hijo mío el más desamparado, a la cima del cerrito y allí, donde tú me viste y donde te di órdenes, allí verás extendidas diversas flores: córtalas, júntalas, reúnelas. Luego baja acá y tráelas ante mí". Juan Diego subió al cerrito, y cuando llegó a la cima quedó muy admirado. Estaban extendidas, abiertas y florecientes toda clase de flores finas de Castilla. No era lugar en que se dieran, y era justamente el tiempo en que el hielo se encrudece. Estaban muy fragantes, como si tuvieran perlas preciosas, llenas del rocío de la noche.[14]

65   La Virgen envió a Juan Diego a la cumbre del cerro, lugar que simbolizaba la autoridad del sacerdote, pues en el ritual náhuatl sólo el sacerdote subía al templo en la cima de los montes (pirámides). El pueblo quedaba abajo, en la planicie. De esta manera, María indicaba que el pueblo indígena era *"una raza elegida, un reino de sacerdotes, una nación consagrada, un pueblo que Dios eligió para que fuera suyo y proclamara sus maravillas. Ustedes estaban en las*

tinieblas y los llamó Dios a su luz admirable" (1 Pedro 2, 9). Juan Diego, como miembro de este pueblo, encarnó el papel del sacerdocio real, que junto con el papel del profeta, le ayudó a cumplir su misión en la historia.

66   La Virgen no le dio las flores a Juan Diego, él tuvo que ir a buscarlas y cortarlas. Cuando terminó de juntarlas, las llevó a María. Eran rosas verdaderas, fragantes y llenas de rocío, aunque no era la estación adecuada para que florecieran. Estas rosas indicaban que el mundo había cambiado. Había una realidad de vida nueva y misteriosa representada en las rosas que aparecieron donde, hasta esos momentos, sólo había hierbas del campo propias de las tierras áridas del Tepeyac.

67   Las flores completan el cuadro guadalupano. Cuando Juan Diego conoció la verdad completa y supo que la Madre de Dios había venido a traer la salvación a su pueblo, su "experiencia pascual" estuvo completa. Las rosas completaron —a la manera náhuatl— la experiencia de la verdad, la belleza y la profundidad del misterio de Dios hecho hombre para salvar al pueblo de la opresión que sufría. La presencia de "la flor y el canto" en el evento guadalupano facilitó la aceptación del verdadero Dios por los indígenas, pues como se dijo anteriormente, el pueblo náhuatl representaba la totalidad de la verdad con la flor y el canto. A través de estos elementos, el pueblo comprendió que Dios, a través de su Madre, había salido al encuentro de ellos para ofrecerle su salvación en Jesucristo, usando a Juan Diego —un indígena como ellos— como el agente activo de la evangelización.

Un evangelizador fortalecido

68   La Virgen tomó en sus manos las flores que le llevó Juan Diego y se las volvió a echar en su regazo diciéndole:

> "Hijo mío el más desamparado: estas diferentes flores son la prueba, la señal que llevarás al obispo. En representación mía le dirás que vea en ellas lo que quiero, y con esto que realice mi voluntad y mi deseo.
>
> Y tú, tú eres mi embajador, en tí pongo toda mi confianza. Con toda energía te mando que solamente en presencia del Obispo abras tu manta y le des a conocer y descubras lo que tú llevas. Contarás bien todo, le dirás como te mandé que subieras a la cima del cerrito y fueras a cortar flores, y todo lo que

viste y admiraste. Con esto vas a cambiar el corazón del Señor de los sacerdotes para que luego ponga lo que esté de su parte para hacerme y levantarme mi templo que le he pedido".[15]

Las flores, no la imagen impresa en la tilma, fueron la señal de Juan Diego para el obispo. Las flores son símbolo del trabajo del indio bendecido por las manos de María y signo de la totalidad de la experiencia de fe que se inició cuando Juan Diego escuchó los cantos que acompañaron el primer encuentro con la Virgen. Juan Diego estaba seguro de que con este signo convencería al obispo, pues la Virgen le había ratificado su misión como embajador y él le tenía plena confianza. Juan Diego se fue a México contento y seguro de que todo iba a salir bien, llevando con mucho cuidado lo que portaba en su regazo. Quería estar seguro que no se cayera nada, porque quería llevar la señal completa.

- Si tomamos el lugar de María y ponemos nuestra confianza en los jóvenes y damos crédito a su habilidad para cumplir su misión, también, como María, debemos mostrarles signos visibles de confianza. Necesitamos reafirmar y fortalecer a los jóvenes en su misión y en su experiencia de fe.

Desafíos del evangelizador pobre

Cuando Juan Diego llegó al palacio del obispo encontró oposición de parte del mayordomo y otros criados del obispo:

> [Juan Diego] se puso a rogarles que fueran a decirle cómo quería él verlo; pero ninguno de ellos quiso, no le querían dar atención, ya porque era aún de noche, ya porque lo conocían, no hacía mas que darles pesadumbre y se les colgaba de la cara; y también porque les habían platicado sus compañeros que lo habían perdido de vista cuando lo fueron siguiendo. Durante mucho tiempo estuvo esperando.
>
> Cuando vieron que ya tenía mucho tiempo esperando de pie, cabizbajo, que aguardaba en vano para ver si lo llamaban, y como que traía algo en el hueco de su manta, luego se le acercaron para ver lo que traía y satisfacer su corazón.
>
> Y cuando vio Juan Diego que de ningún modo les podía esconder lo que traía y que por esto le habían de dar pena, lo echarían fuera o lo iban a maltratar, les mostró un poquito que eran flores.[16]

71   Ante la dominación y el desprecio de los criados del obispo, Juan Diego perdió de nuevo su vitalidad y adquirió otra vez las características de un hombre marginado que sufría discriminación. En su tierra y en el monte, Juan Diego era un indio activo que cumplía con su misión; en el palacio del obispo, estaba inmóvil, sin otra cosa que hacer mas que esperar. Hasta su organismo, capaz de levantarse temprano, caminar largas distancias y subir al monte, está ahora cabizbajo, inclinado, vencido. Para evitar un enfrentamiento con los sirvientes del obispo y que los criados le empujaran, le molestaran o le pegaran, Juan Diego les mostró las flores reservadas para el obispo.

72   ¿Qué tan seguido, como evangelizadores, hemos desconfiado de los jóvenes y no les hemos creído?, ¿cuántas veces, como evangelizadores, nos sentimos como Juan Diego en las estructuras de nuestra iglesia?, ¿cuántos jóvenes latinos han intentado seguir su vocación al sacerdocio o a la vida religiosa en comunidades que no tienen confianza en ellos y les menosprecian porque son hispanos? Sin embargo, ¡con qué frecuencia nos quejamos de la falta de iniciativa de los jóvenes! ¿No será que sus experiencias en el hogar, la escuela y el trabajo, les han quitado la seguridad en sí mismos y en sus ideales?

- Cuando los jóvenes llegan a la parroquia entusiasmados con algún proyecto, no los podemos dejar esperando o inmovilizarlos sin darles la oportunidad que muestren y expliquen su proyecto.

Conversión del evangelizado

73   Juan Diego dejó que los criados vieran lo que llevaba en su ayate:

> Cuando [los criados] vieron que todas eran diferentes flores de Castilla y que no era el tiempo en que se daban, entonces se asombraron mucho, y de que estuvieran abiertas, tan frescas, tan fragantes, tan preciosas. Quisieron coger algunas y quitárselas, por tres veces lo intentaron; pero no pudieron, pues cuando iban a cogerlas ya no veían verdaderas flores, sino que aparecían pintadas o bordadas, o cosidas en la manta.[17]

74   Los criados se maravillaron por lo que veían y fueron a avisar al obispo que el indio había regresado y que le quería ver, pero que no habían podido entender el signo que había traído. Juan Diego había preparado al obispo, pero no a los criados, por eso cuando lle-

gó el signo no lo reconocieron; en cambio, trataron de quitarle su verdad a Juan Diego, pero no lo lograron. La verdad que llevaba Juan Diego no eran las flores, éstas eran sólo el símbolo de la dignidad restaurada y la liberación traída por la Virgen al indio, como representante de su pueblo.

75   El texto guadalupano cambia ágilmente de rosas verdaderas a flores pintadas, bordadas o cosidas en el ayate de Juan Diego, indicando así su simbolismo. Ya no eran flores sueltas, sino que formaban parte de su ayate y, por lo tanto, de su personalidad. Las flores, es decir, la verdad traída por la Virgen, eran parte integral de Juan Diego y nadie se las podía quitar. Juan Diego había hecho suyo el mensaje traído por María: su apoyo para cambiar el mundo de injusticias y sinsabores en que vivía el pueblo indígena. La esperanza de una vida nueva había sido asumida en la personalidad del indio, a tal grado que no se podía desprender de ella ni abandonar su misión. Juan Diego había sido profundamente evangelizado por María. Por eso, incluso cuando fue menospreciado, sabía que debía y podía cumplir con su misión: entregar las rosas al obispo como señal para que construyera el templo a la Madre de Dios en el Tepeyac.

76   Como personas que hemos recibido la Buena Nueva ¿con quién nos identificamos más, con los criados o con Juan Diego?, ¿somos insensibles al clamor de los jóvenes latinos por una vida nueva en Estados Unidos; a sus gritos por lograr una buena educación, porque no haya droga ni violencia, por tener oportunidades de trabajo y por vivir en comunidades donde haya justicia, paz y amor?, ¿estamos ignorando los signos de los tiempos reflejados en el entusiasmo y la fe de los jóvenes que ansían cumplir con su misión?

- Si vamos a ser la "luz del mundo" y ejemplo para los jóvenes, debemos integrar verdaderamente en nosotros el mensaje liberador de Jesús traído por María a Juan Diego y a todo los pueblos dominados. Cuando estemos fuertes y seguros de nuestra misión, a pesar del cansancio y las frustraciones propias de la lucha por la justicia, los jóvenes podrán adoptar la verdad de nuestra misión y hacerla también parte integral de ellos mismos.

Conversión y solidaridad de personas con autoridad

77   El obispo, al oír que el indio estaba ahí con unas rosas y que había esperado ya por largo tiempo, comprendió que las rosas eran la señal que le había pedido y le mandó llamar inmediatamente.

Juan Diego contó de nuevo al obispo lo que había visto y admirado. Le repitió el mensaje de la Virgen, enfatizando que, a pesar de que él sabía que no era tiempo de rosas, no había dudado de ir por ellas, pues así se lo había indicado María.

"Y me dijo por qué te las había de entregar: para que veas la señal que tú pedías, para que creyeras en su voluntad; y también para que aparezca la verdad de mi palabra y mi mensaje. Aquí están. Dígnate recíbirlas".

Luego desenvolvió su blanca manta, pues en su hueco traía recogidas las flores, y al instante cayeron por tierra todas las diferentes flores de Castilla. En ese momento se pintó, apareció de repente la preciosa imagen de la siempre Virgen Santa María, Madre del Dios Téotl, de la misma forma en que ahora está presente y se guarda en su preciosa casa, en su ermita del Tepeyac, que se nombra Guadalupe.

Cuando la vio el Señor Obispo, él y todos los que allí estaban se arrodillaron, se admiraron mucho. Se pusieron de pie para verla, se entristecieron, se acongojaron en el corazón, y en el pensamiento.

El Señor Obispo, con lágrimas y tristeza, le hizo oración, y le suplicó que lo perdonara por no haber creído a su voluntad, a su corazón y a su palabra.[18]

78 Juan Diego quería que el obispo creyera en María como él creyó; por eso da testimonio de su fe. Deseaba que creyera en la verdad de su palabra de indio y en su mensaje de fe, pues sólo creyendo en Juan Diego, el obispo creería en la misión que le encomendó la Virgen. Sólo después de haber puesto estos fundamentos, Juan Diego entregó las flores al obispo. Al hacerlo, la imagen de María quedó estampada en su ayate.

79 Esta fue la quinta vez que se apareció María, iniciando una nueva época en el tejido donde se cruzan el camino de lo humano y el camino de lo divino. El obispo, al fin había captado el clamor del pueblo indígena con el corazón y la mente; se había arrepentido y llorado así por su incredulidad, frialdad y falta de acción. Había habido una conversión, una nueva solidaridad con el indio pobre y con su pueblo. El obispo llevó la imagen a su oratorio. Después invitó a Juan Diego a quedarse un día en su casa, mostrando así su cambio de actitudes respecto a él.

80   Al día siguiente, el obispo pidió a Juan Diego que le indicara dónde debería construirse el templo. Al pedirle instrucciones, le estaba dando crédito al indio y considerándolo como persona. Ahora, el indio tenía la palabra, él era quien indicaba al obispo lo que tenía que hacer. Enviado por María y conociendo lo que necesitaba su pueblo, era capaz de interceder por él. Este laico, evangelizado por María, tomó conciencia de su misión profética frente a su obispo.

- Los laicos que hemos recibido la Buena Nueva como regalo de Dios, tenemos la responsabilidad de relacionarnos con nuestros obispos y sacerdotes, para juntos buscar la mejor manera de presentar a Jesús al pueblo que Dios nos ha encomendado.

Significado del templo

81   Tan pronto como Juan Diego indicó al obispo dónde debía construirse el templo pedido por la Virgen, se dirigió a ver a su tío Juan Bernardino. Juan Diego sabía que al templo se va a adorar a Dios y a tomar fuerzas, pero que el templo no tiene sentido si no se lleva la presencia de Dios a la casa, al barrio y al pueblo. Por eso se dirigió pronto a su tío, acompañado por los servidores del obispo, quienes ahora reconocían su dignidad como persona.

Al llegar, vieron a su tío que estaba sano y nada le dolía.
El se asombró mucho de que su sobrino viniera muy acompañado y muy honrado, y le preguntó por qué sucedía que lo honraban tanto.[19]

Mediación de María y del pueblo

82   El tío de Juan Diego contó a todas las personas sobre su recuperación y cómo la Señora del Cielo lo había visitado, apareciéndosele bajo la misma forma como a Juan Diego y pidiéndole que fuera al obispo para que diera testimonio de su restablecimiento. Ahora le tocaba a Juan Bernardino (el pueblo) la misión de ir al obispo y darle testimonio de la nueva vida que había adquirido por mediación de María. El pueblo entero tenía ahora una misión: hacer realidad la Buena Nueva entregada por la Virgen.

83   La presencia de la Virgen es signo de una vida nueva para el pueblo. La intención de Dios al valerse de María como intermediaria fue traer la liberación al oprimido, dignidad al menospreciado, consuelo al afligido, protección al desamparado, paz al angustiado, reconciliación entre los enemigos, justicia para el explotado, salud al enfermo e igualdad en lugar de dominación. Por eso, mientras se construía el templo del Tepeyac, el obispo hospedó en su casa a Juan Diego (el indio misionero) y a Juan Bernardino (al pueblo entero), en señal de una nueva solidaridad y una nueva actitud de parte del pueblo conquistador. A pesar del frecuente fracaso de esta nueva solidaridad, la esperanza y la promesa traída por María ha sido constantemente renovada por la gente de fe profética.

84 De ahí en adelante, la imagen de la Virgen Santa María de Guadalupe ha sido un símbolo de la encarnación de la Buena Nueva en el pueblo mexicano, sobre todo entre los indígenas, los mestizos, los pobres y quienes son solidarios con su causa. Para que la Virgen de Guadalupe en Estados Unidos sea algo más que una decoración o una indicación de la alienación del pueblo hispano respecto a la cultura dominante o fuente de conformismo entre los hispanos, la Virgen deberá llegar a ser un signo eficaz de una evangelización liberadora.

La Virgen de Guadalupe, esperanza para una sociedad transformada

85 La imagen de la Virgen de Guadalupe simboliza el poder y el arraigo de la primera evangelización en América Latina, una evangelización que asumió las semillas del Verbo así como el lenguaje y las aspiraciones de la gente y fue capaz de generar la fe cristiana en millones y millones de personas. La Guadalupana inspiró la primera carta pastoral de los obispos hispanos de Estados Unidos *(The Bishops Speak with the Virgin)* donde los obispos expresan a la Virgen las inquietudes del pueblo latino en este país, le dan gracias por el cuidado que ha mostrado para los hispanos y le piden que continúe trayendo a su hijo Jesús al corazón de su pueblo. El modelo de evangelización usado por la Virgen de Guadalupe proporciona la esperanza de tener una sociedad transformada y una iglesia renovada en Estados Unidos.

86 Toca a la juventud vivificar el entusiasmo, dedicación y confianza que tiene el pueblo latino en la Madre de Dios, dando a María su lugar como mujer profeta y evangelizadora. Así, harán eco de las palabras con que los obispos latinoamericanos oraron a la Virgen de Guadalupe, en la plegaria con que cerraron el documento de la Cuarta conferencia general del episcopado latinoamericano, en Santo Domingo:

Señor Jesucristo, Hijo de Dios vivo,
Buen Pastor y Hermano nuestro.
Nuestra única opción es por Ti.

Unidos en el amor y la esperanza
bajo la protección de nuestra Señora de Guadalupe,
Estrella de la Evangelización,
pedimos tu Espíritu.

Danos la gracia,
en continuidad con Medellín y Puebla,
de empeñarnos en una Nueva Evangelización
a la que todos somos llamados,
con especial protagonismo de los laicos,
particularmente de los jóvenes,
comprometiéndonos en una educación continua de la fe,
celebrando tu alabanza
y anunciándote más allá de nuestras propias fronteras,
en una Iglesia decididamente misionera.
Aumenta nuestras vocaciones
para que no falten obreros en tu mies.

Anímanos a comprometernos
en una promoción integral
del pueblo latinoamericano y caribeño,
desde una evangélica y renovada
opción preferencial por los pobres
y al servicio de la vida y de la familia.

Ayúdanos a trabajar por una evangelización inculturada
que penetre los ambientes de nuestras ciudades,
que se encarne en las culturas indígenas y afroamericanas
por medio de una eficaz acción educativa
y de una moderna comunicación.

Amén.[20]

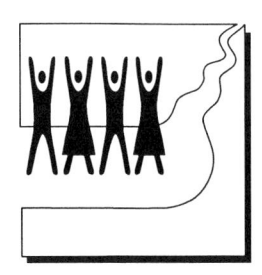

❦ Notas y Recursos ❦

Capítulo 1: Desarrollo Personal y Evangelización

Notas

Epígrafe: Adaptada de Consejo Episcopal Latinoamericano (CELAM), III Conferencia General del Episcopado Latinoamericano, *Puebla: La evangelización en el presente y en el futuro de América Latina* (México, DF: Librería Parroquial de Clavería, 1979), no. 169.

1. National Conference of Catholic Bishops (NCCB), *Leaven for the Kingdom of God,* edición bilingüe (Washington, DC: United States Catholic Conference [USCC], 1990), no. 4.4.

2. CELAM, IV Conferencia General del Episcopado Latinoamericano, *Santo Domingo, 1992* (México, DF: Ediciones Dabar, 1992), no. 178.

Otros recursos

Acha Irízar, Félix. *Búsqueda de la propia identidad.* Bilbao, España: Mensajero, 1984.
Centro de Estudios a Distancia (CEVE). *Formación de catequistas.* Madrid, España: CEVE, s.f.
Erikson, Erik H. *Childhood and Society.* 2a. ed. New York: W. W. Norton and Co., 1963.
Galilea, Segundo. *El alba de nuestra espiritualidad.* Madrid, España: Narcea, S.A. de Ediciones, 1986.
———. *El camino de la espiritualidad.* Bogotá, Colombia: Ediciones Paulinas, 1987.
———. *La inserción en la vida de Jesús y en la misión.* Bogotá, Colombia: Ediciones Paulinas, 1989.
Instituto Internacional de Teología a Distancia (IITD). *Curso de formación catequética.* Madrid, España: IITD, s.f.
John Paul II. *Redemptor Hominis.* Washington, DC: USCC, 1979.

Reed, Sharon. *Access Guides to Youth Ministry Spirituality.* New Rochelle, NY: Don Bosco Multimedia, 1991.

Roberto, John, ed. *Faith Maturing: A Personal and Communal Task.* Washington, DC: National Federation for Catholic Youth Ministry (NFCYM), 1985.

Shelton, Charles M. *Adolescent Spirituality: Pastoral Ministry for High School and College Youth.* Chicago: Loyola University Press, 1983.

Tonelli, Ricardo. *Una espiritualidad para la vida diaria.* Madrid, España: Editorial CCS, 1987.

Capítulo 2:
Camino a la Comunión Interpersonal

Notas

Epígrafe: USCC, *Human Sexuality: A Catholic Perspective for Education and Lifelong Learning* (Washington, DC: USCC, 1991), p. 7.

1. Ibid., p. 19.
2. Juan Pablo II, *Familiaris Consortio* (México, DF: Ediciones Paulinas, 1982), no. 14.
3. Pablo VI, *Evangelii Nuntiandi* (México, DF: Ediciones Paulinas, 1976), no. 71.

Otros recursos

Aguilera-Titus, Alejandro. "Adolescentes y sexo: ¿Qué es lo mejor para mí?", en *El momento católico.* Chicago: Claretian Publications, 1993.

CEVE. "Diálogo con las ciencias humanas. Psicología," en *Formación de catequistas* (Madrid, España: CEVE, Area Antropológica, Tema 5), pp. 46–63.

Fromm, Erich. *The Art of Loving.* New York: Harper and Row, 1956, pp. 1–5.

Galilea, Segundo. *El alba de nuestra espiritualidad.* Madrid, España: Narcea, S.A. de Ediciones 1986.

———. *El camino de la espiritualidad.* Bogotá, Colombia: Ediciones Paulinas, 1987.

———. *La inserción en la vida de Jesús y en la misión.* Bogotá, Colombia: Ediciones Paulinas, 1989.

Kelly, Molly. *Chastity: The Only Choice.* Rocky River, OH: The Center for Learning, 1992.

Mejía Pereda, Alejandro, et al. *El misterio de la existencia.* México, DF: Editorial Progreso, Serie Christo-Kosmos, 1984.

Sánchez García, Urbano. *La opción del cristiano.* Vol. 3. Colección Síntesis. Madrid, España: Sociedad de Educación Atenas, 1986.

Shelton, Charles M. *Adolescent Spirituality: Pastoral Ministry for High School and College Youth.* Chicago: Loyola University Press, 1983.

USCC. *The Sexual Challenge: Growing Up Christian.* Washington, DC: USCC, 1990.

Valdez Castellanos, Luis. *Comunicación y manejo de sentimientos.* México, DF: CEB Cerro del Judío, 1994.

Vidal, Marciano. *Moral de la persona.* 6a ed. Moral de actitudes, vol. 2. Madrid, España: Covarrubias, 1990.

Whitehead, Evelyn Eaton, and James D. Whitehead. *A Sense of Sexuality.* New York: Doubleday, 1989.

Capítulo 3:
Hacia la Madurez Humana

Notas

Epígrafe: Juan Pablo II, *Christifideles Laici* (México, DF: Librería Parroquial de Clavería), no. 46.

1. Adaptado de CELAM, III Conferencia General del Episcopado Latinoamericano, *Puebla: La evangelización en el presente y en el futuro de América Latina* (México, DF: Librería Parroquial de Clavería, 1979), no. 1185.

Otros recursos

Acha Irízar, Félix. *Búsqueda de la propia identidad.* Bilbao, España: Mensajero, 1984.

Alburquerque, Eugenio. *Moral cristiana y pastoral juvenil.* Madrid, España: Editorial CCS, 1990.

Centro Nacional Salesiano de Pastoral Juvenil. *Juventud y moral.* Madrid, España: Editorial CCS, Cuadernos mj de Pastoral Juvenil, 1985.

Checa, Rafael, et al. *Valores humanos, cambio social y civilización del amor.* México, DF: Centro de Estudios de los Valores Humanos, [CEVHAC], A.C., 1986.

Cooney, Nancy Hennessy. "Deciding for Oneself, Not by Oneself," en *Readings and Resources in Youth Ministry,* ed. Michael Warren. Winona, MN: Saint Mary's Press, 1987.

Ferrini, María Rita, et al. *Bases didácticas.* México, DF: Editorial Progreso, Serie Educación Dinámica, 1985.

Freire, Paulo. *Concientización.* Buenos Aires, Argentina: Ediciones Búsqueda, 1974.

———. *La educación como práctica de la libertad.* 17a. ed. México, DF: Siglo XXI Editores, 1976.

———. *Pedagogía del oprimido.* 15a. ed. México, DF: Siglo XXI Editores, 1976.

Gagné, Robert M. *The Conditions of Learning.* 3ra. ed. Orlando, FL: Holt, Rinehart and Winston, 1977.

Galilea, Segundo. *El alba de nuestra espiritualidad.* Madrid, España: Narcea, S.A. de Ediciones, 1986.

———. *El camino de la espiritualidad.* Bogotá, Colombia: Ediciones Paulinas, 1987.

———. *La inserción en la vida de Jesús y en la misión.* Bogotá, Colombia: Ediciones Paulinas, 1989.

Mejía Pereda, Alejandro, et al. *El misterio de la existencia.* México, DF: Editorial Progreso, Serie Christo-Kosmos, 1984.

Nichols, C. H. "An Analysis of the Teaching Methodology of Jesus Christ and Its Relation to Adult Religious Education." PhD diss., University of Nebraska, 1984. Abstract in *Dissertation Abstracts International* 44A, 2329.

Sánchez García, Urbano. *La opción del cristiano.* Vol. 3. Colección Síntesis. Madrid, España: Sociedad de Educación Atenas, 1986.

Shelton, Charles M. *Morality and the Adolescent.* New York: Crossroads Publishing, 1991.

———. *Morality of the Heart.* New York: Crossroads Publishing, 1990.

Tonelli, Ricardo. *Una espiritualidad para la vida diaria.* Madrid, España: Editorial CCS, 1987.

Vidal, Marciano. *Moral de la persona.* 6a ed. Moral de actitudes, vol. 2. Madrid, España: Covarrubias, 1990.

Warren, Michael. *Youth, Gospel, Liberation.* San Francisco: Harper and Row, 1987.

Capítulo 4: Jesús, el Profeta del Reino

Notas

Epígrafe: Secretariat for Hispanic Affairs, USCC, *Prophetic Voices: El documento del proceso del III Encuentro Nacional Hispano de Pastoral* (Washington, DC: USCC, 1986), p. 17.

Otros recursos

Bravo, Carlos. *Galilea, año 30.* México, DF: Centro de Reflexión Teológica, 1989.

———. *Jesús hombre en conflicto.* México, DF: Centro de Reflexión Teológica, 1986.

Castillo, José M., y Juan A. Estrada. *El proyecto de Jesús.* 2a. ed. Salamanca, España: Ediciones Sígueme, 1987.

Díaz-Vilar, J. Juan. *El Dios de nuestros padres.* 3a. ed. New York: Northeast Catholic Pastoral Center for Hispanics, 1985.

Echegaray, Hugo. *La práctica de Jesús.* 2a. ed. Lima, Perú: Centro de Estudios y Publicaciones, 1981.

Equipo de Consiliarios CVX Berchmans. *Jesucristo: Catecumenado para universitarios-1.* 2a. ed. Santander, España: Editorial Sal Terrae, s.f.

Galilea, Segundo. *La humanidad nueva: Ensayo de cristología.* Vol. I y II. 5a. ed. Salamanca, España: Sal Terrae, 1974.

González Faus, José Ignacio. *Acceso a Jesús.* 6a. ed. Salamanca, España: Ediciones Sígueme, 1987.

———. *La inserción en la vida de Jesús y en la misión.* Bogotá, Colombia: Ediciones Paulinas, 1989.

Jeremias, Joachim. *Las parábolas de Jesús.* 7a. ed. Navarra, España: Verbo Divino, 1984.

———. *Rediscovering the Parables.* New York: SCM Press, 1966.

Kasper, Walter. *El Dios de Jesucristo.* 3a. ed. Salamanca, España: Ediciones Sígueme, 1990.

———. *Jesús, el Cristo.* 7a. ed. Salamanca, España: Ediciones Sígueme, 1989.
Lambert, Bernard. *Las bienaventuranzas y la cultura hoy.* Salamanca, España: Ediciones Sígueme, 1987.
León-Dufour, Xavier. *Resurrección de Jesús y mensaje pascual.* 3a. ed. Salamanca, España: Ediciones Sígueme, 1978.
El mesianismo de Jesús, Hijo de Dios. México, DF: Centro Antonio de Montesinos, s.f.
Morales, H. Alfredo A. *Jesús: ¡El desafío!* Santiago de los Caballeros, República Dominicana: Hermanos De La Salle y Unión Nacional de Colegios Católicos, 1985.
Smith, Francis R. *The God Question.* New York: Paulist Press, 1988.
Sobrino, Jon. *Cristología desde América Latina.* 2a. ed. México, DF: Centro de Reflexión Teológica, 1976.

Capítulo 5: La Acción Evangelizadora de Dios, los Evangelizadores y los Evangelizados

Notas

Epígrafe: USCC, *A Vision of Youth Ministry*, edición bilingüe (Washington, DC: USCC, 1986), p. 3.

1. *Ad Gentes*, en *Concilio Vaticano II: Constituciones. Decretos. Declaraciones. Legislación posconciliar* (Madrid, España: Biblioteca de Autores Cristianos, 1967), no. 2.

2. *The Bishops Speak with the Virgin: A Pastoral Letter of the Hispanic Bishops of the U.S.* (Maryknoll, NY: Maryknoll, 1981), p. 29. Traducción del Equipo Editorial de Profetas de Esperanza.

Otros recursos

Boff, Leonardo. *New Evangelization.* Maryknoll, NY: Orbis Books, 1991.
Boyack, Kenneth. *The New Catholic Evangelization.* New York: Paulist Press, 1992.
Carrier, Hervé. *Evangelizing the Culture of Modernity.* Maryknoll, NY: Orbis Books, 1993.

CELAM. *Pastoral juvenil: Sí a la civilización del amor*. 2a. ed. México, DF: Comisión Episcopal Mexicana de Pastoral Juvenil (CEM), 1989.
Ekstrom, R. R., and J. Roberto, eds. *Evangelization*. New Rochelle, NY: Don Bosco Multimedia, 1989.
Fourez, Gérard. *Una buena noticia liberadora: Evangelio para un mundo en crisis*. Santander, España: Editorial Sal Terrae, 1987.
Juan Pablo II. *Redemptoris Missio*. México, D.F: Ediciones Paulinas, S.A., 1992.
Pablo VI. *Evangelii Nuntiandi*. México, DF: Ediciones Paulinas, 1976.
Velasco, Juan Martin. *Increencia y evangelización: Del diálogo al testimonio*. Santander, España: Editorial Sal Terrae, 1988.

Capítulo 6:
Profetas de Esperanza:
un Modelo de Evangelización Comunitaria

Notas

Epígrafe: John Paul II, Homily for World Youth Day 1993 in Denver, citado en "A Celebration of Life," *Origins* 23 (26 agosto 1993): 179. Traducción del Equipo Editorial de Profetas de Esperanza.

1. *Lumen Gentium*, en *Concilio Vaticano II: Constituciones. Decretos. Declaraciones. Legislación posconciliar* (Madrid, España: Biblioteca de Autores Cristianos, 1967), no. 9.

2. Ibid.

3. *Gaudium et Spes*, en *Concilio Vaticano II: Constituciones. Decretos. Declaraciones. Legislación posconciliar* (Madrid, España: Biblioteca de Autores Cristianos, 1967), no. 1.

4. Juan Pablo II, *Christifideles Laici* (México, DF: Librería Parroquial de Clavería, 1988), no. 46.

5. NCCB, *National Pastoral Plan for Hispanic Youth Ministry*, edición bilingüe (Washington, DC: USCC, 1987), p. 44.

6. Ibid.

7. Ibid., p. 51.

8. Juan Pablo II, Address for World Youth Day 1993 in Denver, citado en "Young People of Many Nations," *Origins* 23 (26 agosto 1993): 190. Traducción del Equipo Editorial de Profetas de Esperanza.

Otros recursos

NFCYM. *Normas basadas en la aptitud para los coordinadores de la pastoral juvenil de la NFCYM.* Washington, DC: NFCYM, 1990.

Capítulo 7:
La Inculturación:
un Desafío para la Juventud Hispana

Notas

Epígrafe: Juan Pablo II, *Redemptoris Missio* (México, DF: Ediciones Paulinas, 1992), no. 52.

1. *Collectanea Sacrae Congregationis de Propaganda Fide*, citado en *Earthing the Gospel*, by Gerald A. Arbuckle (Maryknoll, NY: Orbis Books, 1990), p. 12. Traducción del Equipo Editorial de Profetas de Esperanza.

2. Pío XII, *Evangelii Praecones*, citado en Arbuckle, *Earthing the Gospel*, p. 14. Traducción del Equipo Editorial de Profetas de Esperanza.

3. Juan XXIII, *Princeps Pastorum*, citado en Arbuckle, *Earthing the Gospel*, pp. 14–15. Traducción del Equipo Editorial de Profetas de Esperanza.

4. Pablo VI, *Evangelii Nuntiandi* (México, DF: Ediciones Paulinas, 1976), no. 20.

5. Juan Pablo II, *A los jóvenes y a las jóvenes del mundo*, en *Encíclicas y otros documentos*, Vol. II (San José Costa Rica: Libro Libre, 1986), no. 1.

Otros recursos

Ahumada, José E. "Inculturation Challenges Religious Education: Toward Faith Formation Programs Serving the Evangelization of Cultures". Master's thesis, Graduate Theological Union, Jesuit School of Theology, Berkeley, CA, 1991.

Azevedo, Marcello. *Vivir la fe en un mundo plural.* Navarra, España: Editorial Verbo Divino, 1993.
Biblioteca de Autores Cristianos. *Concilio Vaticano II: Constituciones. Decretos. Declaraciones. Legislación Posconciliar.* Madrid, España: La Editorial Católica, S.A., 1967.
Dussel, Enrique. *Historia de la Iglesia en América Latina: Coloniaje y liberación 1492–1983.* Madrid, España: Editorial Mundo Negro, 1993.
Elizondo, Virgilio. *Christianity and Culture: An Introduction to Pastoral Theology and Ministry for the Bicultural Community.* Huntington, IN: Our Sunday Visitor, 1975.
———. *Galilean Journey: The Mexican-American Promise.* Maryknoll, NY: Orbis Books, 1983.
———. *Mestizaje: The Dialect of Cultural Birth and the Gospel.* Paris: Institute Catholique de Paris, 1978.
González-Carvajal, Luis. *Ideas y creencias del hombre actual.* Santander, España: Editorial Sal Terrae, 1992.
Poupard, Paul. *Iglesia y culturas: Orientación para una pastoral de inteligencia.* México, DF: Librería Parroquial de Clavería, 1985.
Rokeach, Milton. *The Nature of Human Values.* New York: Free Press, 1973.
Rovira i Belloso, Joseph M. *Fe y cultura en nuestro tiempo.* Santander, España: Editorial Sal Terrae, 1988.
Schineller, Peter. *A Handbook of Inculturation.* Mahwah, NJ: Paulist Press, 1990.
Schreiter, Robert J. *Constructing Local Theologies.* Maryknoll, NY: Orbis Books, 1986.

Capítulo 8:
Hacia una Praxis Evangelizadora con María

Notas

Epígrafe: Secretariat for Hispanic Affairs, USCC, *Prophetic Voices: El documento del proceso del III Encuentro Nacional Hispano de Pastoral* (Washington, DC: USCC, 1986), p. 17.

1. Juan Pablo II, "Homilía," Zapopan, México, 30 enero 1979. En *María, evangelizada y evangelizadora*, Carlos Ignacio González, ed. (México, DF: CELAM, 1989), p. 382.

2. Siller, Acuña Clodomiro L. *Para comprender el mensaje de María de Guadalupe* (Buenos Aires, Argentina: Editorial Guadalupe, 1989), p. 21.
3. Ibid., pp. 23–24.
4. Ibid., p. 25.
5. Ibid., p. 27.
6. Ibid., p. 29.
7. Ibid., p. 31.
8. Ibid., p. 33.
9. Ibid., pp. 33–35.
10. Ibid., p. 37.
11. Ibid.
12. Ibid.
13. Ibid., p. 39.
14. Ibid., p. 41.
15. Ibid., pp. 41–43.
16. Ibid., pp. 43–45.
17. Ibid., p. 45.
18. Ibid., pp. 47–49.
19. Ibid., p. 51.
20. CELAM, IV Conferencia General del Episcopado Latinoamericano, *Santo Domingo, 1992* (México, DF: Ediciones Dabar, 1992), no. 303.

Otros recursos

Boff, Leonardo. *El rostro materno de Dios: Ensayo interdisciplinar sobre lo femenino y sus formas religiosas.* 5a. ed. Madrid, España: Ediciones Paulinas, 1979.

Carrillo Alday, Salvador. "El mensaje teológico de Guadalupe," en *Santa María de Guadalupe.* México, DF: Misioneros del Espíritu Santo, 1981.

Díaz-Vilar, J. Juan. *María: Canta la esperanza.* 2a. ed. Elizabeth, NJ: Producciones Católicas Paz y Bien, 1989.

―――. *Miriam: La mujer galilea.* 2a. ed. New York: Northeast Catholic Pastoral Center for Hispanics, 1982.

González, Carlos Ignacio. *María, evangelizada y evangelizadora.* México, DF: CEM, 1989.

González Dorado, Antonio. *De María conquistadora a María liberadora: Mariología popular latinoamericana.* Santander, España: Editorial Sal Terrae, 1988.

———. *Nuestra Señora de América.* Bogotá, Colombia: CELAM, 1986.

González-Medina, Salvador. "El acontecimiento del Tepeyac, mensaje de salvación" en *Santa María de Guadalupe.* México, DF: Misioneros del Espíritu Santo, 1981.

Siller A., Clodomiro L. "El método de la evangelización en el Nican Mopohua," en *Las apariciones de la Virgen de Guadalupe.* 2a. ed. México, DF: Centro Nacional de Estudios Indígenas, 1981.

❖ Glosario ❖

Aculturación. Proceso que tiene lugar cuando dos o más culturas entran en contacto directo; en él, tanto las personas como las culturas involucradas son transformadas, generalmente adaptando o tomando rasgos de la otra cultura sin perder totalmente la propia cultura. *Ver también:* **enculturación; endoculturación; inculturación; socialización.**

Agentes de cambio. Personas que, consciente e intencionalmente, llevan un estilo de vida y ejecutan acciones concretas a fin de producir una transformación específica en la sociedad o en la iglesia.

Agentes de pastoral. Personas que, respondiendo a su vocación y como miembros de la comunidad eclesial, tienen un compromiso con la misión de la iglesia en el área del ministerio pastoral. Los agentes de pastoral juvenil suelen dedicarse exclusivamente a la juventud. *Ver también:* **ministerio; pastoral; pastoral de conjunto; pastoralistas; ministerio.**

Animación, animadores. La animación describe la función y la actitud de un líder en una pequeña comunidad eclesial, movimiento apostólico, grupo juvenil, programa parroquial o una actividad específica. La animación supone motivar a cada persona y a la comunidad entera; facilitar la vida de oración de la comunidad; favorecer la hospitalidad y el cuidado mutuo entre los miembros, y apoyar a la comunidad en tiempos difíciles. Esta función se extiende a toda la vida de la comunidad y no está limitada a sus reuniones. Las personas que desempeñan esta función son llamadas animadores y son diferentes de los coordinadores, cuya función es facilitar las reuniones de la comunidad. Los animadores necesitan tener ciertos carismas y un entrenamiento adecuado para realizar su labor.

Antivalores, desvalores. Conceptos usados en la filosofía latinoamericana y española para identificar valores contrarios al plan de Dios y a la dignidad de la persona humana.

Antropología, antropológico. Estudio de los seres humanos, su origen, historia, cultura y características físicas; las dimensiones social, política y económica de su vida y sus relaciones con el mundo de lo divino.

Asesores. Cristianos maduros en la fe, dispuestos a servir a los jóvenes con la experiencia de su vida, a compartir con ellos su fe y a asesorarlos pastoral o profesionalmente.

Autonomía, autónomo. Capacidad de la persona para asumir la responsabilidad por su vida y darle dirección. La autonomía no implica separación o independencia de la comunidad a la que uno pertenece, sino, dentro de ella, supone el respeto por la autodeterminación, la libertad moral de los demás y una interdependencia responsable.

Carismas. Dones del Espíritu Santo, dados para el servicio de personas y comunidades, en vista a la formación del Cuerpo de Cristo y la extensión del reinado de Dios.

Catequesis. Proceso educativo en el cual se instruye a las personas en la fe cristiana de acuerdo a la tradición católica y se les ayuda a reflexionar sobre su vida a la luz de su fe, de modo que maduren como cristianos, se conviertan en auténticos discípulos de Jesús y vivan el Evangelio.

Catolicismo popular. Conjunto de creencias y prácticas católicas características de la mayoría de los católicos en una cultura determinada. El catolicismo popular hispano generalmente está influenciado por una perspectiva cultural y religiosa indígena o africana. Casi todas las modalidades de catolicismo popular son complejas y diversas en sus expresiones y presentan diferentes niveles de coherencia con el catolicismo oficial.

Compañeros. Personas que se unen para sostenerse y ayudarse mutuamente, acompañarse en ciertas actividades o caminar juntos en algún aspecto de la vida. Los compañeros se diferencian de los amigos en que no forjan necesariamente lazos afectivos fuertes ni comparten todos los aspectos de su vida. Se diferencian de los acompañantes, en que estos últimos generalmente tienen un nivel de madurez más alto y más experiencia que la persona a la que acompañan en su jornada de fe. Los compañeros se caracterizan por su lealtad, comprensión, respeto e interés en el bienestar mutuo.

Concilios ecuménicos. Reuniones mundiales oficiales de líderes eclesiásticos. En la Iglesia Católica, reuniones de obispos convocadas por el Papa para deliberar y tomar decisiones en materia doctrinal, moral y pastoral y para dar dirección a la Iglesia. El Segundo Concilio Vaticano (1962–1965) señaló el principio de una fuerte etapa de renovación basada en las Escrituras y en los esfuerzos de relacionar la fe con la cultura actual.

Conscientización. Proceso mediante el cual la gente: *(a)* adquiere una actitud crítica sobre los aspectos culturales, sociales, económicos, políticos y religiosos de su vida y *(b)* asume el compromiso de cambiar aquello que atenta contra la dignidad de la persona humana.

Consumismo. Punto de vista que considera a las personas y comunidades como instrumentos de producción y objetos de consumo. También, una fuerte tendencia a siempre producir, comprar y tener más.

Conversión. Respuesta al amor misericordioso y benevolente de Dios motivada por la gracia. Requiere la aceptación de Jesucristo y su Evangelio e implica un proceso continuo de crecimiento y desarrollo de la fe y también una praxis cristiana.

Cristiandad de Indias. Sistema social, político y religioso establecido por la Iglesia Católica en Latinoamérica a principios de la colonización europea.

Cristología. Estudio, comprensión e interpretación teológica de Jesús y su misión.

Cultura moderna. En sentido estricto, se refiere al período entre los siglos XVIII y XX, cuando la revolución industrial originó un nuevo orden social, económico y político que impactó todos los aspectos de la vida humana, especialmente a través de la ciencia, tecnología, democracia, capitalismo y secularización. En este libro se habla de cultura moderna en un sentido más amplio, refiriéndose al tipo de cultura que se caracteriza por estos elementos. *Ver también:* **cultura tradicional.**

Cultura popular, "pop". Se dice de la cultura general de la época actual creada intencionalmente por los medios de comunicación masiva y las fuerzas de la economía para el consumo de la gente en lugar de ser una "cultura popular" que es expresión de la vida del pueblo. Promueve valores que degradan al ser humano y fomenta actitudes materialistas, superficiales y volubles hacia las personas.

Cultura tradicional. Se refiere a la cultura de un segmento de la población o de una persona en particular caracterizada por una cosmovisión, valores, formas de producción económica y estilo de socializar típicos de la época anterior previa a la generalización de la cultura moderna en Europa, Norte América y los sectores más desarrollados de otros países. *Ver también:* **cultura moderna.**

Desvalores. *Ver:* **antivalores.**

Discernimiento. Proceso de reflexión realizado con el objeto de clarificar posibles alternativas de acción para responder a una situación determinada de la vida. *Ver también:* **discernimiento cristiano.**

Discernimiento cristiano. Proceso personal o comunitario de reflexión, desde la perspectiva de la fe, para descubrir la voluntad de Dios frente a situaciones de la vida que requieren una toma de decisión. *Ver también:* **discernimiento.**

Dueño de sí mismo. Definición psicológica de la libertad. Abarca el autoconocimiento, la autoaceptación y la autoposesión, como tres elementos fundamentales para el ejercicio consciente y responsable de la libertad personal.

Eclesiología. Rama de la teología que estudia la naturaleza y misión de la Iglesia. *Ver:* **teología.**

Ecumenismo. Esfuerzos de varias iglesias cristianas para lograr la unidad de todos los cristianos. Desde la perspectiva de estas iglesias, el ecumenismo supone una renovación continua para ser más fieles a su vocación; una conversión del corazón para sanar y evitar divisiones; una oración común por la unidad de todos los cristianos; un diálogo y conocimiento mutuo entre teólogos y miembros de las diferentes iglesias; una colaboración en diferentes áreas de servicio social, y una formación ecuménica de todos los miembros de la iglesia, especialmente de los ministros ordenados.

Enculturación. Proceso por el cual las personas adquieren su cultura tanto en el hogar como en la sociedad. *Ver también:* **aculturación; endoculturación; inculturación; socialización.**

Endoculturación. Proceso por el cual las personas adquieren su cultura en el hogar, compartiendo los valores, creencias y tradiciones que son vividos y enseñados en la familia, principalmente por los padres. *Ver también:* **aculturación; enculturación; inculturación; socialización.**

Escatológico. Proclamación hecha por Jesús en relación al tiempo en que se realizará plenamente la promesa de salvación, o sea, su Segunda Venida.

Evangelización. Proceso de conversión continua a través del cual los cristianos hacen un esfuerzo cada vez más profundo para establecer una relación personal y comunitaria con Jesús y un compromiso para vivir el Evangelio y continuar su misión de establecer el Reino de Dios. *Ver también:* **Nueva Evangelización.**

Existencial. Hablar de la existencia de una persona es referirse a su vida entera, especialmente en relación a las circunstancias en que vive.

Formadores. Personas capacitadas para educar a los asesores y animadores de las pequeñas comunidades de jóvenes evangelizadores y misioneros y para acompañar a los jóvenes en su jornada de fe y en sus ministerios.

Hedonismo. Doctrina que afirma que el placer es el bien por excelencia o la meta más importante en la vida.

Hispano, latino. Vocablos usados de manera intercambiable en este libro, para referirse a personas provenientes de los países del Caribe, América Latina y España, donde predomina la lengua española y, también, a sus descendientes en Estados Unidos, hablen español o inglés.

Idiosincrasia. Rasgos psicológicos y culturales integrados en la personalidad y en la manera de ser de una persona o un grupo étnico en particular.

Inculturación. Encarnación del Evangelio en la cultura, al grado que la cultura es modificada y asume el mensaje y la misión de Jesús como su principio orientador principal. *Ver también:* **aculturación; enculturación; endoculturación; socialización.**

Indígenas. Personas originarias que vivieron en América antes de la llegada de los europeos; también, descendientes de indígenas sin mestizaje racial ni cultural.

Integral. Concepto que enfatiza la totalidad de la persona humana y la interrelación de todas las dimensiones de la persona: física, psicológica, cultural, religiosa, etcétera.

Kerygma. Anuncio inicial del misterio de Jesús y la salvación que trae a la gente de todos los tiempos y culturas. Implica una proclamación clara y directa de que Jesús es la revelación definitiva de Dios, que ofrece la salvación y que nos invita a la conversión. *Ver también:* **conversión; salvación.**

Latinos. *Ver:* **hispano, latino.**

Liberación. Concepto teológico que enfatiza la respuesta humana a la salvación ofrecida en Jesucristo y a su llamado a vivir el amor, la justicia y la paz. La liberación implica una conversión personal y comunitaria que lleva a la transformación de instituciones y estructuras sociales y a la extensión del Reino de Dios. *Ver también:* **redención; salvación.**

Marco teológico-pastoral. Líneas teológicas y pastorales originadas en una visión y comprensión determinada de la Iglesia. En esta colección de libros, el marco está basado en la visión de la Iglesia en el Segundo Concilio Vaticano y en las líneas pastorales del Plan Pastoral Nacional para el Ministerio Hispano.

Materialismo. Teoría que afirma que la materia física es la realidad única o fundamental y que todos los seres, procesos y fenómenos pueden ser explicados como manifestaciones o resultados exclusivos de la materia. También se refiere a asignar un valor muy alto o un valor absoluto al progreso material.

Mestizaje. Proceso de entremezclar dos o más razas o culturas dando como resultado un nuevo pueblo. Usualmente, se identifica a la cultura latinoamericana como el "primer mestizaje" y a la nueva cultura latino-estadounidense como un "segundo mestizaje".

Mestizo, mestiza. En su primera acepción, significa persona nacida de padres de raza diferente. De manera más concreta, se refiere a los hijos de español e indígena.

Ministerio. Servicio específico a personas o comunidades en respuesta a la vocación personal y como parte de la comunidad eclesial, oficialmente reconocido y patrocinado por una diócesis o parroquia. *Ver también:* **agentes de pastoral; pastoral; pastoral de conjunto; pastoralistas; planificación pastoral.**

Mística. Conjunto de ideas, actitudes y sentimientos que motivan e iluminan a personas y comunidades en su jornada de fe, inspirando su respuesta a Dios y produciendo una espiritualidad que anima su vida y su ministerio pastoral.

Núcleo ético-mítico. Conjunto de creencias religiosas que se expresa a través de mitos, leyendas, símbolos y ritos que reflejan los valores de las instituciones sociales, tradiciones y costumbres que nacen de una determinada visión religiosa de la vida.

Nueva Evangelización. Llamada a la conversión y a la esperanza hecha por el papa Juan Pablo II. Está fundamentada en las promesas de Dios y la Resurrección de Cristo, que constituyen la proclamación esencial y la raíz de toda evangelización, la base de toda promoción humana y el principio de toda auténtica cultura cristiana. También es el esfuerzo para inculturar el Evangelio, dando una respuesta a la nueva situación que enfrentan las personas como resultado de los cambios sociales y culturales de la modernidad.

Opción fundamental. Respuesta profunda y radical a un asunto de importancia, seguida por un compromiso para toda la vida. En el contexto cristiano, la opción fundamental implica la decisión libre y consciente de seguir a Jesús y continuar su misión.

Pastoral. Acción organizada de la iglesia para facilitar y cuidar el crecimiento cristiano de personas y comunidades y para promover su acción misionera con miras a la extensión del reinado de Dios. *Ver también:* **agentes de pastoral; ministerio; pastoral de conjunto; pastoralistas; planificación pastoral.**

Pastoral de conjunto. Acción de todos los agentes de pastoral, ministros y cristianos comprometidos en sus respectivos ministerios específicos, animada por una visión común y coordinada con un espíritu de comunión y corresponsabilidad. En general, es la coordinación armónica de todos los recursos, ministerios y estructuras de la iglesia local y universal que trabajan por el Reino de Dios.

Pastoralistas. Personas con formación profesional, habilidades prácticas y experiencia en el campo del ministerio pastoral, capaces de hacer planificación pastoral, dirigir reflexiones teológico-pastorales y elaborar teorías para el desarrollo del ministerio pastoral.

Pequeña comunidad de jóvenes, pequeña comunidad juvenil. Pequeña comunidad eclesial compuesta en su inmensa mayoría de jóvenes.

Pequeñas comunidades eclesiales. Manera de ser y vivir como iglesia en la que un grupo pequeño de personas mantienen relaciones interpersonales directas; comparten su fe con un espíritu constante de oración y servicio; están en unión con otras pequeñas comunidades; participan en la iglesia local, y son presencia y signo de Jesús en el mundo.

Piedad popular mariana. Sentimientos, expresiones y costumbres religiosas de la comunidad católica que ama, respeta y venera a María como la madre de Jesús y madre suya que cuida por el bienestar de todos sus hijos e hijas.

Planificación pastoral. Organización eficaz de la acción de la iglesia para el cumplimiento de su misión de ser fermento del Reino de Dios en el mundo.

Positivismo. Escuela filosófica de pensamiento que afirma que el conocimiento de la verdad se basa exclusivamente en comprobaciones experimentales descartando otros métodos de conocimiento como medios de llegar a la verdad.

Praxis. Palabra latina que significa literalmente "práctica" o "acción". La praxis cristiana supone el discipulado de Jesús y una reflexión crítica del comportamiento personal a la luz del Evangelio.

Realidad. Concepto integral que engloba la experiencia de vida de la persona, la situación concreta en que vive y la influencia activa que ejercen sobre ella la educación, la cultura, la economía, la política y la religión.

Reconciliación. En un sentido secular, reconciliación se refiere al hecho de superar dificultades o conflictos que se han desarrollado entre personas o grupos, o sea, llegar a un acuerdo poniéndose de acuerdo. Desde una perspectiva de fe, la reconciliación implica restablecer la relación entre las personas y entre la persona y Dios después de que ha habido una ruptura debida al pecado. La Iglesia ofrece el sacramento de la reconciliación para celebrar el arrepentimiento por los pecados cometidos, la misericordia de Dios y una nueva vida en Jesucristo.

Redención. Concepto teológico que enfatiza el misterio de la Encarnación de Dios en Jesucristo y la restauración de la relación personal de amor con Dios rota por el pecado. *Ver también:* **liberación; salvación.**

Reducciones indígenas. Pueblos formados por gente indígena convertidos al cristianismo. En términos más amplios, reuniones de personas indígenas con duración de varios días con el propósito de participar en una misión evangelizadora.

Reinado de Dios, Reino de Dios. La comprensión que tiene Jesús de la primacía de Dios en el corazón, la mente y la acción de las personas; también, la manera en que las relaciones interpersonales y sistemas sociales están guiados por el amor de Dios, la libertad, la justicia y la paz.

Relativismo moral. Postura que afirma que las verdades éticas dependen de las preferencias de una persona o grupo, negando la existencia de normas objetivas y generales de conducta, basadas en principios de la moral cristiana.

Religiosidad. Concepto amplio que incluye la tendencia natural de la gente hacia lo divino; sus relaciones con Dios y con el mundo de lo sagrado; sus creencias y experiencias religiosas, y el medio ambiente religioso en que viven. *Ver también:* **religiosidad popular.**

Religiosidad popular. Conjunto de creencias, experiencias y celebraciones religiosas, que forman la conciencia individual y colectiva con la que un pueblo percibe, siente y vive el misterio de Dios. *Ver también:* **religiosidad.**

Salvación. Concepto teológico que enfatiza la historia de la alianza entre un Dios fiel y misericordioso y la humanidad. Dios ofrece siempre el restablecimiento de la alianza cuando es rota por las personas. La historia de salvación llega a su plenitud en la alianza definitiva establecida por Jesucristo. *Ver también:* **liberación; redención.**

Secularismo. Filosofía que separa a los seres humanos de Dios y establece una oposición entre ellos. Considera la construcción de la historia como responsabilidad única y exclusiva de los seres humanos; explica al mundo sólo en sus propios términos sin ninguna referencia a Dios. *Ver también:* **secularización.**

Secularización. Proceso ligado al progreso de la ciencia, la tecnología y la urbanización y al avance de las ciencias antropológicas y sociales. Sostiene que las realidades materiales de la naturaleza y la humanidad son en sí mismas "buenas" y que sus leyes deben ser respetadas. Por lo tanto, la secularización presenta una serie de preguntas sobre los seres humanos, Dios y el mundo; afirma la autonomía de la ciencia y el arte en relación a lo religioso; lleva a un progreso sociocultural, y fomenta la universalidad de la cultura. La iglesia ve la secularización como un proceso que presenta desafíos a la fe y al ministerio pastoral. *Ver también:* **secularismo.**

Signos de los tiempos. Situaciones que caracterizan la realidad de la vida en un lugar y tiempo determinados y que desafían a los cristianos a discernir la voluntad de Dios y a actuar en consecuencia.

Sincretismo religioso. Proceso de fusión entre dos o más sistemas religiosos con el fin de conciliar sus doctrinas, rituales y vivencias de manera coherente con la vida y la cultura del grupo. Esta fusión puede resultar de la transición de una religión a otra, la combinación de diferentes creencias y prácticas religiosas o de un sistema religioso integrado.

Socialización. Proceso mediante el cual la persona adquiere su cultura a través de instituciones sociales diferentes a la familia. *Ver también:* **aculturación; endoculturación; enculturación; inculturación.**

Teología. Estudio sistemático de Dios y de lo relativo a lo divino y religioso. En términos amplios, la teología es la reflexión hecha por personas y comunidades sobre el misterio de Dios y de la vida y sobre la participación de Dios en la historia.

Utopía cristiana. Llegado del Reino de Dios aquí y ahora, en la tierra como resultado de la acción del Espíritu Santo actuando en colaboración con las personas a través de la historia, hasta que el Reino de Dios sea una experiencia verdadera y plena para todos al final de los tiempos.

Volitiva. Uso de la propia voluntad para hacer una decisión consciente y llevarla a cabo.

Visión teológico-pastoral. *Ver:* **marco teológico-pastoral.**

❦ Índice Temático ❦

A

acción: en favor del prójimo, 61–62; pastoral, 69, 179–180; sociopolítica, 179
actitudes, 93–94, 212
aculturación, 263. *Ver también* inculturación
adaptación, 195
Ad Gentes (*Decreto sobre la actividad misionera de la Iglesia,* Pablo VI), 173–174, 203
adultos, papel formativo de, 43
adultos jóvenes, 16
africanos, 171
agentes: de cambio, 106, 162, 225, 263; de la historia, 44, 100, 103, 104–105; de pastoral, 43, 184–185, 263
alcohol, abuso de, 49, 69
alianzas de Dios: con Abraham, 68; con la humanidad, 170, 190; con Moisés, 68, 123; con Noé, 68
América Latina, 174, 197–202, 221–249
amor: conyugal, 68, 76, 81–82; cristiano, 67; de Dios, 73, 143; ideales y, 57; maternal de María, 222–223; misericordioso, 62, 69; como motor de la historia, 123–124; necesidad de, 65–66; al prójimo, 130, 162; redentor de Dios, 124; renunciar al egoísmo y, 60; romántico, 67; sexualidad y, 74; solidaridad humana y, 61; Teresa de Ávila y, 98
animación, 16, 180, 263
animadores, 176–177, 180–183, 263
ánimo, estados de, 88
Antiguo Testamento. *Ver* Escrituras hebreas
antivalores, 93, 263
antropología, 75, 178, 180, 263–264
apóstol, 132; joven, 172–174
Apostolicam Actuositatem (*Decreto sobre el apostolado de los laicos,* Concilio Vaticano II), 172–173
asesores, 176–177, 185–186, 264
asuntos sociales, 93
autonomía, 42, 47, 54, 55, 264
autoconocimiento, 46, 49
autoridad moral, 55
autoritarismo, 56

B

bautismo, 134, 135, 168, 176
Belén, 25
bienaventuranzas, 94, 120–122, 123–124
bilingüe, 214
bodas, banquete de, 28–31
búsqueda de Dios, 158–159

C

cambio cultural, 111
campesinos, 181
Cántico de María/Magnificat, 24–25; 225–226
capacidades para aprender, 90–92
carácter, concepto de, 38
cárceles, 181
caridad, 79
cariño, 136
carismas, 157, 168, 264
castidad, 77–79, 81
catequesis, 115, 135, 264; guadalupana, 228; madurez y, 155; nivel de, 222; en pequeñas comunidades eclesiales, 169
catolicismo popular, 199, 214, 225, 264
CELAM (Consejo Episcopal Latinoamericano), 203
centro personal, 36, 71; conversión y, 102; opción fundamental y, 94; proyecto de vida y, 104; vida afectiva y, 88
César de Roma, 25
Christifideles Laici (*Vocación y misión de los laicos en la Iglesia y en el mundo*, Juan Pablo II), 87, 173
ciencias humanas, 180
ciencias sociales, 196
circuncisión, 191
compadrazgo, 208
compañeros, 66, 264; influencias de, 46, 48, 51, 59; presión de, 78

compromiso: bautismal, 176; camino del, 137–138; con el Reino de Dios, 101; con la Iglesia, 178; de los jóvenes hispanos, 61–62, 154–155; libertad y, 54; en el matrimonio, 80–83; proyecto de vida y, 105; promoción del, 150
comunicación, 70–71
comunidad, 115; cristiana, 114–115; 133; de creyentes, 194; de discípulos, 148, 154; eclesial, 40–41, 145–146; de fe, 146–156; juvenil, 149
comunión interpersonal, 70
comunitario, 96
conciencia: colectiva, 201; crítica, 53, 101, 155; ingenua, 101; mágica, 101, 103; moral, 53, 78, 94–95
Concilio de Jerusalén, 193
Concilio Vaticano Segundo, 167, 196, 189, 202–203, 265, 268
concilios ecuménicos, 264–265
Conferencias generales del episcopado latinoamericano: Tercera conferencia general del episcopado latinoamericano (Puebla, México), 108; Cuarta conferencia general del episcopado latinoamericano (Santo Domingo), 15, 174, 248
Congregación de la Propagación de la Fe, 193
conocimiento de sí mismo, 44. *Ver también* autoconocimiento

concientización, 16, 39, 99–102, 265; análisis crítico y, 106; identidad personal y, 44; misión y, 107
Consejo Nacional Católico para el Ministerio Hispano, 174
consumismo, 72, 206, 265
convencionalismo social, 57
conversión, 101–102, 116, 265; continua, 212; de estructuras eclesiales, 233; existencial, 200; integral, 157–159; de jóvenes, 40–41; *kerygma* y, 169; opresión y, 226; de personas con autoridad, 245–246; proceso de, 156–163; responsabilidad y, 177; signos de los tiempos y, 179
cosmovisión, 94, 213–214; cristiana, 104; mítica, 201; náhuatl, 242
crecimiento cristiano, 178
credos, 114, 135
Cristiandad de Indias, 198, 265
cristología/cristológicos/ cristológica, 96, 178, 180, 184, 265; dogmas, 114; tradición, 113
Cuarta conferencia general del episcopado latinoamericano (Santo Domingo), 15, 174, 248
Cuerpo Místico de Cristo, 60, 134, 141, 162, 168
cultura: dominante, 58, 200; judía, 189–190; mestiza, 229; occidental, 191, 192; de origen, 209; tradicional, 266

cultura moderna, 265; ataduras en, 49; comercialización y, 58; evangelización y, 196; inculturación y, 206; relativismo moral y, 38; valores y, 212
cultura popular, 58, 265; amor y, 67; individualismo en, 72; manipulación en, 207; sexualidad y, 78; voluntad y, 59
Cursillos de Cristiandad, 175

D

dependencia y amor, 68
desafíos de los jóvenes hispanos, 61–62, 104–106
deseos, 57, 59, 67
derechos humanos, 172
desarrollo cristiano, 210
desarrollo integral, 35, 89
desvalores, 93, 263
Día Mundial de la Juventud (1993), 174, 186
diakonía, 169
diálogo: intercultural, 209; con los jóvenes, 153; entre las varias culturas y la Iglesia, 191–206
didaché, 169
dignidad del ser humano, 93, 145
dirección ante la vida, 55, 56
discernimiento, 91, 97, 135, 266
discipulado/discípulos: auténtico, 178; camino del verdadero, 161; comunidad de, 41; conversión y, 157; desafíos para, 190–191; "los Doce", 132; ejemplo de María, 229;

discipulado/discípulos
(continúa)
gente pobre y, 230–231; modelo de comunidad de, 115; modelo Profetas de Esperanza y, 178; papel profético de, 236; perspectivas históricas de, 112; primeros discípulos y, 133
discriminación, 131
Divina Providencia, 73
doctrina social, 195
dominio de sí mismo, 56
drogas, abuso de, 49, 69
dueños de sí mismos, 40, 266

E

eclesiología, 180, 184, 266
ecumenismo, 184, 266
educadores de pastoral juvenil, 43
Elías, el profeta, 119
Emaús, 135–136
Emmanuel, 171
emociones, 88. *Ver también* ánimo, estado de
Encuentros Nacionales Hispanos de Pastoral, 15
enculturación, 266. *Ver también* inculturación
endoculturación, 266. *Ver también* socialización
enfermos, 181
enfoque eurocéntrico, 193
"encontrarse" a sí mismos, 69
entrega propia, 44, 61
era cristiana, 117
escapismo, 49
escatológico, 119, 267

Escrituras cristianas, 116, 132, 160
Escrituras hebreas, 118
España, 197–198
espiritualidad, 75–77, 96–98, 150
espíritu comunitario, 143
Espíritu Santo: acción del, 143–146, 144–145; amor y, 65, 68, 75; amor conyugal y, 81–82; autenticidad y, 113–114; bautismo y, 27, 168; bautismo de Jesús, 125; carismas del, 157; comunidad de amor y, 143; comunidad cristiana y, 134; conocimiento de sí mismo y, 45; cosmovisión y, 213; cuerpo como templo del, 76; en diversas culturas, 214–215; evangelizadores y, 155; fuerza del, 52; Iglesia y, 161; jóvenes como profetas y, 15; libertad y, 144–145; María y, 25; oración al, 17; pascua y, 134; relación interpersonal con, 74. *Ver también* Pentecostés
estudios sociales, 61
Eucaristía, 115, 134, 135; comunidades de jóvenes y, 169; crecimiento espiritual y, 179; participación en, 146; praxis y, 156
Evangelii Nuntiandi (*Para anunciar el Evangelio*, Pablo VI), 173, 204–205
Evangelio: iluminación del, 49; de Juan, 30, 76, 119, 146–147; de Lucas, 117, 125,

127, 135–136; de Mateo, 39, 117, 128, 138, 190; perspectivas históricas del, 112; vida de Jesús en, 118–119

evangelización, 267; acción de Jesús y, 145; actitud de fe y, 21–31; de América Latina, 197–202; búsqueda de identidad y, 44; capacidades para aprender y, 90–91; cinco elementos de, 135; comunitaria, 149–150, 152, 175–180; y el bien absoluto, 70; enfoque eurocéntrico de, 193–197; errores en, 202; esperanza y, 137; espiritualidad y, 98; eventos masivos de, 151–152; fases de, 152–156; guadalupana, 226–249; ideales y, 60; inculturación y, 142; inculturada, 206–217, 249; integral, 35, 40–41, 175–180; interpersonal, 148–149, 152; María como modelo de, 31–32; metodología de, 178–180; de multitudes, 150–152; oración y, 125; papel del amor en, 68; procesos de, 179–180; del pueblo hispano, 191–217; sexualidad y, 76; técnicas de Jesús para la, 95–96; tres perspectivas sobre, 112–113; verdades fundamentales de, 141–142; vida afectiva y, 89–90; en la vida diaria, 148

eventos masivos de evangelización, 151–152

Eximiae Devotionis (bula papal, 1493), 197

existencial, 36, 42, 72, 200, 213, 267

Ezequiel, el profeta, 126

F

familia: altarcitos de, 208; amor de, 66; costumbres sexistas y, 79; encuentro con Dios a través de, 160; formación de, 172; como iglesia doméstica, 82–83, 211; de origen, 83; religiosidad de, 225; responsabilidad y, 53; valores y, 212

fariseos, 124, 130

fe: auténtica, 116; en Jesús, características de, 113–114; y cultura, 189–217

fe, comunidad de, 146–156. *Ver también* comunidad; pequeñas comunidades eclesiales

filosofía de la vida, 38. *Ver también* sentido de la vida

formadores, 176, 183–184, 267

formación: cristiana, 37, 106; humana, 40; personal, 46–47, 57, 184; perspectiva familiar, 184; sexual, 185; teológico-espiritual, 184

formalismo, 57

Francisco de Asís, 97, 142

Francisco Javier, 142

G

Gabriel, el ángel, 21

Gaudium et Spes (*Constitución pastoral sobre la Iglesia en el mundo actual,* Concilio Vaticano II), 171–172, 202, 204

gente pobre, 120, 121, 127–128; Concilio Vaticano II y, 203; María y, 225–226; opción misionera y, 175; piedad popular mariana y, 221; profeta, 235–236; trasmite la Buena Noticia, 230–231; Virgen de Guadalupe y, 248
gracia de Dios, 142
gratificación inmediata, 58
grupos juveniles, 149, 153
grupos de oración, 175
grupos parroquiales, 210
grupos religiosos no católicos, 239

H

hedonismo, 206, 267
Herodes, 28, 117, 119
hispanos, 267
historia colectiva, 100, 216
historia personal, 38, 99, 216
historia de salvación, 68, 99; evangelización e, 179; jóvenes hispanos e, 100, 115–116; praxis e, 103
hospitalidad, 154

I

ideales, 51, 57–60; pasiones e, 89; religiosos, 59–60
idiosincrasia, 97, 207, 210, 267
Iglesia, misión de, 141
iglesias en la diáspora, 171
Ignacio de Loyola, 97, 142
imperio romano, 126, 192–193
inculturación, 142, 189–217; concepto de, 205, 267; guadalupana, 229; proceso de, 214–217. *Ver también* enculturación
indígenas, 197–201, 215, 223, 226–249; concepto de, 267; Virgen de Guadalupe e, 248
indigenización, 195–196
indios, 171. *Ver también* indígenas
individualismo, 56, 72, 172, 194
individualización, 37
iniciativas creativas, 54, 55, 56
inquietudes, 159
instituciones sociales, 209–210, 235
integración personal, 48
integral, 267
Inter Coetera (bula papal, 1493), 197
internalización de valores, 92
identidad, 39, 42–45, 210; búsqueda de, 44, 46, 107, 111
intimidad, 39, 107; auténtica, 65; con Dios, 73, 77; interpersonal, 70–72; madura, 70
ideología política, 93
Isaías, el profeta, 13

J

Jesús: como Dios encarnado, 145–146; gente pobre y, 118, 120, 121, 127, 130–131, 182; como ideal, 45; como maestro, 45, 68–69, 95–96, 126, 132; mandamiento de, 51–52; como modelo, 40, 95; muerte de, 50–51; nacimiento de, 26; personalidad de,

120–122; predicación escatológica de, 119; presentación de, 112–113; como profeta, 126; como profeta de esperanza, 13; valores religiosos y, 94; vida oculta de, 117–118
José, 21, 25–26
Juan Diego, 226–248
Juan el Bautista, 23, 119, 126, 146–147
Juan, evangelio de, 30, 76, 119, 146–147
juicio final, 123–124, 127
justicia social, 61, 203, 234
juventud, 16, 46–47

K

kerygma, 115, 135, 169, 268
koinonía, 169

L

Las Casas, Bartolomé de, 197
latinos, 54, 267
leyes divinas, 193
leyes eclesiales, 193
leiturgia, 169. *Ver también* liturgia
ley de Moisés, 129
lenguaje, 213–214, 229
liberación, 39, 268
liberalismo, 56, 78, 124
libertad: 116; abuso de, 70; amenazas en su contra, 56; concepto de, 52; educación de la, 53–57; elementos culturales de, 206–207; Espíritu Santo y, 144; interior, 91; radical, 48, 105; voluntad y, 59

liderazgo, 57, 175, 184
liturgia, 115; pequeñas comunidades eclesiales y, 169; renovación de, 203
Lucas, evangelio de, 117, 125, 127, 135–136
Lumen Gentium (*Constitución dogmática sobre la Iglesia*, Concilio Vaticano II), 168–171

M

macehual, 230
machismo, 224
Madre de Dios. *Ver* Virgen María
madurez: camino hacia, 87–92; desarrollo personal y, 39; disciplina interior y, 55; elementos de, 155; libertad y, 54; orientación para, 47; procesos de, 39; sexualidad y, 75
Magníficat/Cántico de María, 24, 225–226
mal social, 60. *Ver también* pecado social
mandamientos del amor, 123
manera cristiana de vivir, 114
manipulación, 57
marco teológico-pastoral, 9, 268. *Ver también* visión teológica-pastoral
María. *Ver* Virgen María
María Magdalena, 31, 76
Martín de Porres, 142
mártires de Tlaxcala, 198
Mateo, evangelio de, 39, 117, 128, 138, 190

materialismo, 206, 268
matrimonio, 76–82, 172, 185.
    Ver también familia
mercaderes expulsados del templo, 130
mestizaje, 171, 200, 201, 268
milagros, 29–31, 208
ministerio, 28, 268
miseria humana, 61
misioneros, 137, 142, 191, 193; en América Latina, 194–202; en California, 198; enfoques, 191–205
mística, 39, 105, 221, 268–269
modelo Profetas de Esperanza, 175–180, 215–216
Mogrovejo, Toribio de, 198
Movimiento Carismático, 175
movimiento indigenista, 200
movimientos apostólicos, 149, 177, 185, 210
mujer, la, 120

N

naturaleza, 97
Nican mopohua, 227–249
niños, conciencia de, 45–46
"nosotros", formación del, 71–72
noviazgo, 79–80
núcleo ético-mítico, 199–200, 269
Nueva Evangelización, 174, 186, 225, 249, 269; de las Américas, 15
Nuevo Testamento, 117, 135. *Ver también* Escrituras cristianas

O

opción fundamental, 94, 269
opción misionera, 175
opción preferencial por los pobres, 249
oración: comunitaria, 173, 215; conversión y, 102; guadalupana, 248–249; Magnificat, 24; Padre Nuestro, 125; vida de, 79
originalidad, 42–43
ordenación de valores, 93. *Ver también* valores

P

Pablo, apóstol, 132, 134, 135
padres: autoritarismo de, 56; choques culturales con, 207; educación de la libertad y, 53; como educadores, 211; falta de conciencia de, 47; influencia de los, 38. *Ver también* familia
paganismo, 199–200, 201–202
parábolas, 96; de la gran fiesta, 129; del grano de mostaza, 128–129; del rico y el mendigo, 129; del sembrador, 148
parroquia multicultural, 184
Pascua, 52, 133–134, 216
pasiones, 47, 59, 89
pastoral de conjunto, 17, 174, 269
pastoral universitaria, 149
pastoralistas, 269
paternalismo, 196
paz: cultura de la, 150; entre familias latinas, 143; fomento

de la, 172; Jesús y, 124; justicia y, 122; amor
pecado: comunión con Dios y, 70; institucionalizado, 215; Jesús ante el, 69; liberación de, 60; personal, 54, 102, 113; social, 54, 102, 113
Pentecostés, 134, 141, 190, 214, 216. *Ver también* Espíritu Santo
pequeñas comunidades: apostólicas, 173; cinco dimensiones de, 169; dar testimonio en, 153; de creyentes, 13, 15; de fe, 185; de jóvenes, 149, 161, 175–180, 269; eclesiales, 269; evangelización y, 142, 148–150, 149; familias y, 83; formación de, 215; inspiradas por utopía del Reino de Dios, 108; intimidad y, 73; juveniles, 171, 269; participación de jóvenes hispanos en, 155; realidad y, 172; renovación de la Iglesia por, 180
persona, concepto de, 35–36
personalidad, concepto de, 37–38
piedad popular mariana, 221–225, 270
pluralismo, 97, 111, 195–196, 212
planificación pastoral, 185, 270
Plan pastoral nacional para el ministerio hispano, 15, 106, 174–175, 268
pobreza, 61–62, 203, 224; jóvenes ante la, 239
Ver también gente pobre
Portugal, 171, 197

positivismo, 270
prácticas rituales, 124
praxis, 270; Eucaristía y, 156; histórica, 102–103; de Jesús, 122–132
praxis cristiana, 16, 57; animadores y, 181; espiritualidad y, 96; historia y, 216; ideales y, 58; inculturación y, 205; jóvenes hispanos y, 100; modelo Profetas de Esperanza y, 176; ser iglesia y, 115; transformadora, 216
presiones sociales, 212
primeros cristianos, 134, 191, 192–193
Princeps Pastorum (Juan XXIII), 196
procreación, 70, 74, 82
proyecto de vida, 103; conversión y, 157; evangelización y, 156, 216; intimidad con Dios y, 77; de persona integrada, 179; personal, 104–108; personal y comunitario, 178; profetas de esperanza y, 107–108; proyecto de Jesús y, 107; realidad y, 116
profetas, 14, 126, 132, 221
Profetas de Esperanza: equipo editorial de la serie, 10; jóvenes hispanos como, 103–108; modelo, 175–180, 215–216; serie de libros de, 15–17
promoción personal y comunitaria, 179
psicología del desarrollo, 185
Pueblo de Dios, 170
pueblo latino–estadounidense, 100

R

Raíces y Alas, 174
realidad, 21, 49, 101, 204, 205, 270
realización propia, 55
recepción de ceniza, 153
reconciliación, 270
Redemptoris Missio (*La misión de Cristo redentor*, Juan Pablo II), 189
redención, 31, 270
reducciones indígenas, 198, 271
reflexión, 42, 92, 97
Reforma protestante, 97, 194
Reino de Dios/reinado de Dios, 271; Buena Noticia del, 14; comunicación del, 73; Jesús proclama, 128–129; Jesús como profeta del, 125–128; padres y, 83; praxis histórica y, 102–103; primer milagro y, 29; utopía cristiana y, 101
relación *yo-tú*, 70–71, 72
relación *yo-tú-nosotros*, 72–73, 79–80
relaciones interpersonales, 65
relativismo, 38, 93, 271
religiosidad, 208, 271
religiosidad popular, 153, 214, 271
renacer, 50–51, 58–59, 60
RENEW, 175
renovación de la Iglesia, 202–204, 215
Rerum Novarum (*La cuestión obrera*, León XIII), 195
responsabilidad: libertad y, 53; personal, 100, 177, 180; recíproca, 179; social, 79
"resto fiel", 126
romanos, 190, 193

S

sacramentos, 216
Sacrosanctum Concilium (*Constitución sobre la liturgia*, Concilio Vaticano II), 203
salvación, 23, 271; eterna, 116; modelo individualista de, 194; personal, 161; perspectiva de la, 113
secularismo, 221, 239, 271
secularización, 271–272
Segundo Concilio Vaticano. *Ver* Concilio Vaticano Segundo
sentido de la vida, 47, 51, 213–214
sentimentalismo, 67
sentimientos, 88–89
Sermón de la Montaña, 120–122
Serra, Junípero, 198
sexualidad: amor y, 65, 67–68, 74–82; espiritualidad cristiana y, 75–77; "hacer el amor", 67–68; integración de la, 39; integral, 107
signos de los tiempos, 97, 136, 172, 179, 181, 215, 272
símbolos: culturales, 203; guadalupanos, 228, 231; religiosos, 192, 198–199; seculares, 192–193
sincretismo religioso, 201, 272

sistemas sociales, 209–210, 215, 234
socialización, 272. *Ver también* endoculturación
sociedades biculturales, 42
sociedades multiculturales, 42, 190–191, 210
sociocultural, contexto, 54
soledad: conciencia de, 65; comunión y, 72; descubrimiento de, 42–43; intencional, 41; proyecto de vida y, 105–106; vivir en, 70
solidaridad, 130–131; cristiana, 179; humana, 61–62; ante la misión, 233–234; de personas con autoridad, 245–246
subjetivismo, 93, 114
sujetos de la historia, 116. *Ver también* agentes de la historia

T

temperamento, 38
tensión creadora, 37
teología, 117, 126, 180, 272; católica, 184; moral, 184
Tercera conferencia general del episcopado latinoamericano (Puebla, México), 108
Teresa de Ávila, 97–98, 142
Teresita del Niño Jesús, 142
Tomás de Aquino, 195
tradición, 208–209, 222
tradicionalismo, 212
traducción, 195
traducciones biculturales, 10

U

Última Cena, 129, 192
universitarios, 149, 181
utopía cristiana, 100–101, 107, 272

V

valores, 40, 92–94; culturales, 210–213; de Jesús, 157; del Reino de Dios, 215, 216; personales, 211; religiosos, 212
valorización, 92–93
verdad, 48–49
vía crucis, 153
vida afectiva, 88–90, 107
vida cognitiva, 90–92
violencia, 245; cultura de la muerte, 182; institucionalizada, 225; pandilleros y, 181, 185; suicidios y, 43, 50
Virgen María, 21–32, 221–249
visión teológica-pastoral, 10, 16, 111, 167, 272
vocación, 44; cristiana, 178, 180; discernimiento de, 179; elección y, 91; ideales y, 56; del laico al ministerio, 184; matrimonio y, 82; papel de evangelizadores en, 156; personal, 77; profética, 170
volitiva, 35, 210, 272
voluntad, 38, 58–59
voluntarismo, 59

Z

zelotes, 124

❦ Permisos ❦

Las citas bíblicas están tomadas de la *Biblia para Latinoamérica,* con autorización del editor. Derechos reservados por la Sociedad Bíblica Católica Internacional, Roma, © 1972. Permiso solicitado.

Los extractos en las páginas 61–62 y 249 están tomados de la IV Conferencia General del Episcopado Latinoamericano, *Santo Domingo 1992* (México, DF: Ediciones Dabar, 1992), números 178 y 303. Derechos reservados por Ediciones Dabar S.A. de C.V., © 1992. Permiso solicitado.

Los extractos en las páginas 65 y 77 son de *Human Sexuality: A Catholic Perspective for Education and Lifelong Learning* (Washington, DC: United States Catholic Conference [USCC], 1990), páginas 7 y 19. Derechos reservados por USCC, Inc., Washington, DC 20017, © 1990. Usado con autorización.

Los extractos en las páginas 143, 170 y 171–172 son del *Concilio Vaticano II: Constituciones. Decretos. Declaraciones. Legislación posconciliar* (Madrid, España: Biblioteca de Autores Cristianos, 1967), páginas 655, 53–54, y 260–261, respectivamente. Derechos reservados por de La Editorial Catolica, S.A. © 1967.

Los extractos en las páginas 174, 174–175 y 175, son del *Plan pastoral para el ministerio hispano,* edición bilingüe (Washington, DC: USCC, 1987), páginas 44, 44 y 51, respectivamente. Derechos reservados por USCC, Inc., Washington, DC 20017, © 1990. Usado con autorización.

Los extractos en las páginas 193–194, 195–196 y 196 son de *Earthing the Gospel,* by Gerald A. Arbuckle (Maryknoll, NY: Orbis Books, 1990), páginas 12, 14 y 14–15, respectivamente. Derechos reservados por Gerald A. Arbuckle © 1990. Usado con autorización.

Las citas bibliográficas del 2 al 19 en el capítulo 8 son del libro *Para comprender el mensaje de María de Guadalupe* (Buenos Aires, Argentina: Editorial Guadalupe, 1989), páginas 21–51. Derechos reservados por Editorial Guadalupe © 1989. Usado con autorización.

❦ Profetas de Esperanza ❦

Volumen 1

La Juventud Hispana y la Respuesta Pastoral de la Iglesia

Contenido

1. **Los Jóvenes Hispanos y su Proceso de Madurez**
   Desafíos y esperanzas
   ¿Quiénes son los jóvenes hispanos?
   Etapas de desarrollo en los jóvenes hispanos
   El proceso de integración de la sexualidad
   Desafíos que enfrentan los jóvenes hispanos

2. **Las Relaciones Humanas del Joven Latino**
   El espíritu comunitario hispano
   El joven hispano y su familia
   La amistad entre los jóvenes hispanos
   La sexualidad humana y la juventud hispana
   Los jóvenes hispanos ante el noviazgo y el matrimonio

3. **La Juventud Hispana y su Cultura**
   El contexto cultural de la juventud hispana en Estados Unidos
   Adquisición y formación de la cultura por el joven hispano
   Identidad como pueblo hispano o latino

4. **Papel de la Juventud Hispana en la Transformación de la Sociedad**
   Participación efectiva de la juventud hispana
       en la sociedad de Estados Unidos
   Promoción de una sociedad sin prejuicios
   Promoción de la justicia y la paz a todos los niveles
   Participación productiva en la sociedad y en el mundo

5. **La Realidad Religiosa de la Juventud Hispana**
   La religiosidad popular hispana: una expresión de fe
   El catolicismo popular hispano:
       una espiritualidad y una manera de ser iglesia
   La juventud hispana y su fe cristiana
   Desafíos que el proceso de secularización plantea a los jóvenes

6. **La Misión Evangelizadora de la Iglesia**
   La iglesia y su misión
   La juventud latina y la Nueva Evangelización
   Opciones preferenciales en la evangelización
   La parroquia pasiva: un desafío para la pastoral juvenil hispana
   La parroquia misionera: un ideal a nuestro alcance

7. **El Caminar de la Pastoral Juvenil Hispana**
   Principales etapas en la pastoral juvenil hispana
   Principios y elementos para la evangelización
       de los jóvenes hispanos

8. **Modelos de Organización en la Pastoral Juvenil Hispana**
   Pastoral juvenil hispana y pastoral de conjunto
   Modelos de organización en la pastoral juvenil hispana
   Pequeñas comunidades de jóvenes:
       un modelo de acción pastoral

Reflexión Final
    Un nuevo amanecer en la pastoral juvenil hispana
    Liderazgo al estilo de Jesús
    Discipulado al estilo de los primeros seguidores
    Compañerismo y comunidad en la iglesia al estilo de Jesús
    Proyecto pastoral al estilo de Jesús
    Una mirada al pasado y una mirada al futuro

Puede pedir este primer volumen a su librería local o directamente a Saint Mary's Press, 702 Terrace Heights, Winona, MN 55987-1320, USA; teléfono 1-800-533-8095.